내 아이 때문에
미칠 것 같은
50가지 순간

내아이 때문에 미칠 것 같은 50가지 순간

마티아스 횔허르트, 안드레아 캐스틀레 지음
이지혜 옮김

가족과 시간 즐기기

이 책은 기존의 자녀 양육서들과는 다릅니다. 여기에는 에스퍼 율 Jesper Juul이 설립한 가족연구소 '패밀리랩Familylab'의 독일 지부장 마티아스 푈혀르트Mathias Voelchert와 나눈 일련의 대화가 수록되어 있습니다. 저는 예전에 뮌헨München 《아벤트차이퉁Abendzeitung》지의 가족 란에 실을 기사를 쓰기 위해 푈혀르트를 몇 번 인터뷰한 적이 있는데, 그때 그가 문제의 요점을 정확히 짚어내는 데 탁월한 재능을 지녔다고 생각했습니다. 그는 말하고자 하는 바를 생생하게 그려낼 줄 알았습니다. 그가 한 이야기 중 대부분은 나를 곧바로 매료시켰습니다. 이 책은 바로 이러한 배경에서 탄생한 것입니다.

마티아스 푈혀르트는 이 책에서 절대적인 행동 기준을 제시하고 있지는 않습니다. 그러나 두어 장만 읽어보아도 자녀교육에 대한 그의 철학은 저절로 드러날 것입니다. 저는 이것이 좀 더 여유로운 가족의 일상을 가꾸는 데 도움이 되리라고 확신합니다. 아이들이 원하는 것은 집에서 대장 노릇을 하는 것이 아닙니다. 어른과 마찬가지로 아이들도 최우선적으로는 존재감을 인정받고 싶어 하지요. 아이들에게는 가끔은 미움받을 각오까지 한 채 소신 있게 가족을 이끌어가는 부모가 필요합니다.

　다른 한편으로 부모는 자녀들이 인생을 스스로 잘 개척해 나갈 것이라는 믿음을 품고 아이의 성장을 흐뭇하게 지켜볼 수 있어야 합니다. 싫다는 아이에게 일요일에 가족 등산을 가도록 강요하는 것도 물론 하나의 양육 방식입니다. 그러나 그전에 아이가 가지 않으려는 이유가 무엇인지 주의 깊게 들어봐야 합니다. 그러면 다음번에 같은 상황이 생겼을 때 이를 참고해서 대처할 수 있겠지요.

　저는 마티아스 욀혀르트가 부모 자녀 관계를 매우 편안한 관점으로 바라본다고 생각합니다. 아이들은 스스로 옷 입는 법을 배우고 싶어 할 때는 연습할 기회를 주어야 합니다. 어른들이 눈 감고도 신발을 신을 수 있는 게 자랑할 일인가요? 40년이나 연습했으니 잘하는 게 당연하지요! 또 어린아이들이 당근을 싫어한다고 해서 세상이 끝나는 것도 아니거든요. 아이의 그런 행동이 내 삶을 망친다고 생각해서는 안 됩니다. 내 인생을 망칠 수 있는 사람은 다른 누구도 아닌 나 자신입니다.

　욀혀르트는 "나는 훨씬 더 독립적인 사람이니까요."라고 말한 적이 있는데, 나는 이 말이 마음에 들었습니다. 그는 또 사춘기 자녀들을 대할 때 아이가 이미 모든 것을 잘 해냈다는 듯한 태도를 취해야 한다고도 조언했는데, 이 역시 마음에 들었지요. 아이들은 어른이 되는 연습을 하는 중이고 그 과정에서는 당연히 넘어지기 마련이랍니다!

내가 첫 아이를 가졌을 때 이 책의 내용 중 대부분을 알고 있었더라면 하는 아쉬움이 듭니다. 집에 아기가 있다고 해서 나 자신을 뒷전으로 미룰 필요는 없다는 내용도 그중 하나입니다. 엄마라고 해서 아기가 우는 이유가 뭔지 다 알 수는 없다는 이야기도요. 아기의 불편함을 줄여주려 애쓰는 것만이 내가 할 수 있는 전부라는 말에는 특히 공감이 갔습니다. 엄마가 아기의 고뇌를 대신해줄 수 있는 건 아니거든요. 아기는 태어나면서부터 엄마에게서 분리된 채 먹은 걸 혼자 소화시키고 혼자 잠들어야 합니다. 수많은 비밀을 간직한 독립적인 존재라는 의미지요.

제가 가장 좋아하는 장은 '가족 회담'을 다룬 장입니다. 이 책의 집필을 시작하기 전만 해도 저는 이 주제에 관해 별로 아는 게 없었습니다. 쥘혀르트에 따르면 사람은 자신의 이야기를 함으로써 비로소 자신이 어떻게 '행동하는지' 알게 될 뿐 아니라 자신에게 연민도 품을 수 있다고 합니다. 제게는 이 관점이 정곡을 찌르는 것처럼 들렸습니다.

이 책에는 여러 가지 실제 상황이 다루어져 있습니다. 유치원에 다니는 아이가 유독 시간에 쫓기는 상황에서 스스로 외투 단추를 잠그겠다고 고집을 피우는 경우, 여덟 살 아이가 숙제를 엉망으로 하는 경우, 부모가 생각해둔 휴가 계획에 사춘기 자녀가 반기를 드는 경우 등이 그 예입니다. 나아가 이 책은 더 광범위한 문제들도 다루고 있습니다. 행복한 유년기를 결정짓는 것은 무엇인가? 내 아이를 사랑한다는 것은 무슨 의미일까? 어떤 부모가 좋은 부모일까? 성공적인 자녀 양육을 위해서는 나 자신과 내 행동방식을 어떻게 변화시켜야 할까? 이런 문제들이 그것입니다.

　책을 끝까지 읽고 나면 여러분이 생각하던 부모의 역할들 중에서 몇 가지를 빼버리게 될 것입니다. 부모는 아이의 행복을 책임질 수 없습니다. 항상 아이를 사랑하려 노력을 기울이지만 실패하는 경우도 많을 테고요. 아이를 사랑한다는 것은 그저 내 아이를 있는 그대로 받아들이는 일이랍니다. 아이가 내 비위를 맞춰주기는커녕 코앞에서 쌀쌀맞게 문을 쾅 닫아버린다 해도 말입니다.

　여러분이 자녀들을 제대로 알고, 그들의 존재에 기쁨과 감사를 느끼며 아이의 성장 과정에 동반자가 되어주도록 독려하는 것이 이 책의 목적입니다. 또 가끔은 그 과정에서 실수를 저질러도 괜찮다는 말을 전하고자 합니다. 여러분과 자녀가 함께하는 삶에 부디 좋은 일만 있기를 기원합니다.

안드레아 캐스틀레

들어가는 글 가족과 시간 즐기기 _ 4

 ## 아기가 태어났어요

01 엄마 아빠가 시키는 대로 해 _ 014
02 자기야, 나 임신했어 _ 020
03 아기가 태어났어요 _ 024
04 자, 어린이집에 가자 _ 029
05 나는 있는 그대로의 네가 좋아 _ 035

 ## 미운 세 살의 '싫어'에 대처하기

06 잠 좀 자자, 아가 _ 040
07 맛없단 말예요 _ 045
08 나 혼자 할 거야 _ 050
09 싫어 _ 054
10 나눠 갖지 못하겠니 _ 057

책임질 줄 아는 부모 되기

11 엄마가 울면 나도 슬프단 말이에요 _ 062
12 내 일은 내가 알아서 해요 _ 067
13 우리 아들 정말 똑똑하구나 _ 071
14 네 잘못이 아니야 _ 076

아이에게 진솔한 모습 보여주기

15 오늘은 가족 회담 하는 날 _ 082
16 너와 나는 똑같이 소중한 존재란다 _ 092
17 그게 바로 나인걸요 _ 096
18 나는 이렇게 하고 싶어 _ 102
19 친구들은 다 그 메이커 입는단 말예요 _ 108
20 신은 어디에나 있단다 _ 114
21 생일 파티 열어주세요 _ 119
22 '안녕하세요' 하고 인사해야지 _ 123

가족의 틀 안에서 누리는 자유

23 숙제는 나중에 할게요 _ 128

24 다 너 잘되라고 그러는 거야 _ 132

25 이리 와, 아빠랑 축구하러 가자 _ 136

26 난 등산 가기 싫어요 _ 143

27 결정은 네가 하는 거야 _ 147

 ## 안 되는 일을 현명하게 금지하기

28 더 이상 말대꾸하지 말거라 _ 154

29 컴퓨터 안 끄면 텔레비전은 못 볼 줄 알아 _ 158

30 안 돼 _ 164

31 우리 집에서는 내가 대장이야 _ 170

32 다 네 행복을 위해서야 _ 175

33 스마트폰 사주세요 _ 181

 ## 아이를 응석받이로 키우지 않으려면

34 동생이 생겼어요 _ 186

35 사이좋게 지내지 못하겠니 _ 190

36 올 여름휴가는 어디로 갈까 _ 194

37 엄마가 다 해줄게 _ 200

38 이렇게 해서는 안 되겠어 _ 207

 ## 우리 아이는 사춘기

39 내 인생에 참견하지 마세요 _ 214

40 컴퓨터 좀 써도 돼요 _ 221

41 엄마, 내 남자친구 정말 멋지죠 _ 227

42 저는 술 같은 건 입에도 안 댄다고요 _ 231

43 나는 안 갈래요 _ 238

44 당신과 나, 그리고 우리 아이들 _ 243

엄마 아빠가 이혼한 건 너희들 탓이 아니야

45 우리 갈라서요 _ 250

46 엄마와 아빠는 헤어지기로 했단다 _ 255

47 이번 주말은 아빠 집에서 보내야 해 _ 262

48 얘들아, 이분은 내가 사랑하는 사람이야 _ 270

49 엄마 아빠, 안녕히 계세요 _ 276

50 사랑하는 내 아들딸 _ 281

아기가
태어났어요

엄마 아빠가 시키는 대로 해

자녀교육이란 무엇이며 아이들에게는 얼마만큼의 훈육이 필요할까

안드레아스 캐스틀레: 예스퍼 율은 '자녀교육을 하지 마세요. 쓸모도 없을뿐더러 때로는 해만 끼친답니다.'라고 말했습니다. 이 말은 무슨 뜻일까요? 아이를 키우려면 원칙이 필요하지 않나요?

마티아스 쾰허르트: 아이들에게 가장 필요한 것은 부모가 아이의 성장 과정을 함께하며 모범을 보여주는 것입니다. 자녀교육이라는 말을 들으면 저는 인생을 다 아는 체하거나 아이를 좌지우지하려 드는 부모부터 떠오릅니다.

부모가 자녀들보다 아는 게 많은 건 사실 아닌가요? 부모가 될 무렵이면 벌써 30년 정도를 살아본 뒤니까요.

그 말씀도 맞습니다. 하지만 그동안 얻은 지식은 대부분 우리 자신에 관한 것이지요. 그것을 아이에게 직접 적용할 수 있는가는 두고 볼 문제입니다. 사람은 결국 저마다 다르잖습니까?

그래도 아이들에게는 행동에 원칙을 부여해줄 길잡이가 필요할 것 같은데요. 해도 되는 것과 하면 안 되는 것을 부모가 이야기해줘야 하고요.

　　대개는 부모가 모범을 보이는 걸로도 충분합니다. 아이들은 우리가 인간관계를 어떻게 빚어 나가는지 하나하나 지켜보고 있습니다. 그리고 그걸 따라 하지요.

그렇게 하면 아이에게 잔소리할 일도 줄어들까요?

　　그렇습니다. 이래라저래라 하는 사람을 누가 좋아하겠습니까? 나는 잔소리를 늘어놓기보다는 대화를 하며 아이와 가까워지려고 노력합니다. 나만의 언어를 사용해 나에 관해 이야기해줌으로써 말입니다. 이런 방법이 아이들에게는 깊은 인상을 남깁니다.

그런데 항상 흥미진진한 대화거리를 준비해놓는 것도 무리거든요.

　　꼭 흥미진진한 이야깃거리여야 할 필요는 없습니다. 대화를 하다 보면 자연히 내가 하는 말 속에서 나 자신이 드러나고, 내가 어떤 가치들을 중요시하는지도 드러납니다. 중요한 건 재미가 아니라 이 점입니다.

부모가 감정을 통제하지 못하는 경우도 많습니다. 그럴 때면 하려던 말이 좋지 않은 투로 튀어나와 버리고요. 감정적이 되면 원래 의도는 퇴색되기 마련이지요.

　　그럴 때는 그 상황에서 일단 물러서는 것이 좋습니다. 화가 끓어오르면 잠시 휴식을 취하거나 산책을 하세요. 그 자리에서 화난 감정 그대로 남을 대하지 말고요.

자녀들에게 모범이 되어야 한다는 말은, 스스로 삶에서 중시하는 가치들에 걸맞게 살고 있는지 부모가 꾸준히 되짚어봐야 한다는 뜻인 것 같습니다.

　　그게 바로 핵심입니다. 우리가 정한 가치기준을 삶에 적용시키도록 노력해야 한다는 의미지요. 자녀들과의 삶에서는 이론을 실천에 옮기는 일이 한층 더 어렵습니다. 아이를 키우다 보면 끊임없이 난관에 부딪히기 때문이지요.

배운 것을 실천하는 일만큼 어려운 건 없지요!

변화에 얼마나 많은 시간이 소요되는지는 다양한 사회적 발전 과정만 봐도 알 수 있습니다. 예컨대 독일 기본법에는 1948년에 이미 남녀평등에 관한 조항이 추가되었지요. 그런데 오늘날까지도 여성들은 남성과 똑같은 일을 하면서도 여전히 더 적은 임금을 받습니다.

부모가 나 자신, 그리고 주위 사람들과의 관계를 천천히 바꿔 나간다 해도, 예전의 내 행동방식이 이미 돌이킬 수 없게 아이들에게 각인되어 있는 건 아닌가요? 아니면 아이들도 그것을 고쳐 나갈 수 있을까요? 후자의 경우라면 이혼한 부부들에게는 커다란 위로가 될 것 같습니다. 아이들이 흡수한 파괴적인 가족관계의 표본을 완화할 수 있을 테니까요.

아이들은 부모의 변화를 굉장히 민감하게 받아들입니다. 가족은 구성원 모두에게 학습과 성장의 장이 되지요. 인간의 하드웨어는 살면서 끊임없이 포맷됩니다. 또 내 행동의 작은 변화가 주위 사람들의 짐을 크게 덜어주는 경우도 많습니다.

자녀 양육 과정에서 거의 모든 것을 잘 해내는 것이 과연 가능한가요? 아니면 그런 생각은 일찌감치 버리는 게 나을까요?

부모들은 항상 자신에게 주어진 능력보다 더 좋은 부모가 되고자 합니다. 물론 그게 나쁘다는 것은 아닙니다만, 완벽하고자 하는 욕심이 아이들에게는 올가미가 될 수 있어요! 완벽하기보다는 그런대로 잘하는 정도면 충분합니다.

유년기에 상처 한 번 입지 않고 자라는 아이는 없다는 말씀이신가요?

그렇습니다. 완벽한 유년기를 추구하는 것도 마냥 좋지만은 않다고 봅니다. 진짜 인생은 유년기 이후에야 비로소 시작되니까요. 인생은 배움의 연속입니다. 부모가 함께 배워 나가려는 마음가짐만 갖추고 있으면, 배움의 과정에서 생기는 생채기조차 부모와 자녀 모두에게 큰 소득이 됩니다.

오늘날 부모들이 추구하는 권위적 양육 방식Authoritative parenting과 우리 부모, 조부모 세대가 사용한 권위주의적 양육 방식Authoritarian parenting은 어떤 차이가 있습니까? 그리고 68세대가 추구한 반권위주의적인 양육 방식은 또 어떻게 다른가요?

권위적 양육 방식은 권위주의도 방임주의도 아닌 제3의 길이라 할 수 있습니다. 여기서는 부모가 아이를 있는 그대로 받아들인다는 점이 권위주의적인 양육 방식과 핵심적인 차이입니다. 아이와 소통하는 것이지요. 자녀는 부모와 대등하게 존중받되, 방임주의의 경우와 달리 부모와 똑같은 권리를 부여받지는 않습니다. 부모의 주도권이 여전히 중시되기 때문입니다.

그래도 부모들은 자녀 앞에서 권위를 세울 필요가 있습니다. 권위를 갖는 것과 권위주의적으로 행동하는 것은 어떻게 다릅니까?

권위란 나 자신과 관련된 문제이며 본질적으로 자기 주도와 관계가 있습니다. 사람은 자신을 중심에 세울 때 비로소 타인을 이끌 수도 있습니다. 권위주의적으로 행동하는 사람은 타인을 지배하고 타인이 자기 생각대로 움직이도록 강제합니다.

오늘날 우리는 우리 부모님 세대가 했던 것보다 훨씬 더 자녀와 가까워지도록 애씁니다. 문제는 그렇게 하다 보니 자녀의 행동을 제한하거나 '안 돼!'라고 말하는 것까지 어려워한다는 점인데요.

맞습니다. 예전에는 격식을 차리느라 자녀와 거리를 두었습니다. 아빠가 신문을 읽을 때 아이가 방해하는 것은 상상도 할 수 없는 일이었어요! 여덟 시 정각이 되면 아이들은 이유 불문하고 칼같이 잠자리에 들어야 했고요. 반면 오늘날에는 부모가 자녀와 가까워지다 못해 맹목적이고 극성스럽게 행동하는 경우도 있습니다. 바로 이 점을 경계해야 합니다. 자칫하면 부모 자식 간의 거리가 완전히 허물어질 수 있기 때문입니다. 자녀와 가까워지는 동시에 거리를 둘 줄도 알아야 하며, 자기 자신을 세심하게 보살피는 일도 중요합니다. 가령 오늘따라 아이가 치는 피아노 소리가 신경에 거슬리면 어떻게 하겠습니까? 당장 30분쯤 바람을 쐬고 와야겠다고 느끼면? 그냥 아들에게 레고 Lego를 가지고 놀며 기다리라고 하면 됩니다! 아이들도 반드시 그런 것을 배우고 연습해야 합니다.

부모는 무엇을 자녀 양육의 목표로 삼아야 할까요?

관계 맺기입니다. 정확히 말해 일방통행이 아닌 양방향 통행 같은 관계여야 하지요. 이로써 부모 세대와 자녀 세대가 서로에게서 뭔가를 배우고 다 함께 성장할 수 있어야 합니다.

자녀에게는 어떤 부모가 필요한가요?

바로 이런 상호 변화 과정에 자발적으로 참여하는 부모, 가족들과의 관계에 변화가 일어나는 것을 두려워하지 않는 부모가 필요합니다. 가족이란 두려워해야 할 존재가 아니라, 결국에는 모두에게 이익만 돌아가는 멋진 공동체입니다. 단, 구성원이 적극적으로 참여한다는 가정하에 말입니다.

선생님은 자녀 양육을 통해 무엇을 배우셨습니까?

　전에는 늘 혼자서 삶과 싸워 나갔습니다. 뭐든 혼자서 가장 잘할 수 있다고 생각했지요. 그러다가 아이들을 낳았고, 아이가 갑자기 아픈 날이면 망연자실한 채 침대 옆에 서 있는 나 자신을 발견했습니다. 어찌할 바를 모르겠더군요. 그제야 타인에게 나를 맞춘다는 게 어떤 건지 깨달았습니다. 아이는 물론이고 나 자신까지도 다정한 시선으로 바라보는 법을 배웠지요. 세상에 혼자인 사람은 아무도 없습니다.

자기야, 나 임신했어

02

부모 될 준비란 무엇일까, 좋은 부모가 되려면 무엇을 해야 할까

두 사람이 만나 부모가 된다는 게 무작정 기뻐해야만 할 일일까요?

당연하지요! 자녀를 낳는 일에는 소득만이 있을 뿐입니다. 무엇보다도 자기 자신을 발전시킬 수 있다는 점에서 그렇습니다. 부모가 됨으로써 배우는 것은 어마어마하게 많답니다!

자녀를 가지려면 부모 자신이 평화로운 유년기를 보냈는지 여부가 중요합니까?

그런 걸 중요하게 여기는 사람은 아이를 갖기까지 어느 정도의 완벽성을 갖추어야 한다는 사고방식도 갖게 됩니다. 하지만 그게 정말 필요조건이었다면 인류는 진작 멸망했을 것입니다. 부모는 그저 아이의 탄생을 기뻐하는 동시에, 부모 되기에 적응하려면 적잖은 노력을 기울여야 한다는 사실을 명심하며 대범하게 미래를 맞아야 합니다.

그래도 내가 어떻게 성장해왔는지 자각하고 있는 편이 좋지 않을까요? 부모님의 실수 때문에 어려움을 겪은 적이 있다면, 내 아이에게는 그런 일이 없어야 할 테니까요.

사람은 어차피 자신이 어떤 유년기를 거쳤는지 항상 의식하고 있습니다. 그리고 처음에는 많은 것을 부모님과는 다르게 하겠다고 결심하지요. 내 어머니나 아버지가 내게 했던 행동을 아이에게 똑같이 하고 있는 자신을 발견할 때까지는 말입니다. 바로 이런 순간에 우리는 대안 행동을 모색하기 시작합니다.

그러면 내 아이가 실험대상이 되는 셈인데, 아이를 데리고 이것저것 시험해보는 건 불공평한 일 아닌가요?

가족을 꾸릴 때 중요한 것은 처음부터 최적화된 부모로서 양육을 시작하는 것도, 신처럼 완벽한 부모가 되는 것도 아닙니다. 그보다는 운명이 우리에게 불리한 패를 주었더라도 그걸 가지고 훌륭한 게임을 펼쳐 나가려는 태도가 중요합니다.

내 부모님이 저지른 실수를 반복하지 않으려면 어떻게 해야 할까요?

과거에 각인된 상(像)이 내면에 깊이 잠재되어 있다가 불쑥 튀어나오는 경우가 종종 있습니다. 그러나 이런 상황에 처하면 우리는 대개 자신이 지금 잘못된 말이나 행동을 하고 있음을 인지합니다. 바로 이때가 하던 것을 멈추고 가족들에게 '이럴 생각은 없었어. 앞으로는 이런 일 없도록 할게!'라고 말할 절호의 기회입니다. 가족들이 증인이 되어준다는 점에서 이는 매우 유익한 상황입니다. 다음번에 또다시 언성을 높일 경우 가족 중 누군가가 '그렇게 고함치지 않겠다고 약속했잖아요!'라고 일깨워줄 테니까요.

예비 부모가 충족해야 할 전제조건에는 어떤 게 있습니까?

자신과 아이들에 대한 사랑, 그리고 아이들을 위해 시간을 내는 일도 물론 필요합니다. 자신의 행동을 반성하고, 필요할 경우 스스로를 변화시키겠다는 마음가짐도 가져야 하고요. 부부관계도 지금까지와는 판이하게 달라지므로 배우자에 대한 이해심도 많이 요구됩니다.

아이가 태어나면 곧바로 셋이서 가족 회담, 말하자면 가족끼리 공식적인 대화 자리를 마련할 수 있도록 예행연습을 해두는 편이 좋을까요?

임신 기간은 가족 회담 예행연습을 하기에 적기입니다. 태어날 아이를 생각하면 어떤 감정이 드는지, 어떤 점이 두렵고 어떤 점이 기대되는지 배우자와 이야기를 나누는 겁니다. 고민을 털어놓다 보면 그에 관해 성찰하고, 나아가 한 걸음 발전하는 계기가 됩니다. 지레 품고 있던 두려움도 대화하는 동안 잊히기 마련이고요.

누구든 좋은 엄마 아빠가 될 수 있나요? 누구에게나 부모 될 자격이 있습니까?

기본적으로는 물론 그렇습니다. 세상에는 부모가 될 재능을 타고나는 사람도, 아이 다루는 재능이 애초부터 전무한 사람도 없습니다. 누구나 주어진 과제에 맞게 성장하는 법이지요. 다만 '나는 무슨 일이 있어도 변하지 않을 거야.'라고 생각하는 사람이라면 자녀계획을 좀 더 보류하라고 당부하고 싶습니다.

태아는 뱃속에서 엄마의 감정을 얼마나 느끼나요?

지금까지 알려진 바에 따르면 태아는 엄마의 기분이나 감정을 거의 다 느낍니다. 스트레스 호르몬과 행복 호르몬이 탯줄을 통해 아이에게 전달되기 때문에 엄마가 체험하는 감정의 세계와 직접적으로 연결되어 있는 셈입니다. 태아는 몸을 움츠리거나 사지를 뻗거나 딸꾹질을 함으로써 다양한 감정들이 일으키는 자극에 반응합니다.

그러면 최대한 행복하고 스트레스 없는 임신 기간을 보내도록 노력해야겠네요.

이론적으로는 그렇습니다. 물론 현실은 늘 이론과는 거리가 있지요.

그래도 자기 자신과 아이를 위해 적절한 환경을 만들려는 노력은 해야 합니다.

부부가 어느 정도 서로를 경험해본 뒤에 자녀계획을 하는 편이 좋다고 보십니까?

가족으로 산다는 게 부부관계에 어떤 변화를 가져오는지 사전에 배움으로써 일부 환상을 미리 깨뜨리는 것도 나쁘지 않습니다. 가장 중요한 것은 서로에 대한 신뢰라고 생각합니다. 나아가 엄마 또는 아빠가 된 배우자의 모습도 상상해볼 수 있어야 합니다.

주의해야 할 점에는 어떤 게 있나요?

아이에게 지나치게 집중하게 되는 일이 함정입니다. 물론 갓 태어난 아기에게는 부모의 전적인 보살핌이 필요합니다. 하지만 그렇다고 부모가 더 이상 부부로서 존재하지 않게 되는 것은 아닙니다. 부부가 행복해야만 다가올 가족으로서의 삶도 행복해집니다.

부모로서만이 아니라 한 남자와 여자로 존재해야 한다는 말씀이군요.

예, 꼭 그래야 합니다. 한 여성이 순전히 엄마가 되었다는 이유로 여성성을 잃는 건 아닙니다. 남편 역시 아이 아빠이기 이전에 한 남자이고요. 부모가 됨으로써 두 사람에게는 새로운 과제가 주어집니다. 직업 생활에서 맞닥뜨리는 도전처럼 말입니다.

부모가 되려면 어떤 준비를 해두어야 할까요?

다가올 삶에 대해 느끼는 감정을 다스리는 일은 어떤 상황에서도 도움이 됩니다.

임신 기간 동안 미리 역할 분담을 해두는 편이 좋을까요?

그렇습니다. 단 아기가 태어나면 모든 게 뒤죽박죽이 되니, 그때 가서 당황하지 않을 정도로 융통성 있게 하십시오.

아기가 태어났어요

새 가족과 함께하는 첫 시간

아기가 태어나고 처음 몇 주 동안 가장 중요한 게 무엇인가요?

부모와 아기 사이에 내적인 접촉, 즉 흔히들 말하는 애착이 형성되어
야 합니다. 부모는 아이에 관해 알아가고, 아이를 꼼꼼히 살펴보며,
아이가 울면 '아기에게 뭐가 필요한 것일까? 이번 울음소리는 아까와
어떻게 다르지?' 하고 고민합니다. 얼마 안 가 아기가 일고여덟 가지
다양한 울음소리를 낸다는 사실도 알게 되지요. 이 울음소리는 세계
어디서든 비슷하게 들린답니다.

그게 정말인가요?

오스트레일리아 여성 프리실라 던스턴Priscilla Dunstan은 아기들이 어떤
소리를 내는지 오랫동안 관찰한 끝에 그렇게 결론지었습니다. 만국
공통의 아기 언어 같은 게 존재하는 셈이지요. 그중 대표적인 세 가지
음성은 '네(neh, '배고파요')', '아우(owh/au, 입을 타원형 모양으로 오므

리며 내는 소리로 '졸려요'라는 뜻입니다)', 그리고 트림을 하고 싶다는 의미인 '에에(eehh)'입니다.[1]

부모와 아이 사이에 애착은 언제, 어떻게 형성됩니까?

애착은 경험을 공유함으로써 형성됩니다. 다만 부모와 밀착되고 싶은 욕구는 생애 첫 두 해 동안 증가하다가 그 후에는 점점 감소하지요.

그 기간 동안에는 아기가 최우선이 되어야 한다는 말씀인가요?

그런 뜻은 아닙니다. 아기가 우선인 건 맞습니다만, 당장 하고 있던 일도 소홀히 하지는 마세요. 가령 설거지를 하고 있는데 아기가 칭얼 대면 우선 들고 있던 접시를 끝까지 닦으세요. 나머지 그릇까지 다 씻어도 괜찮고요. 아이에게 눈길을 한 번 주며 '엄마가 금방 갈게!'라고 말해주면 됩니다.

이 기간에 애착 형성에 실패하더라도 나중에 다시 형성할 수 있나요?

물론 나중에라도 노력해볼 수는 있습니다만, 그때는 애착 형성 과정이 훨씬 힘들고 오래 걸립니다.

필요한 만큼의 애착이 형성되지 않을 경우 무슨 일이 생깁니까?

아이가 산만하고 불안정해집니다.

아기를 너무 오냐오냐 키운다는 말을 흔히들 하는데, 어떤 경우가 이에 해당하나요?

그런 경우는 없습니다. 부모는 항상 아기의 신호를 인지하고 그 의미를 읽어내도록 노력하며, 아기에게 다정하게 반응함으로써 최대한 보살핌을 주어야 합니다. 이런 의미에서 부모란 오롯이 아이를 위해 있어주는 사람입니다. 부모는 또한 이 시기를 거침으로써 아이가 자기

---

1) 유튜브(Youtube)에서 이와 관련된 프리실라 던스턴의 흥미로운 동영상들을 찾아볼 수 있다.

들의 삶을 지배하려 들 것이라는 관념에서 벗어날 수도 있습니다. 단 언컨대 그런 생각은 억측일 뿐이에요!

아기와의 언어적 이해는 어느 정도까지 가능한가요?

생각보다 훨씬 깊은 이해가 가능합니다. 아기가 언어 자체를 이해하는 것은 아니지만, 그건 상관없습니다. 생애 첫 몇 주 또는 몇 달 동안에는 어조가 훨씬 중요하거든요. 아기와 대화할 때 언어적인 기교는 전혀 필요 없습니다.

보살핌을 충분히 받는 아이에게도 고뇌가 있을 수 있나요?

물론입니다. 부모라 해도 아기가 어떤 상태인지 항상 꿰뚫어볼 수는 없으니까요. 아기가 보이는 행동은 타고난 유전적 조건이나 출산 과정과는 전혀 상관없습니다. 아기는 처음부터 독립된 인격을 지닌 존재입니다. 그러니 나름의 비밀을 품고 있는 것도 당연하고요.

아기가 영아 산통 때문에 운다는 사실은 알아낼 수 있을지언정 아기의 고통을 없애줄 수는 없다는 말씀이겠지요.

그렇습니다. 부모는 조금이나마 아기의 아픔이 줄어들도록 애쓰는 것밖에는 할 수 없습니다. 자신이 아기로부터 분리되어 있다는 사실만 쓰디쓰게 실감할 뿐이지요.

한편으로는 위안이 되면서도 안타까운 건 어쩔 수 없군요. 할 수 있는 것은 다 해보지만, 결정적으로 상황을 통제할 힘은 없는 셈이니까요.

맞습니다. 부모는 아기의 삶을 대신 살아줄 수 없어요. 그냥 곁에 있어줄 뿐이지요.

아이가 유치원이나 학교에 들어가면 곁에 있어주는 것조차 할 수 없고요.

나아가 자녀가 사춘기에 접어들면 무슨 생각을 하는지 점점 더 알 수 없어진답니다.

그 생각을 캐내는 게 부모가 할 일인가요?

아닙니다. 청소년들은 때로 자신이 무슨 생각을 하는지 스스로도 모르거든요.

아기 때문에 이따금 짜증을 내도 괜찮은가요?

짜증 한 번 안 내고 아이를 키우는 건 불가능합니다. 중요한 것은 이때 아기 탓을 해서는 안 된다는 점입니다. '오늘 내가 좀 예민한 것 같으니 누구에게 도움을 청하자.'라고 생각하며 마음을 가다듬으세요. 그리고 할머니든 남편이든 친구든, 누군가에게 잠깐 도와달라고 부탁한 뒤 산책이라도 다녀오는 게 좋습니다.

아기를 재미있게 해주어야 하나요?

어떻게 말인가요? 이때는 아직 오락거리가 필요 없는 나이입니다. 아기는 아기일 뿐이에요. 게다가 엄마와 아기는 우선 서로에게 익숙해지는 데 집중해야 합니다.

아기에게 심각한 위협이 되는 것은 무엇입니까?

아기의 요구를 들어주고 아기의 소리에 귀를 기울이고 아기를 보아주는 사람이 없을 경우 아기에게 해가 됩니다. 이런 상황은 아기를 지치게 만들어요. 아기에게는 자신의 신호에 다정하게 반응해주는 사람이 가장 필요합니다.

아기가 할 수 있는 것은 무엇이며, 부모와의 관계에서는 어떤 역할을 하나요?

아기는 공감능력이 뛰어날뿐더러 자신의 한계도 자각하고 있습니다. 다만 이 한계를 존중하는 방법을 모릅니다. 태어나면서부터 영리하지만 세상에 대한 경험이 없는 거지요.

아이는 몇 살쯤 되어야 자신의 한계를 자각하고 적정선을 지킬 수 있게 됩니까?

만 8세 내지 10세쯤 되면 아이들은 스스로를 돌보기 시작합니다. 이 때쯤이면 단호하게 싫다는 표현을 할 수 있을 뿐 아니라 상대방이 자신의 거절 의사를 인지하게도 만듭니다.

아이에게 생애 첫 3년은 어떤 의미인가요?

이 기간은 인생이라는 배의 닻과도 같습니다. 이 기간 동안 부모가 아이에게 주는 애정과 공감, 즐거움은 후에 수천 배의 가치가 되어 돌아옵니다. 또한 이 기간 동안의 양육 방식은 아이에게 가장 지속적인 영향을 미칩니다.

자, 어린이집에 가자

04

낯선 사람 손에 아이 맡기기

아이가 몇 살쯤 되어야 마음 놓고 낯선 사람 손에 맡길 수 있나요?

일반화시켜 말하기에는 어려운 문제입니다. 생애 초기의 여러 달은 엄마 또는 아빠와 아이 사이에 애착이 형성되는 결정적인 시기이므로, 저는 이 시기에 아기를 어린이집에 맡기지 말라고 하고 싶습니다. 그러나 할머니나 친한 친구에게 몇 시간쯤 아기를 맡기는 정도는 괜찮습니다.

부모 중 한 사람이 하루 종일 아이 곁에 있는 것이 애착 형성에 결정적인 영향을 미치나요?

어린아이들은 대부분의 시간을 함께 보내는 사람에게 애착을 품게 됩니다. 이때 애착이란 서로에 관해 알아가고, 서로를 느끼며, 서로 냄새를 맡고 살을 맞대는 것을 의미합니다. 아빠 또는 엄마라면 아이와 애착 관계를 형성하고 싶은 것이 당연하지요.

그런데 요즘에는 맞벌이 부부가 많습니다. 이런 경우 부모가 일찍 직장에 복귀해야 하고요.

예, 그게 대세이기는 합니다. 다만 이때 소아과 의사인 헤르베르트 렌츠 폴스터Herbert Renz-Polster가 한 말을 염두에 두라고 하고 싶군요. 그에 따르면 7~8개월쯤 된 아기들은 애착 상대와 떨어지는 것을 무척이나 싫어하며, 일부 아이들에게서는 '최고의 양육 대리인에게 맡겨도 지속적인 우울증 증상'이 나타난다고 합니다.

많은 엄마들이 속상해할 이야기네요. 어린이집에 아이를 맡기면서도 나쁜 엄마라는 양심의 가책을 받지 않게 된 게 겨우 최근의 일인데 말이지요.

이 문제는 매우 민감한 사안입니다. 게다가 모든 가족의 상황은 제각각 다릅니다. 그러나 아이들에게는 어린이집에 다니는 게 고된 노동이라는 사실만은 항상 기억해야 합니다. 건전한 대안으로는 부모의 직접 양육과 외부의 손에 아이를 맡기는 일을 절충하는 방법이 있습니다.

아기가 여러 어른들과 동시에 애착을 형성하면 되지 않나요?

전문가들에 따르면 애착은 그처럼 마구잡이로 형성되지 않습니다. 아기들은 두어 주만 지나도 이미 애착 대상을 선호하기 시작한답니다. 대개는 아기와 대부분의 시간을 보내는 사람이 애착 대상이 되고요.

아이가 부모 외의 누군가와 애착을 형성할 경우 부모를 향한 아이의 애정이 줄어들 수도 있나요?

그렇지는 않습니다만, 부모가 아이의 사랑을 독점하지는 못하게 되지요. 그러나 그게 꼭 해롭다고 볼 수는 없습니다.

혼자서 육아를 전담하는 엄마들은 스트레스에 시달리는 경우가 흔합니다.

그래서 엄마들도 자기 자신을 돌보고 육아에서 벗어날 기회를 꼭 만들어야 합니다. 누구에게나 휴식은 필요하니까요.

짜증내는 엄마와 집에서 온종일을 보내느니 어디든 다른 사람 손에 맡기는 편이 낫지 않을까요?

그건 외부 양육자의 자질이 어떤가에 따라 크게 달라집니다. 어린이 집이나 유치원에서 일하는 보육교사들도 사람이거든요. 이들은 어마어마한 스트레스에 시달리는 경우가 허다합니다.

보육기관이 반드시 부모보다 나은 것은 아니라는 말씀인가요?

물론입니다. 적어도 부모가 자신의 행동방식을 성찰하는 마음가짐을 갖췄다는 전제하에서는 그렇지요. 아이들은 집에서 자신의 욕구와 부모의 욕구 사이에 균형을 맞추는 법을 배우는데, 이는 매우 중요한 일입니다. 유치원에서는 규칙을 지키는 법을 배우지요. 이 두 가지는 서로 다릅니다.

그런데 부모들은 아이를 야단치기도 하고, 뭐든 감정적으로 받아들이고, 아이에게 부당한 대우를 하는 경우도 많습니다. 그에 비하면 보육교사는 침착하게 규칙에 따라 훈육하지요. 아이가 장차 어떻게 될지 불안해하지도 않고요.

바로 그게 차이점입니다. 그러나 아이들의 주위에는 피와 살로 이루어진 사람들이 있어야 합니다. 아이들에게는 엄마가 필요해요. 오늘은 피로에 절어 아이가 서툴게 피아노 치는 소리에 짜증을 낼지라도 내일은 또 딸아이의 피아노 연주를 즐겁게 들어줄 엄마, 지금 자신의 상태가 어떤지 무슨 일이 있었는지 마음 터놓고 이야기해줄 엄마가 말입니다.

그런데 세상에는 너무나 파괴적인 구조를 지닌 가정도 있습니다. 이런 집의 아이들은 보육기관에서 보살피는 편이 낫다는 생각이 듭니다.

　그렇습니다. 전문가들의 말로는 그런 가정이 전체의 약 10퍼센트를 차지한다고 합니다.

어린이집을 고를 때 주의해야 할 점은 무엇인가요?

　안타깝게도 요즘은 어디든 자리가 나기만 해도 다행인 경우가 다반사입니다. 어쨌든 저는 부모가 느끼는 보육기관의 분위기가 어떤지를 중요하게 꼽습니다. 친절하고 여유롭고 즐거운 분위기가 주를 이루는가? 다른 아이를 물거나 때리거나 바지에 오줌을 싸는 등 특이 행동을 보이는 아이들을 교사들이 어떻게 다루는가? 이런 점에 주목해야 합니다.

그런 아이들을 어떻게 다루는 곳이 좋은 보육기관인가요?

　'그런 건 우리 원에서 있을 수 없는 일입니다.'라고 단언하는 보육기관은 고려에서 아예 빼버리세요. 반대로 '아유, 아이들이 그렇지요. 저희가 잘 돌볼 수 있어요!'라고 말하는 곳이라면 대환영이지요!

원아 당 보육교사 수는 얼마나 되는 게 좋을까요?

　그것도 중요하게 따져야 합니다. 한 보육교사 또는 돌보미가 서너 아이만 맡는다면 좋겠지요. 그런데 현실은 다릅니다. 오늘날 어떤 산모가 네쌍둥이를 출산하면 일가친척이 도와주겠다고 달려들 거예요. 그러나 보육교사는 혼자서 일곱 아이를 거뜬히 돌볼 수 있습니다. 보통 사람은 상상도 못 하는 일이에요.

그런데 그렇게 이상적인 보육교사 수를 갖춘 기관은 비용 또한 어마어마합니다.

　비싼지 아닌지를 누가 판단하나요? 품질 좋은 보육 서비스에 투자하는 돈의 10퍼센트 이상이 사회로 환원된다는 건 익히 알려진 사실입니다. 좋은 보살핌을 받은 아동은 성인이 되어서도 좋은 교육을 받고 보다 탄탄한 인생길을 보장받을 가능성이 높아지기 때문이지요. 그렇게 어린아이에게 들어가는 비용을 아끼는 건 정말이지 어리석은 행동입니다.

어린아이들에게는 어린이집에 다니는 일이 고된 노동이라고 앞서 언급하셨는데요.

덴마크에서 시행한 연구 결과, 보육기관에 맡겨지는 만 1세에서 3세 사이의 아동들 중 20퍼센트가 넘는 아이들의 뇌에서 스트레스 호르몬 농도가 매우 높게 나타났습니다. 아이를 보육기관에 등록시키기 전에 이 점을 반드시 명심해야 합니다.

어린이집에서 데려온 뒤에는 반드시 휴식이 필요하다는 말씀인가요?

어쨌든 더 이상의 활동은 시키지 마십시오. 아이와 소파에 몸을 묻고 음악을 들으며 느긋하게 쉬는 것만으로도 충분하지요.

보육교사에게는 어떤 자질이 필요합니까?

무엇보다도 자신의 한계를 인지하고 있어야 합니다. 자신의 권위와 규칙을 아이들보다 상위에 두어서는 안 되고요. 아이들은 물론 부모도 좋아할 수 있어야 하지요. 마지막으로 관리도 당연히 이루어져야 합니다.

사회적 경쟁력 측면에서 보면 어떤가요? 2세쯤 된 아이를 미리 집단에 합류시키는 편이 아이에게 유익하지 않을까요? 이 점을 생각하면 어린이집에 보내는 편이 좋을 것 같은데요.

어린이집에 다니지 않는다고 해서 아동이 엄마에게만 의존하게 된다고는 생각지 않습니다. 엄마와 함께 다양한 활동을 할 수도 있고, 형제가 있는 경우도 많으니까요.

아이가 어린이집에 적응하는 기간에는 어떤 점에 주의해야 합니까?

반드시 충분한 시간을 두어야 합니다. 직장에 복귀한 뒤에도 4주 내지 6주 정도는 아이에게 곧장 달려갈 수 있도록 업무시간을 유연하게 조절하세요. 아이를 떼어놓기가 너무 힘들면 아이를 직접 어린이집에 데려다주지 않는 게 좋습니다. 그때는 아빠가 데려다주어야지요. 그렇게 하지 않으면 아이에게도 엄마와 떨어지는 일이 더 힘들어집니다.

마지막으로 아이에게 가장 유익한 것이 무엇인지 말씀해주시겠습니까?

가장 유익한 것이란 없습니다. 한 가지 확실한 것은 유아들에게는 지속적인 애정이 필요하다는 사실입니다.

나는 있는 그대로의 네가 좋아

내 아이를 어떻게 사랑할 것인가

아이가 내 뜻대로 행동하지 않을 때는 아이를 사랑하는 것도 쉽지 않게 느껴집니다. 내가 상상하던 대로 성장하지 않을 때도 마찬가지고요.

부모는 신이 아닙니다. 그러나 어버이날에 아이가 직접 그린 그림을 선물해준다거나, 그럴 때만 아이가 예뻐 보인다면 애정이 충분치 못한 거지요. 아이가 나를 기쁘게 해줘야만 그를 사랑한다니요! 물론 대부분의 부모는 그렇지 않습니다. 저는 아이를 대할 때 항상 '행동'과 '사람'을 분리하는 것이 중요하다고 여깁니다. 죄는 미워하되 사람은 미워하지 말라는 말이 있지요. 가령 '엄마는 너를 사랑하지만, 책가방을 그렇게 한구석에 처박아두는 걸 보면 화가 나는구나!'라고 말하는 겁니다.

아이의 모든 면면을 사랑하는 게 부모의 도리 아닌가요?

그건 아니지요. 왜 그래야 하나요? 아이는 보이는 그대로의 아이일 뿐입니다. 아무리 내 자식이라도 못마땅한 점이 몇 가지는 있기 마련입니다. 그보다 훨씬 많은 면에서 아이를 사랑하지만, 어떤 면은 못 견디게 신경에 거슬리는 것도 정상이에요.

그래도 부모들은 조건 없이 아이를 사랑해야겠다고 다짐하기 마련입니다.

그런 강박관념은 부모에게 부담만 줄 뿐입니다. 우리 모두는 평범한 인간이므로 헌신적인 사랑이 아닌 평범한 사랑을 할 뿐입니다. 부부 관계 개선 강좌를 들으며 고개를 끄덕이고는 집에 오자마자 부부싸움을 벌이는 것도 인간이기 때문입니다. 누구나 마찬가지예요!

스스로를 개선하도록 노력해보는 건 어떨까요?

물론 그래야지요. 몇 번이고 다시 시작해야 합니다. 그러나 마음처럼 되지 않더라도 좌절하지는 마세요. 사람들은 사랑을 미화하거나 지나치게 숭배하는 경향이 있습니다. 하지만 그렇게 하지 않아도 사랑은 우리가 상상하는 것보다 훨씬 위대합니다.

사랑하는 법을 배울 수도 있나요?

물론입니다. 가족들과의 관계 맺기는 사랑을 배우는 최고의 방법입니다. 어떤 스포츠나 취미에 애착을 갖는 것과 비슷하지요.

그걸 어디서 시작해야 할까요?

자녀들에 대한 애정 어린 느낌을 애정 어린 행동으로 표현하는 데서 시작하면 됩니다. 나아가 아이를 독립적인 존재로 보아야 하지요. 부모에게는 아이가 어떤 사람이 되어야 하는지 결정할 권리가 없다는 것을 명심하세요!

그런데 내가 싫어하는 나 자신의 단점을 아이가 물려받을 경우가 문제입니다.

바로 그런 이유 때문에 먼저 나 자신을 사랑하는 법을 배우라는 겁니다. 그러면 타인도 있는 그대로 받아들일 수 있게 되거든요.

애정 어린 느낌을 애정 어린 행동으로 표현하라는 말씀은 정확히 무슨 뜻인가요?

내 이야기를 하는 것을 뜻합니다. 내 감정을 말입니다. 동시에 아이의 감정을 느끼도록 노력하세요. 그리고 아이에게 '어쩐지 조금 슬퍼 보이는구나. 내 생각이 맞니?'라고 물어봄으로써 내 느낌이 맞는지 확인하는 겁니다.

내 이야기를 한다는 것은, 무언가 때문에 화가 날 경우 소란을 피우기보다는 화난 감정을 말로 설명해야 한다는 뜻인가요? 예컨대 해주는 음식마다 맛이 없다고 아이가 투정을 부려서 도대체 뭘 요리해야 할지 모를 경우에도 그렇게 해야 하나요?

그렇습니다. 그럴 때는 '엄마도 무슨 요리를 해줘야 할지 모르겠어서 짜증이 나는구나.'라고 이야기하세요. 아이 탓을 하지만 않으면 괜찮습니다.

듣기에는 쉬워 보이는데 어째서 그렇게 실천하기가 어려운지 모르겠네요! 번번이 아이 탓을 하거나 야단치게 되는 이유가 뭘까요?

우리 어른들도 잘못 배웠기 때문이지요. 누구나 아이였을 때 어른들 마음에 들기 위해 자기감정을 속인 일이 많이 있었을 겁니다. 특히 분노를 표출하는 것이 옛날에는 달갑게 받아들여지지 않았거든요.

사랑한다는 것은 오로지 주는 것만을 의미하지는 않지요. 상대방이 내게 하는 행동 역시 기꺼이 받아들이는 게 사랑인 것 같습니다!

그렇습니다. 참고로 어린아이들이 내 비위에 맞게 행동하는 경우는 매우 드뭅니다.

사람은 대개 자신이 누군가에게 필요하며 사랑받는 존재임을 끊임없이 확인하려 듭니다. 자신이 중요하고 의미 있는 존재라고 느끼고 싶어서이지요.

그런 사람은 자신이 진정 누군가를 사랑하려는 건지, 아니면 스스로가 멋진 존재임을 그저 확인받고 싶어 하는 것인지 곰곰이 되돌아봐야 합니다. 내가 밥을 지을 줄 안다는 것을 누군가에게 꼭 확인받아야 할 필요가 있나요? 그렇다는 것을 나 스스로 알고 있으면 그만이지요.

사랑이란 스스로를 희생시키고 무조건 주기만 하는 일이라고 생각하는 사람들도 많습니다.

그런 사람은 사랑을 잘못 이해하고 있는 겁니다. 그들은 감사받기 위해, 또는 도피처로서 상대방을 필요로 합니다. 사랑이란 있는 그대로의 자신을 보여주는 것을 뜻합니다. 동시에 상대방을 있는 그대로 보아주는 일이기도 하고요.

부모의 사랑이 지나치다 못해 독재로 변질되는 경우도 있습니다.

사랑에는 자유가 필요합니다. 자유가 결여된 사랑은 더 이상 사랑이라고 할 수 없습니다. 사랑이 누군가를 구속하는 데 악용되는 일은 결코 벌어져서는 안 됩니다.

자녀가 부모를 싫어하는 건 괜찮은가요?

당연하지요.

그럴 때 아이들은 '새 엄마를 찾아갈 거야!'라고들 하지요.

그런 말은 그냥 흘려들으세요. 정 기분이 좋지 않다면 배우자와 이에 관해 대화를 나누어보세요.

미운
세 살의
'싫어'에
대처하기

잠 좀 자자, 아가

아기 재우기 프로젝트

많은 예비 부모들이 아기가 태어나면 몇 년 동안 푹 자기는 글렀다고 생각합니다.

그런 고정관념에서 벗어나도록 해야 합니다. 하지만 그처럼 마음의 준비를 하고 있는 것도 나쁘지는 않지요. 모든 아기들의 절반은 재우기 어려우니까요. 그러니 밤마다 아기를 재우느라 전쟁을 치른다고 해서 아이에게 문제가 있는 게 아닌가 걱정할 필요는 없습니다.

아기가 그칠 줄 모르고 울며 잠투정을 할 때는 어떻게 해야 할까요?

물론 일단은 아기를 달래봐야지요. 아기를 안아주고 말을 걸어주세요. 그 뒤에는 며칠간 시간을 두고 해결책을 강구해야 합니다.

어떻게 말인가요?

가족들, 친구들, 또는 전문가의 조언을 구하는 겁니다. 이 기간은 아기뿐 아니라 부모로서 자기 자신을 알아가는 시기이기도 합니다.

아기가 울면 부모로서는 무척이나 견디기 어렵지요.

하지만 아기가 달리 어떻게 표현하겠습니까! 아기의 울음 때문에 부모의 내면에 빚어지는 혼란스러운 감정들을 결코 아기 탓으로 돌려서는 안 됩니다. 무력감이나 좌절감은 부모 스스로 극복해야 할 문제입니다.

사실 아기가 밤마다 보채는 게 엄마 아빠의 자질이 부족한 탓은 아니지요!

그렇습니다. 그럴 때는 '아직 뭔가 부족한 점이 있는 모양인데, 그게 무엇일까?' 하고 냉철하게 고민해봐야 합니다.

아이를 매일 제 시간에 잠자리에 눕히는 게 아이 자신에게도 유익하지 않을까요? 최대한 빨리 규칙적인 생활 리듬을 형성할 수 있도록 말입니다.

어떤 아이들에게는 매우 유익할 수 있겠지만, 그렇지 않은 경우도 있습니다.

특별히 추천하실 만한 잠들기 의식이 있는지요?

잠자리에 들기 전에 아이에게 책을 읽어주거나 노래를 불러주며 아이와의 시간을 가지는 것도 물론 좋지요.

아기 스스로 잠드는 연습은 언제부터 시킬 수 있나요?

그건 나이보다는 아기의 성향에 따른 문제입니다. 어떤 아기는 혼자서도 쉽게 잠드는 반면, 한참 동안 곁을 지키며 재워줘야 하는 아기도 있습니다. 그러나 진화생물학적으로 볼 때 아기가 스스로 잠드는 게 당연한 일은 아닙니다. 수천 년 동안 어린아이들은 안전 때문에라도 부모와 살을 맞대고 수면을 취해왔습니다. 그러니 밤에 부모 곁에서 자고 싶은 것은 인간의 본능이에요.

아이가 잠들 수 있게 도와주는 방법은 무엇인가요? 곁에 누워서 안아주는 것이 좋은가요?

내가 정말 아기를 위해 그렇게 하는 건지, 아니면 나 자신이 아기와 가까이 있고 싶어서인지 아는 게 중요합니다. 누군가를 돕고 누군가에게 필요한 존재가 되는 일은 우리를 행복하게 만들거든요. 그게 바로 첫 걸음입니다.

애초부터 그렇게 하지 말라고 조언하는 사람도 있습니다. 습관이 되기 쉽다는 이유로 말입니다.

중요한 것은 부모로서 내가 어떻게 하고 싶은가입니다. 예를 들어 저녁에 잠시 배우자와 함께 시간을 보내는 일이 중요하다고 여기면 아기 혼자 잠들도록 두어도 됩니다. 부모의 목소리를 들을 수 있도록 거실에 요람을 가져다두고 재우는 것도 괜찮고요. 아기가 자고 자지 않고는 부모의 마음가짐에도 크게 좌우됩니다. 아기가 혼자서도 잘 잘 수 있다는 믿음이 있으면 실제로도 잘 잘 가능성이 큽니다.

어떤 부모들은 아기 곁에 누워서 아기의 눈이 저절로 감기기만 기다리는 경우도 있답니다!

그러면 역효과만 날 겁니다. 부모가 조급해하는 것을 아이도 다 느끼거든요.

기존의 잠들기 의식을 바꾸기로 마음먹었을 경우, 엄마가 더 이상 곁에 누워 있거나 손을 잡아주지 않을 것이라고 얘기해주어야 할까요?

그렇습니다. '앞으로 2주에 걸쳐 이러이러하게 바꾸기로 했단다. 너도 도와주겠니?'라고 말하는 것도 좋습니다.

아기를 부부 침대에 함께 재우는 게 좋은 방법인가요?

모유 수유를 하는 동안은 그렇게 하는 게 물론 편하겠지요. 부모가 불편함을 느끼지 않는다면 그러지 않을 이유가 뭐 있겠습니까?

그러다가는 아이가 큰 뒤에도 밤마다 엄마 아빠의 침대로 파고들 수 있으니까요.

그건 부모가 결정할 문제입니다. 중요한 건 아이를 자기 방으로 돌려보낼 때 부모가 양심의 가책을 극복할 수 있느냐 하는 겁니다. 아이에게도 적응할 시간이 조금 필요하고요. 가령 아이에게 '지금부터 2주 동안 네 침대에서 자보는 게 어떻겠니?'라고 말해보세요. 이미 걷기 시작한 아이라면 밤에 엄마에게 오고 싶을 때 스스로 찾아오도록 허락해줄 수도 있고요. 부부 침대 곁에 여분의 매트리스를 깔아놓는 것도 좋은 방법입니다.

어떤 부모들은 아기가 자다 깨서 보채면 밤새 아기를 안고 서성거리기도 합니다.

아기가 울 때는 부부 침대로 데려가 재우는 게 제일 빠른 해결책이지요. 그러면 모두가 잘 수 있으니까요. 이 상황이 어렵다면 아이에게 '아가, 나는 내일 일하러 가야 해. 그러니 너도 잤으면 좋겠구나. 잠이 안 오면 조용히 누워 있기라도 해보렴.' 하고 속삭이세요. 당면한 상황을 우선 말로 표현하는 일은 언제나 도움이 된답니다.

이런저런 아기 재우기 프로그램을 사용해보는 건 어떨까요?

사실 전 그런 방법을 별로 좋아하지 않습니다. 아이에게 필요한 건 잘 짜인 프로그램이 아니라 아이를 사랑하는 부모니까요. '우리 아이가 잠을 잘 못 자는 이유가 무엇일까?' 하고 고민하는 부모 말입니다. 잠을 잘 못 자는 것도 하나의 성격입니다. 그걸 무슨 프로그램에 의존해 해결하려 들면 우리는 자기 자신은 물론 아이에 관해서도 아무것도 배울 수 없습니다.

그런데 제 주위에는 그런 프로그램으로 효과를 본 부모들도 몇몇 있습니다.

그래도 별로 권장하고 싶지는 않습니다. 아이들은 누구나 잘 잘 수 있어요. 굳이 배울 필요가 없다는 말이지요. 그저 내가 어떤 환경에서 잠이 잘 오는지 곰곰이 생각해보세요. 마음이 편안하고 피곤할 때, 그리고 무엇보다도 자라고 닦달하는 사람이 없을 때 잠이 잘 오지 않나요?

잠자리에 들 시간을 정하는 일은 아이가 몇 살쯤 된 뒤에 해야 할까요?

아이마다 다릅니다. 초등학교에 들어간 만 6~7세가량의 아이라면 언제쯤 자야 할지 대략 알 수 있지요.

매일 아침 스스로 잠자리에서 일어날 수 있게 되는 나이는요?

그것도 입학 연령 시기와 같습니다. 입학 선물 목록에 자명종을 포함시키는 것도 좋습니다.

맛없단 말예요

입맛도 천차만별! 아이와의 식사시간이 즐거우려면

엄마가 정성을 다해 요리했는데 아이가 접시를 밀어내며 맛이 없다고 한다면 기분이 어떨까요?

요리한 사람에게는 결코 유쾌하지 못한 상황이지요. 그래도 이런 일은 어느 집에서나 일어납니다. 입맛은 사람마다 다르니까요. 게다가 아이들 중 3분의 1은 쓴맛에 유독 민감하게 반응하는 미각세포를 지녔거든요. 다시 말해 아이들이 느끼는 맛은 어른이 느끼는 것과는 전혀 다르다고 보면 됩니다. 입맛이란 게 워낙 주관적이기도 하고요. 이 점을 고려해야 합니다.

그래도 기분이 상하는 건 어쩔 수 없지요.

아이에게는 부모를 즐겁게 해줄 의무가 없습니다. 아이는 지극히 사실적이고 솔직하게 반응한 것뿐이고, 가족 내에서는 그렇게 하는 일이 허용되어야 합니다. 아이가 스스럼없이 그런 말을 한다는 것 자체가 부모와의 긍정적인 관계를 반영하지요.

그런데 기껏 요리한 게 헛수고가 되어버려서요.

헛수고라니요? 어른들이 먹잖아요. 이런 상황에서는 아이의 말을 '난 엄마가 싫어!'라는 의미로 받아들이지 않는 게 가장 중요합니다. 아이는 그저 부모와는 기호가 다를 뿐이에요. 내가 정성 들여 요리했으니 누구에게나 맛있어야 한다는 생각은 버리세요.

어제 맛있게 먹은 음식을 오늘은 맛없다고 거부하는 경우도 있습니다.

입맛은 변하기도 하니까요. 어릴 때 싫어하던 음식을 어른이 되어서는 좋아하게 되기도 하고요.

그러면 밥 대신에 빵을 주어도 될까요?

안 될 이유가 뭐가 있습니까?

어떤 집에서는 식구마다 기호가 천차만별이라 문제인데요. 자녀들이 각자 좋아하거나 싫어하는 음식이 다른 경우 말입니다.

그런 경우 아이에게 직접 요리를 해보도록 하면 큰 도움이 됩니다. 물론 이때도 아이 하나가 라자냐를 싫어한다고 해서 다른 가족 모두가 좋아하는 라자냐를 못 먹게 되는 일은 없어야 합니다. 라자냐가 싫은 아이는 스스로 다른 것을 요리하는 겁니다.

아이가 초등학생 정도밖에 안 되었다면 스스로 요리하기는 어렵지 않을까요?

제 생각에는 그렇지 않습니다. 만 8세 정도 된 아이라면 스파게티면 삶는 것 정도는 할 수 있다고 봅니다. 10세나 12세쯤 되면 자신이 좋아하는 요리 두어 가지쯤은 할 수 있게 되고요.

소스 없이 면만 먹을지도 모르는데요.

그게 어딥니까? 내가 아는 한 남자아이는 2년 동안 거의 소스도 안

뿌린 스파게티면만 먹었답니다. 지금은 어른이 되었는데 입맛이 미식
가 수준이에요.

끼니때마다 아예 두세 가지 요리를 준비하는 부모들도 있습니다.

장기간 그러다 보면 상황만 악화됩니다. 별로 좋은 방법이 아니에요.
그보다는 아이에게 '지금부터 몇 주 동안 스스로 요리를 하는 게 어
떨지 천천히 고민해보렴.' 하고 권하세요. 아이가 도와달라고 하면 물
론 기꺼이 도와주어야 하고요.

가끔은 아이가 괜한 변덕을 부리느라 음식을 거부하는 것 같아 신경이 쓰입니다.

그렇다고 음식이 맛없었다는 말을 단순한 핑계로 치부하면 안 됩니다.
그런 상황에서도 아이의 말을 존중하는 것이 중요하다고 봅니다.

좋아하는 음식 목록을 작성하라고 하는 건 어떨까요?

그것도 괜찮지만, 목록에 시금치를 넣고는 다음 주쯤 되면 싫다고 할
가능성도 있습니다.

그러면 아이가 음식을 거부할 때 뭐라고 말해야 할까요?

'내가 요리한 음식이 네 건강에 도움이 되고 맛있었으면 좋겠구나. 그
런데 이번에는 실패한 것 같으니 네가 좋아하는 게 뭔지 말해줄래?'
라고 하는 것도 좋습니다. 그런데 지금 하는 이야기들은 사실 아주
사소한 문제에 지나지 않습니다. 가령 아이가 채소를 싫어하는 게 뭐
그리 대수입니까? 세상에는 당장 내일 끼니 거리를 걱정해야 하는 사
람도 많습니다.

그래도 싫다는 말을 하기 전에 한 입 먹어보기라도 하면 얼마나 좋을까 싶거든요.

그것도 하나의 훈육 방식이지요. 그렇게 시키는 게 잘못된 건 아닙니
다. 그러나 이건 음식에 관한 문제고, 먹는 것은 지극히 개인적인 사

항입니다. '처음 요리해본 건데 너도 한번 먹어봤으면 좋겠다.'라는 말 한마디면 충분하다고 생각합니다. 그래도 안 먹겠다면 어쩔 수 없고요. 아이가 새로운 음식을 맛보느냐 마느냐에 내 행복이 달려 있는 건 아니니까요.

식사시간이 자녀교육의 한 장이 되어야 할까요?

아닙니다. 밥상 앞에서 교육할 생각은 버리세요. 아이들은 일부러 교육하지 않아도 충분히 협조적이랍니다. 그리고 식사시간에는 분위기도 중요합니다. 저라면 식사하는 중에 문젯거리를 꺼내들지는 않겠습니다.

가족 모두가 식사를 마칠 때까지 아이들이 식탁을 떠나지 못하도록 하는 가정도 많습니다.

그건 각자가 결정할 문제입니다. 다만 3세에서 6세 사이의 아이들이 한 시간에 2천 번이나 팔다리를 움직인다는 사실을 알면, 단지 어른들이 식사를 마치지 않았다는 이유로 밥상 앞을 지켜야 하는 게 아이들에게 얼마나 괴로운 일인지 이해가 갈 겁니다.

온 가족이 함께 식사하는 일은 하루에 몇 번이 적당한가요?

최소한 한 번은 하는 게 좋습니다. 그러나 무엇보다 중요한 건 여유로운 식사시간을 갖는 거지요.

아이가 지나치게 살이 찌거나 빠질 경우에는 어떻게 대처해야 할까요?

저체중을 넘어 거식증의 위험이 보인다면 말할 것도 없이 당장 전문가의 도움을 받아야지요! 그 정도가 아니라면 체중이 많고 적게 나가는 것도 그냥 아이의 특성일 뿐입니다. 끊임없이 그걸로 스트레스를 주는 게 더 문제예요. 아이를 있는 그대로 받아들이는 것도 부모의 의무입니다. 그러니 아이의 긍정적인 면을 보는 것, 다시 말해 건강한 모습으로 우리 곁에 있다는 사실에 감사하는 편이 훨씬 낫습니다. 아니면 아이가 좋아하는 유능한 소아과 의사와 이야기해서 방법을 찾는 것도 좋습니다.

나 혼자 할 거야

08

아이의 독립심 길러주기

미운 세 살이라는 말이 있지요. 이 무렵이면 아이가 뭐든지 혼자 하려 드는데, 반항기의 시작이라고 봐도 될까요?

저는 그런 표현을 좋아하지 않습니다. 반항한다고 하면 아이가 일부러 부모가 원치 않는 행동을 한다는 것처럼 들리거든요. 그런데 만 두 살 이후의 아이들이 고집을 피우는 건 배우기 위해서예요. 독립적이 되려고 아이 스스로 노력하는 거랍니다.

그러면 오히려 기쁘게 받아들여야겠네요.

맞습니다. 이 시기는 인간에게 주어진 선물이에요. 꼬마아이가 웃옷을 스스로 입으려 하는 게 대견하지 않나요? 그런데 그새를 못 참고 성급하게 참견하면 아이는 연습할 기회를 잃어버리게 됩니다.

그런데 시간에 쫓기는 경우가 워낙 잦아서 문제입니다. 아이에게 옷 입을 시간을 주다가 통근버스를 놓칠 수도 있고요.

애초부터 시간 여유를 넉넉하게 두는 수밖에요. 그리고 매번 아이가 원하는 대로 해줄 필요도 없습니다. 혼자 옷을 입으려 하는 것 자체에만 반응해줘도 괜찮고요. 가령 '그래, 옷은 너 혼자 입어보고 신발 신는 건 엄마가 도와줄게. 안 그러면 엄마가 지각하거든.'이라고요. 시간에 쫓길 때 부모와 아이 모두의 상황이 존중되는 것이 가장 중요합니다.

아이가 이미 스스로 할 수 있는 일을 더 연습하는 것도 중요한가요?

아이가 원할 경우 혼자서 연습할 기회를 더 주어야 합니다. 돕는 행위는 대개 도와주는 쪽에나 만족감을 줄 뿐, 도움을 받는 쪽은 스스로가 무기력하다고 느낄 수 있어요.

그러면 돕기 전에 도움이 필요한지 먼저 물어봐야 하겠군요.

'가만있어 봐. 내가 해줄게! 너 혼자서는 못해!'보다는 '도움이 필요하면 말하렴!'이라고 이야기하는 편이 낫습니다. 부모가 되면 조금 겸허해져야 합니다. 세 살배기가 아직 못하는 것을 50년 산 어른이 잘한다고 자랑스러워할 일은 아니잖아요.

반항기라는 말의 어감이 안 좋다고 하셨는데, 대신 어떤 표현을 쓰면 될까요?

자립기라는 표현이 나을 듯합니다. 이때 부모는 아이의 학습 과정에 동반자 역할을 하면 됩니다. 제2의 자립기는 사춘기쯤 찾아옵니다.

제1의 자립기를 성공적으로 보냈다면 제2의 자립기도 한층 순조롭게 지나갈 가능성이 있나요?

두 살 때 부모와 좋은 관계를 맺은 아이가 청소년기가 되어서도 부모를 더 신뢰하게 되는 건 사실입니다. 그러나 부모에게 두 번째 기회가 주어지는 거라고 생각할 수도 있지요. 아이가 어렸을 때 잘못한 것을 이번에 좀 더 잘 해낼 수도 있으니까요.

자동차에 타지 않겠다고 떼쓰는 아이를 단 것으로 구슬리는 부모도 있습니다.

어리석은 짓입니다. 그러기 시작하면 아이는 성에 찰 때까지 몇 번이고 떼를 씁니다. 더 줘야 타겠다고 부모와 협상하려 들기도 하지요. 그러다 보면 상황은 악화될 뿐입니다.

도저히 방법이 없다고 느껴지면 세 살 아이를 안아서 억지로 차에 태워도 되나요?

그렇게 할 수도 있지만 이런 상황은 예외여야 합니다. 매번 그러는 것은 금물이에요. 거인이 나를 움켜잡고 어디다 처박아버린다고 생각해보세요. 그런 걸 좋아할 사람이 어디 있습니까? 아이가 왜 안 타려고 하는지부터 생각해봐야 합니다.

아이에게 직접 물어보는 게 가장 좋겠지요?

예. 나중에라도 '엄마가 억지로 끌고 나가서 정말 속상했지? 다음번에 외출할 때는 어떻게 했으면 좋겠니?'라고 물어보세요.

〈부모Eltern〉라는 영화에는 이런 장면이 나옵니다. 엄마가 만 세 살 된 딸아이에게 짝이 맞는 신발을 신으라고 하지요. 짝이 맞는 건 한 켤레뿐이고요. 그런데 아이는 짝짝이 신발을 신고 외출합니다. 이럴 때 엄마가 제대로 신도록 강요하는 편이 나을까요?

저는 그렇게 하면 안 된다고 생각합니다. 강요하는 부모는 대개 체면을 중시할 뿐이거든요. 남 앞에서 아이의 완벽한 모습을 보여주고 싶은 거예요. 그런 것을 목표로 삼는 부모는 한 번쯤 자신을 뒤돌아봐야 합니다.

어떤 남자아이들은 한동안 여자아이 옷을 즐겨 입기도 하는데, 이런 경우는 어떻게 할까요?

괜찮습니다. 대부분은 시간이 지나면 알아서 그만둡니다. 그걸 문제

삼는 사람은 부모뿐이에요. 그냥 지켜봐야 한다고 생각합니다.

그래도 세 살밖에 안 된 아이들은 부모가 제지해야 할 때도 있습니다.

물론입니다. 위험한 상황, 예를 들어 차도에서라든지 주방용품을 가지고 놀 때가 그렇습니다. 그리고 지금까지는 이 문제를 아직 다루지 않았는데, 부모 스스로 한계를 느낄 경우도 이에 해당됩니다. 그럴 때는 세 살배기 자녀에게 이런 식으로 이야기하세요. '지금 요리하는 중이라 같이 못 놀아주겠구나.' '안 돼, 나도 지금은 좀 쉬어야 하거든.' '신문 다 읽고 나서 놀자.' '내가 지금 너무 피곤하니까 잠깐만 쉬게 해주렴.'

싫어

09

미운 세 살의 '싫어'에 대처하기

세 살배기 아이와는 끝도 없이 부딪치게 됩니다. 싫다는 말을 입에 달고 살거든요. '산책하러 갈 거니까 옷 입으렴!' '싫어!' 이런 식이지요. 이럴 때 산책은 포기하는 편이 나을까요?

아니요, 그럴 필요 없습니다. 어차피 산책 자체는 부차적인 문제거든요. 아이는 싫다고 대답했을 때 어떤 일이 벌어지는지 시험하는 것뿐입니다. 자신을 부모로부터 분리하기 시작했다는 의미지요. 이때 싫다는 말에 집중하기보다는 아이를 존중해주는 게 중요합니다.

어떻게 존중해주면 되나요?

싫다는 말을 감정적으로 받아들이지 마세요. 물론 그에 대한 대응은 필요합니다. '지금은 밖에 나가기 싫은가보구나. 나는 가고 싶은데, 다시 한 번 생각해볼래?'라고 말한 뒤에 아이를 잠시 혼자 놔둬보세요. 그러다 날이 저물어버릴 텐데요.

그렇게 오래 기다리라는 말은 물론 아닙니다. 몇 분이면 충분하죠. '난 지금 나갈 건데, 넌 같이 안 가니? 자, 가자!' 하고 한 번 더 말하면 대개는 아이도 따라옵니다.

그래도 따라오지 않으면요? 그때는 이미 아이에게 휘둘리는 셈이 아닌가요?

그렇지만도 않습니다. 부모 혼자 휘둘린다고 느끼는 것뿐이에요. 아이는 부모를 조종하려 들지 않아요. 그런 생각도 안 합니다. 그냥 부모라면 다 그런 경험을 하기 마련이에요. 부모가 모든 걸 뜻대로 할 수는 없지만, 그렇다고 아주 무기력한 것도 아니랍니다.

싫다고 할 때는 그러면 어떻게 하나요?

부모도 덩달아 물러서지 않고 기 싸움을 벌이는 일은 없어야 합니다. 그러면 이기는 쪽과 지는 쪽이 생기기 마련인데, 그런 것보다는 두 사람이 모두 존중되는 해결책을 찾는 게 중요하거든요.

'저것 봐, 햇볕이 얼마나 좋니? 그러니 우리……'라는 식으로 아이를 설득하는 건 어떨까요?

그러면 거래를 시작하는 셈이 됩니다. 그럼 아이도 구매자처럼 행동하지요. 살 때도 있고 안 살 때도 있는 구매자 말입니다.

싫다는 소리를 달고 사는 시기는 얼마나 오래가요?

몇 달이 지나면 자연히 사라집니다. 곧 끝날 거라고 생각하면 한결 여유롭게 이 시기를 보낼 수 있을 겁니다.

도저히 안 되면 산책을 포기해야 하나요?

그럴 경우 아이가 뭐든 자기 마음대로 해도 된다는 생각을 할 수 있으므로 주의해야 합니다. 이는 아주 좋지 못한 사고방식이에요. 좀 더 능동적인 대안을 고민해보는 게 좋습니다. 도저히 안 될 때는 아이 혼자 집에 놔두거나 이웃에게 맡기는 방안을 고려해보는 것도 괜찮고요.

아이가 무조건 따라야 할 경우도 있지 않을까요?

있습니다. 그럴 때는 '오늘은 다른 방법이 없구나. 네가 같이 가는 수밖에 없겠다.'라고 단호하게 말하세요.

그렇게 하면 산책을 매우 중요한 것으로 여기게 되겠네요.

이 상황에서는 신속히 해결방안을 찾는 것은 물론, 그 효과가 오래 지속되도록 하는 것도 중요합니다. 상호 감정이입이 그것인데, 상대방에 대한 배려를 잊지 않는 일은 매우 중요합니다.

이튿날에는 또다시 협상을 시작하더라도 말이지요.

그렇습니다. 아이도 독립적인 인격체이고, 산책할 마음이 안 나는 날도 있는 법이니까요.

억지로 산책에 끌고 갈 경우 아이가 뾰로통해 있는 것도 감수해야 하겠지요?

물론입니다. 아이에게 '너 그렇게 토라져 있을래?' 하고 나무라지 마세요. 그건 완전히 잘못된 방법입니다. 대신에 '엄마는 네가 같이 와줘서 좋은데, 너도 즐거웠으면 좋겠구나.'라고 말하는 게 좋습니다.

세 살 아이와 말씨름을 하는 일이 과연 의미 있는 일일까요?

그렇지 않습니다. 아이들에게는 '엄마 좀 도와줄래?' '이건 이렇게 해야 해.' '엄마는 지금 이걸 하고 싶어.' 하는 식으로 명확히 말해야 합니다. 아이들은 명확하게 행동하는 사람을 좋아하고, 그런 사람 앞에서는 그에 상응하는 태도를 취하지요.

나눠 갖지 못하겠니

아이의 사회성 길러주기

어른들은 자녀들에게 뭐든 나눠 가지라고 하지요.

힘 있는 자가 힘없는 자에게 '이봐, 네가 가진 것 좀 내놔봐!'라고 하는 세상에는 가짜 평화가 지배합니다. 아이들은 나누는 일을 싫어합니다. 그저 자기 것을 가져보고 싶어 하는 것뿐인데, 어른들은 이걸 보고 사회성이 부족하다고들 합니다.

나누는 습관을 들이지 않으면 이기적인 성격이 될 수 있지 않나요?

어른의 경우는 어떤지 상상해보세요. 창문 밖으로 지나가는 사람에게 자기 자동차 열쇠를 던지면서 '거기 있는 제 차로 드라이브나 한 번 하고 오세요!'라고 말할 사람이 있나요?

자기 아이가 놀이터에서 사회성을 발휘하는 동시에 남에게 휘둘리지 않게 하려면 어떻게 해야 할까요?

대부분의 문제는 아이들 스스로 해결합니다. 어른들은 되도록 참견하지 않는 게 현명한 방법이에요. 다만 고정된 역할을 담당하는 아이들이 생기지 않도록 주의해야 합니다. 어떤 아이는 주기만 하고, 어떤 아이는 받기만 하는 경우가 그겁니다. 내 아이가 다른 아이에게 물건을 빼앗기기만 한다면 부모가 나서서 도와줘야 합니다. 반대로 남의 물건을 빼앗는 아이에게는 '그 모래 삽은 저기 저 아이 거잖아. 어서 돌려줘라!'라고 해야겠지요.

모래 삽만 빼앗는 데서 그치지 않고 다른 아이를 물거나 밀치는 아이도 있습니다.

그렇기는 하지만, 그걸 딱히 이상행동이라고 볼 수는 없어요. 아이들은 그렇게 함으로써 욕구불만을 표시하거든요. 이걸 고치는 가장 좋은 약은 부모와의 관계입니다. 그런 아이는 부모와 좀 더 많은 시간을 보내야 합니다.

실제로 그런 상황이 생기면 아이에게 뭐라고 할까요?

'그만 둬!'라고 해야지요.

그것뿐인가요?

다른 말은 하지 마세요. 이러쿵저러쿵 덧붙여봤다 이목만 끌 뿐입니다. 그럴 것까지는 없지요.

'그렇게 친구들을 때리면 혼난다!'라는 말 정도는 해도 되지 않나요?

아이들은 만 네다섯 살 정도는 되어야 상대방의 입장에서 생각할 수 있습니다. 두세 살 아이들을 다룰 때는 일어난 사실에만 초점을 맞춰야 해요.

그런 행동을 멈추지 않으면 어떻게 하나요?

그런다고 어린아이에게 구구절절 훈계해봐야 소용없습니다. 아이 입장에서는 늘 자기 행동에 정당한 이유가 있거든요. 부모가 할 일은 그 이유를 찾아내는 것입니다.

다른 아이에게 사과하라고 강요해야 할까요?

절대 그러면 안 됩니다. 강요에 의한 사과는 아이의 진심과는 상관없이 어른들의 이미지 관리에 남용될 뿐입니다.

아이들이 우리 어른보다 아량이 넓다고 생각하십니까? 가령 어른들은 열 명에서 열다섯 명 남짓으로 이루어진 집단이 있으면 그중 한두 명에게만 호감을 느낀다고 하거든요.

인격은 성장할수록 성숙해집니다. 최대한 많은 친구를 사귀려는 욕심도 줄어들고요. 하지만 단지 나이가 같다는 이유로 특정한 아이와 함께 놀도록 강요하는 것은 잘못된 행동입니다. 아이들은 어차피 상대방이 놀이동무로 마음에 드는지 안 드는지 5초 내로 판단을 내리거든요.

내 아이가 놀이 동무로 하필 유치원에서 제일 거친 아이를 선택한다면 어떻게 할까요?

받아들여야 합니다. 아이가 결정한 거니까요. 정 탐탁지 못하면 그 아이를 집에 초대해 함께 놀게 하는 것도 좋습니다.

난처한 상황에 대한 질문입니다. 엄마나 아빠 친구의 아이들이 놀러와서 장난감을 온통 헤집어놓고 정작 내 아이는 떨떠름하게 서 있기만 할 때는 어떻게 할까요?

소동에 끼어들어야지요! 손님의 아이에게 '장난감을 가지고 놀고 싶으면 우리 아이에게 먼저 허락을 받아야 해. 마음대로 만지면 안 된다.'라고 당부하는 정도는 괜찮습니다.

이때도 나눠 쓰도록 강요하지 말라는 말씀인가요?

끊임없이 양보하라고 잔소리를 하면 아이의 기분만 망칩니다. 그래도 상관없으면 하세요. 내 아이에게도 '이 포클레인 장난감은 내 거니까

아무도 건드리면 안 돼.'라고 말할 권리가 있습니다.

아이가 부모 친구의 자녀들을 좋아하지 않아도 괜찮겠지요?

물론입니다. 그래야 한다는 법은 없으니까요.

책임질 줄 아는 부모 되기

엄마가 울면 나도 슬프단 말이에요

협조적인 아이들에게서 부모는 무엇을 배울까

아이들은 항상 협조적이라고 예스퍼 율이 말했는데, 그게 무슨 의미입니까?

아이들은 부모가 하는 것을 무엇이든 함께한다는 의미입니다. 다만 함께한다는 말은 부모가 흔히 생각하는 것처럼 복종하는 태도를 뜻하지 않아요. 가족의 현재 상황을 행동에 반영시킨다는 의미지요.

가령 부모가 슬퍼하면 아이가 우는 것처럼 말인가요?

예를 들자면 그렇습니다. 부모의 감정에 협조하는 거지요. 부모가 심한 부부갈등을 겪고 있으면 아이들은 학교에서도 학습에 집중할 수 없게 됩니다.

협조가 부정적으로 표출되는 경우도 있는데, 어떤 예를 들 수 있나요?

아주 좋은 예가 있습니다. 엄마와 딸이 집에 있는데 이모가 초인종을 울립니다. 엄마는 이 이모를 그다지 좋아하지 않고, 딸도 그 사실을 알고 있습니다. 게다가 두 모녀는 한창 즐겁게 놀던 참이라 갑자기 찾아온 손님이 달갑지도 않고요. 그래도 엄마는 아무 내색 없이 문을 열고는 여동생을 상냥하게 맞이합니다. 그러나 엄마의 팔에 안겨 있던 딸은 고개를 획 돌리고 서럽게 울어버리지요.

아이가 엄마의 진짜 감정을 표현하는 거군요.

맞습니다. 어른이 억누르는 감정을 아이가 표출해주는 겁니다.

그러다 보면 아이들이 부모의 감정에 의존하느라 자기감정을 발달시키지 못하는 건 아닌가요? 그냥 엄마와 한창 재미있게 노는데 방해받은 게 화가 나서 우는 편이 아이에게는 더 낫지 않나요?

예, 그런 경우도 물론 있을 수 있습니다. 두 가지 경우 모두 가능하지요. 아이에게도 자기만의 존재 방식이 있으니까요.

그런데 딸이 이모를 거부했다고 엄마가 화를 내면 문제가 생기겠지요? '왜 우는 거니? 이모한테 버릇없이 무슨 행동이야?'라는 식으로 말입니다.

그렇습니다. 그런 경우 엄마는 현재 상황에 대해 아이가 감정 표출을 하는 것이 잘못인 양 나무라는 셈이 됩니다.

아이가 슈퍼마켓 바닥에 드러누워 초콜릿을 사달라고 떼를 쓰는 경우는 어떤가요? 이런 것도 협조의 일종입니까?

예, 가정에서 일어나는 상황을 적용시키는 거예요. 아이 엄마가 평소에 '안 돼!'라는 말을 좀처럼 못하는 것일 수도 있습니다. 가족 내에서 거절이 허용되지 않는 건지도 모르고요. 어쨌든 아이에게 욕구를 억제하는 습관이 안 되어 있는 게 분명합니다. 바닥에 드러누워 떼를 부리는 것만 봐도 알 수 있지요.

그렇다면 아이가 그렇게 행동한다고 야단쳐봤자 소용없겠군요.

그렇습니다. 아이는 자신이 할 수 있는 행동을 하는 것뿐이거든요.

지금까지 학습된 것이 아이의 반응에서 드러나는 것입니다.

아이가 그렇게 행동할 때 부모는 어떻게 협조해야 할까요?

아이에게 이렇게 말하는 게 좋습니다. '얘야, 엄마 아빠가 큰 실수를 한 것 같구나. 불만이 있을 때 어떻게 하면 좋은지 네게 가르쳐주지 않았으니 말이야. 엄마가 잘 몰라서 그런 거니 앞으로는 잘해볼게. 슈퍼마켓에서 그렇게 소란을 피우는 일도 이제 없을 거야.'

말하자면 엄마가 아이의 행동을 평가할 게 아니라 읽어야 한다는 뜻이군요. 읽어낸 것을 통해 자신이 엄마로서 어떤 점을 개선할 필요가 있는지 알게 되는 거고요.

그렇지요. 아이는 지진계와도 같습니다. 가족들의 행동방식이 어떤지, 부모가 무엇을 해왔는지, 가족 내에 어떤 약점이 있는지 보여주니까요.

부모는 흔히 아이가 반항하는 거라고 생각합니다.

그건 큰 오해입니다. 아이의 삐뚤어진 행동에는 부모가 가족을 어떻게 대하는지가 반영됩니다. 모든 것을 부모 탓으로 돌리려는 건 아닙니다. 그저 우리의 모자란 점을 아이가 보여준다는 뜻이지요.

슈퍼마켓에서 아이가 떼를 쓸 때는 감정을 추스르는 게 쉽지 않습니다. 부모 입장에서는 수치스럽고 화가 나고 막막하기까지 하거든요. 이런 감정을 어떻게 다스릴까요?

가장 좋은 약은 자각입니다. 이런 상황이 왜 벌어졌는지, 지금껏 아이의 요구를 차마 거절하지 못한 이유가 무엇인지 자각하고 나면 스스로도 다르게 행동할 여유가 생깁니다.

앞서 언급한, 갑작스럽게 손님이 찾아온 상황에서는 아이에게 뭐라고 말해줄 수 있습니까?

'엄마는 네가 왜 우는지 알아.'라고 하면 될 듯합니다. 이모가 듣고 있으니 어차피 더 말하기도 곤란하고요. '아까 엄마가 이모를 별로 반가워하지 않았다는 걸 너도 알고 있었지?'라고 나중에 다시 물어볼 수도 있습니다.

협조는 어릴 때부터 시작됩니까?

예, 아이들은 태어난 순간부터 시작해 평생토록 부모에게 협조합니다.

부모가 아이들의 협조에 대해 끊임없이 평가를 내리면 어떻게 되나요? 그래도 계속 협조할까요? 아니면 아이가 협조하기를 포기하는 경우도 생깁니까?

아이는 더욱 단단히 부모에게 협조합니다. 폭행과 폭력에조차 협조하는 경우도 많습니다. 그저 가족에게 소속되고 싶은 마음에 자신의 안위나 본질을 가족의 안위보다 하위에 두는 것입니다. 이를 거부하는 시기는 대개 사춘기 무렵인데, 그것도 예외적인 경우에만 그렇습니다.

청소년기가 되어도 부모에게 협조하나요?

예, 그럴 마음이 더 이상 없다면 별안간 부모에게 '이제 독립할래요. 안녕히 계세요.' 하고 떠나겠지요.

어른들은 끊임없이 거짓 행동과 거짓말을 하고, 책략을 쓰거나 모략을 꾀하기도 합니다. 이는 성인이 되면 더 이상 남에게 협조하지 않는다는 것을 의미하나요?

성인이 될 즈음이면 우리는 이미 스스로가 항상 옳지만은 않다는 사실을 수없이 배운 뒤입니다. 감이 맞지 않을 때도 있는 거지요. 그 때문에 그런 억지스러운 방법을 쓰는 겁니다. 그런데 2001년 뉴욕에서 9·11 테러가 발생했을 때 사람들은 건물에서 신속히 빠져나가기 위해 서로 돕는 모습을 보였습니다.

말하자면 아이는 언제나 협조적이지만 어른들은 긴급한 상황에서만 협조한다는 뜻이군요.

그렇습니다.

자녀들은 결혼해서 각자의 가정을 꾸린 지 한참이 지나고 난 뒤에도 여전히 부모에게 협조적인가요? 그러다가는 부모의 실수 때문에 받았던 고통을 아이에게 대물림할 수 있지 않을까요?

그럴 수도 있지만 반드시 그렇게 되는 건 아닙니다. 다만 우리가 체험한 부모의 양육방식이 뼛속 깊숙이 박혀 있는 건 사실입니다. 대개는 자녀를 낳은 후에 이게 가시화됩니다.

부모가 이혼할 경우 아이는 어마어마한 상처를 받습니다. 이럴 때 아이는 누구에게 협조해야 하나요?

이런 경우 아이가 협조하는 첫 방식은 이혼에 대해 죄책감을 느끼는 것입니다. 자신이 이혼을 막지 못했다고 생각하는 거지요.

항상 거울처럼 상대방을 비춘다는 건 무척이나 힘든 일입니다. 그 행위가 존중받지 못할 때는 더 그렇고요. 아이들은 부모에게 협조할 수 있는 힘을 어디에서 얻습니까?

아이들은 생애 첫 10년 동안 부모를 무조건적으로 사랑하지요. 이 사랑 때문에 협조적으로 나오는 거라고 보면 됩니다.

부모에게 지나치게 협조하는 아이들도 있습니다. 특히 한부모 가족의 아이가 그런 경향이 있고요.

그런 아이들은 자기 자신을 완전히 부모에게 맞춥니다. 가정의 시스템을 보존하기 위해 자신의 본질에 충실하기를 포기하는 것입니다.

반대로 부모가 지나치게 협조적인 경우도 있습니까?

있습니다. 아이에게 휘둘리는 오늘날의 많은 부모들이 그 전형이지요. 이는 양쪽 모두에게 백해무익한 일입니다.

내 일은 내가 알아서 해요

나 자신과 아이의 본질에 충실하기

자신의 본질에 충실하다는 게 정확히 무슨 의미입니까?

스스로를 잘 돌보고, 자기 자신을 위해 존재하며, 자신의 에너지가 완전히 방전되는 일이 없도록 주의를 기울이는 것을 뜻합니다. 한마디로 자기 자신에게 잘하는 거지요. 그러나 이 모든 것은 이기주의와는 전혀 다릅니다.

아이들도 자신의 본질을 스스로 잘 지킬 수 있나요?

아닙니다. 아이는 부모에게 협조하기 위해서라면 어떤 상황에서든 자기 자신을 포기하기 쉽습니다.

그래서 오늘 야단을 맞고 풀이 죽어 있어도 자고 나면 무슨 일이 있었냐는 듯 부모와 함께 아침식사를 하는 거군요.

예, 자신을 희생시키는 겁니다. 아이는 가족에 소속되고픈 마음에 정신적·육체적인 학대를 당해도 눈감아버립니다. 아이들은 소외당하는 일을 세상 무엇보다도 두려워하거든요.

아이가 자신을 병들게 만드는 일들에 대항하지 못하는 이유는 뭘까요?

아이에게는 그럴 능력이 아직 없습니다. 아이는 어른의 행동이 잘못되었다는 생각을 못 해요. 자신에게 뭔가 문제가 있다고 여길 뿐이지요. 보살핌을 받지 못하는 아기도 부모에게 증오심을 갖는 게 아니라 자기에게 잘못이 있다고 생각하고요.

그러면 자아가치감도 형성될 수 없겠군요.

맞습니다. 대신에 죄책감만 쌓여가지요.

그렇다면 한계를 지닌 아이를 지켜주는 일이 부모의 최우선적인 의무라 해도 될 것 같습니다.

그렇습니다. 부모가 큰 책임을 지는 겁니다. 나아가 부모는 자신의 한계도 존중해야 합니다. 자녀들은 부모를 본보기 삼아 사회적 상호관계 속에서 어떻게 자신의 본질을 지키는지도 배우니까요.

어른이라고 그것을 늘 노련하게 해내는 것은 아니지요. 우리도 상황에 휘둘리는 경우가 많거든요. 제때 제동을 걸지 못한 것을 뒤늦게야 후회하고요.

인간은 어떤 행동을 할 때 자신의 본질에 대한 충직함과 타인에 대한 협동심 사이에서 우왕좌왕합니다. 둘 사이에 균형을 잡기란 쉽지 않습니다. 이는 우리가 직업 생활에서, 가족관계에서, 그리고 친구와의 교류에서 늘 마주치는 문제이자 평생 풀어 나가야 할 숙제이기도 합니다.

가족 구성원 중 타인의 감정에 지나치게 좌우되는 사람이 있는 경우에도 가족 전체가 삐걱거리기 쉽습니다. 모두를 만족시키려 들 때 그런 일이 생기지요.

많은 부부가 이런 문제를 겪습니다. 나는 이들에게 혼인관계에 지나치게 얽매이지 말라고 이야기합니다. 우리는 타인의 감정까지 늘 책임을 질 수는 없거든요.

자신의 본질에 충실한 태도, 다시 말해 무엇이 자신에게 유익하고 무엇이 그렇지 못한지 판단하는 감각을 키워주려면 부모는 어떻게 해야 할까요?

부모 스스로가 아이를 진솔하고 꾸밈없는 태도로 대하고, 아이 앞에서 남부끄럽게 행동해서는 안 됩니다. 아이들은 주위 사람들이 자신을 가치 있게 여긴다고 느낄 수 있어야 합니다. 실제로도 가치 있는 존재이고요. 부모는 각각의 아이들을 최대한 차별화된 존재로 인식해야 합니다.

아이가 자신의 본질에 충실할 수 없게 부모가 방해하는 경우도 있나요?

아이에게 뭔가 잘못되었다는 인식을 심어줄 경우가 그렇습니다. 그러면 아이는 죄책감을 갖게 됩니다.

지나치게 남에게 협조하다 보면 동시에 협조의 대상을 향해 어마어마한 분노를 키우게 됩니다. 이 분노의 감정은 어떻게 될까요?

평생을 짊어지고 가게 됩니다. 시간이 흐를수록 짐의 무게도 무거워지고요. 그렇게 성인이 될 경우 친한 친구나 상담가, 심리치료사 등을 찾아가 그 짐을 풀어놓아야 합니다. 이때 자신의 고통이 어디서 비롯되었는지, 최초로 좌절을 경험한 것이 언제였는지 정확히 파헤치는 일은 그다지 중요하지 않다고 봅니다. 어떤 점이 문제였는지 어렴풋이 알게 되는 것만으로도 큰 수확이지요.

스스로를 망치는 행동을 하는 청소년들을 어떻게 도와야 할까요?

그렇게 행동하게끔 자극하는 동인이 무엇인지, 어떤 위기감이 그들을 짓누르고 있는지 아이들과 함께 찾아내야 합니다. 스스로를 망치는 행동은 자신이 위험한 상황에 처했다는 것을 보여주기 위한 최후의 수단이자 강력한 비상 신호입니다. 그러니 반드시 그 신호에 귀를 기울여야 합니다.

우리 아들 정말 똑똑하구나

칭찬의 수위 조절

세 살배기 아이는 뭐든 혼자 하려 드는데, 아이가 뭔가를 잘 해냈을 때는 꼭 칭찬해주어야 하나요? 그것이 아이에게 동기부여가 됩니까?

절대 그렇지 않습니다. 아이가 부모의 칭찬에 의존하도록 만들 뿐입니다.

그러면 예를 들어 아이가 그림을 잘 그렸을 때는 뭐라고 말해주면 좋을까요?

'엄마 마음에 쏙 드는 그림이네.'라든지 '네가 그림을 재미있어 해서 기쁘구나.'라고 하면 될 것 같습니다.

'참 예쁘게 그렸네.' 또는 '그림을 정말 잘 그리는구나.'라는 말도 안 되나요?

안 하는 게 좋습니다. 그럴 경우 아이에게 어떤 모범을 제시해주는 셈이 되고, 향후 아이가 그것만 추구하게 될 수 있거든요. 또다시 칭찬을 듣고 싶어서 말입니다. 그냥 '정말 열심히 그림을 그리더구나. 네가 무척 재미있어 하는 것 같아서 엄마도 기분이 좋다.'라고 해주는 것도 좋습니다.

아이에게는 이해하기 어려운 반응 아닐까요? 자기가 그린 그림을 자랑스레 보여주는 이유는 칭찬을 받고 싶어서일 텐데요.

그건 추측일 뿐입니다. 아이는 그저 자신이 그림을 그렸다는 사실을 부모에게 알리고 싶은 건지도 모르니까요.

그럼 그냥 '어머, 그림을 그렸네? 어디 한 번 보자꾸나.'라고 반응하고 뭘 그린 건지 설명해보라고 하는 건 어떨까요?

그것도 괜찮지요.

'잘 그렸지요?'라고 아이가 물어보면요?

'정말 잘 그렸다!'라는 식의 평가는 그래도 피하는 게 좋습니다. 그보다는 '예쁜 그림이구나. 특히 여기 이 색깔이랑 이 모양이 마음에 든다.'라고 하는 편이 낫습니다.

하지만 칭찬은 고래도 춤추게 한다잖아요. 어른도 칭찬을 들으면 뿌듯하고, 자신이 더 가치 있게 느껴지지 않나요? 아이에게도 그런 즐거움을 누릴 권리가 있다고 생각하는데요.

칭찬받는 일은 중독성을 유발한다는 점에서 쇼핑과 비슷합니다. 전문가들은 칭찬받을 때 뇌에서 행복 호르몬이 분비된다고 이야기합니다. 부모는 이것을 아이들을 조종하기 위한 수단으로 오인하기 쉽습니다.

지나치게 칭찬받을 경우 칭찬에 집착하게 된다는 말씀인가요?

바로 그겁니다. 너무 자주 칭찬하면 아이들은 칭찬을 갈망하게 되지요. 긍정적인 행동을 했을 때 특별히 칭찬할 필요는 없습니다. 그럴 경우 아이들은 상황에 따라 적절히 행동하는 대신 주목받고 싶은 욕심만 부리게 됩니다.

그럼 아이가 지금껏 못 하던 것을 처음으로 해냈을 때, 예컨대 처음으로 혼자 일어선다든지 손으로 공을 잡을 수 있게 되었을 때는 뭐라고 해줄까요?

그럴 때도 물론 '드디어 해냈구나. 축하해!'라든지 '손으로 공을 잡았구나. 멋지다!' 정도면 됩니다. 단지 아이가 뭘 더 잘하게 만들 심산으로 자꾸 칭찬하지는 말라는 뜻이지요.

칭찬이 아이에게 유익하지 못하다면, 칭찬 대신에 무엇이 필요할까요?

인정받는 일입니다. 아이가 하는 것을 인정해주어야 하지요. 아이의 행동에 대한 평가를 삼간다는 점에서 이는 칭찬과는 다릅니다. 비유하자면 칭찬은 지금 그대로도 맛있는 과자에 초콜릿까지 입히려 드는 것과 같습니다.

칭찬이 자신감을 고양시키지 않나요?

자신감은 고양되겠지만 자아가치감까지 높여주지는 못합니다. 자아가치감이 결여된 자신감은 나르시시즘narcissism으로 발전하기 쉽니다. 아이 자신이 뭔가를 잘할 수 있다고 느끼면 자신감은 저절로 생깁니다. 이 과정에서 부모가 할 일은 아이의 자아 감각을 키워주는 것뿐이지요. 아이는 자신이 어떤 사람인지 배워야 하거든요. 자아가치감은 내가 어떤 존재인지 내게 알려줍니다. 자신감은 내가 할 수 있는 게 무엇인지 보여줄 뿐이고요.

자아가치감을 어떻게 키워줄 수 있나요?

최대한 차별적인 반응을 보이세요. 지금 이대로의 나와 너는 모두 괜찮은 사람이라는 메시지를 보내는 거지요. 그로써 상대방은 현재 모습 그대로 존재할 자유를 누리게 됩니다.

무조건 칭찬부터 하기 전에 한 번 더 생각해보라는 말씀이군요. 개성적인 부분을 짚어 말하는 건 어떨까요? 예컨대 아이의 그림에서 눈에 띄는 점을 언급한다든지 말입니다.

그것도 좋습니다. 그러면 아이는 자기 자신에 관해 배울 수 있어요. 부모도 아이에 관해 뭔가를 알게 되고요. 과장된 칭찬보다는 구체적인 묘사가 인정하는 태도에 가깝습니다.

뭘 할 때마다 누가 호들갑스럽게 칭찬하면 부담스럽기는 하지요. 진지하게 받아들여지지 않는다는 느낌이 들거든요.

퇴근한 남편이 아내에게 '어이구, 다림질을 어쩌면 이렇게 잘 해놨지?' 하고 말하면 아내는 어떨까요? 기분이 좋기보다는 바보 취급을 당하는 것 같을 겁니다.

그렇지요. 수십 년 동안 해온 다림질인데 당연히 잘할 수밖에요.

칭찬이나 꾸지람을 통해 조종되는 물건 취급을 받는 느낌이겠지요. 그게 문제의 핵심이에요.

부모와 자녀 간에 벌어지는 상황을 성인들의 인간관계와 비교할 수 있습니까?

친구로부터 듣고 싶지 않은 말의 90퍼센트는 자녀에게도 하면 안 됩니다.

보상 문제는 어떤가요? 아이가 자기 방을 청소했을 때 상을 주어야 하나요? 아니면 미리 '방 치우면 아이스크림 줄게.'라고 말할까요?

내 뜻대로 행동하도록 만들기 위해 아이에게 뇌물을 주는 것은 어리석은 행동입니다. 얼마 안 가 아이가 먼저 '정원 일이나 공구함 정리대 치우는 것을 도와드리면 뭘 주실 거예요?'라고 할 겁니다.

그럴 때는 원하는 대로 뭘 주어야 하나요?

안 될 이유는 없지요. 하지만 아이의 요구에 끌려가는 형국이 되어서는 안 됩니다. 집안일을 돕도록 강요했다는 데 대한 양심의 가책 때문에 보상해줄 필요는 더더욱 없고요. 돕는 건 당연한 거니까요.

아이가 열서너 살쯤 됐으면 쓰레기 분리수거 정도는 시켜도 된다는 말씀인가요?

당연하지요. 시간 여유를 두고 미리 이야기하면 더 좋습니다. '다음 주부터 네가 쓰레기 분리수거를 맡아줄래? 나는 할 일이 너무 많구나.'라는 식으로요.

아이가 거절하면 어쩌지요?

분리수거 한 번쯤 안 했다고 세상이 끝나지는 않습니다. 집안일 돕기에 관한 협상의 첫걸음을 내딛은 것으로도 족합니다. 지금 의견 조율이 안 되면 내일 다시 이야기해보면 그만입니다. 중요한 것은 현재 상황만을 의식하는 일이에요. 아이가 분리수거를 안 하는 게 나쁜 의도 때문은 아님을 이해하는 거지요. 부모는 지금 시점에 아이가 돕지 않는 이유를 찾아내도록 노력해야 합니다.

칭찬을 삼가야 한다고 하셨는데, 그럼 꾸지람도 하지 말아야 할까요?

아이의 행동거지가 잘못되었다고 느끼면 당연히 주의를 주어야지요. 다만 우리가 흔히 생각하는 꾸지람과는 다른 것이어야 합니다. 부모가 현재 좋지 않다고 여기는 행동을 언급하는 데서 그쳐야 해요.

네 잘못이 아니야

14

책임질 줄 아는 부모 되기

안타깝게도 사람은 완벽하지 못합니다. 누구나 실수를 저지르지요. 그럼에도 실수에 대해 책임지는 일은 중요하다고 하는데, 그 이유는 무엇인가요?

질문 속에 이미 핵심이 들어 있습니다. 인간은 누구나 실수를 하기 마련이니 그걸 가지고 자책할 필요는 없어요. 물론 잘못된 행동을 고치려는 노력은 해야겠지요.

잘못된 상황이 벌어졌을 때 부모가 모든 책임을 지면 어떨까요?

아이들에게 그에 대한 책임을 전가시킬 필요가 없어지겠지요.

가족 내에서 일어나는 일들에 대해 부모가 광범위한 책임을 진다는 말씀인가요? 아이가 뛰고 고함치고 짜증을 내는 경우에도 그런가요?

그렇습니다. 집안에 어떤 분위기가 지배하는가는 부모가 책임져야 할 사항입니다. 누구도 해결해줄 수 없는 문제예요.

아이들에 관해 불평을 늘어놓는 부모들이 많은데, 사실은 자기 자신을 나무라야 한다는 말씀이군요.

　그처럼 불평하는 부모는 스스로 변해야 합니다. 불평이나 늘어놓는
　사람은 무엇도 변화시킬 의지가 없는 거예요.

예를 들어 아들이 집안일을 좀 더 도와주었으면 할 때는 어떻게 말하면 될까요?

　'집안일을 누가 좀 도와줘야겠는데, 네가 했으면 한다.'

뭔가를 할 수 있다는 건 더 많은 자유를 의미하지요.

　맞습니다. 행동함에 있어 선택의 범위가 좀 더 넓어지니까요.

자신의 행동에 책임을 져야 한다는 걸 의식하고 나면, 우리가 평소에 일을 그르치는
경우가 얼마나 많은지도 새삼 실감하게 됩니다.

　아까도 말했다시피 사람은 다 그렇습니다. 결점도 우리의 일부이니
　실수를 저지른다고 죄책감을 가질 필요는 없어요. 누구나 실수를 하
　니까요.

아이들은 부모의 실수를 얼마나 용납할까요?

　아이들은 생각보다 훨씬 너그럽답니다! 아이는 부모의 미숙한 면을
　애정 어린 마음으로 받아들입니다. 단 부모 스스로 실수를 인정한다
　는 전제하에서 말입니다.

그래도 같은 실수를 반복하는 것은 좋지 않겠지요.

　부모가 그에 대한 책임을 지지 않을 경우에는 특히 문제가 됩니다.

뭔가 잘못했다는 것을 깨달으면 아이들에게 용서를 구하는 게 좋습니까?

　그런 태도에는 이미 상대방이 나를 용서해야 한다는 의도가 담겨 있
　다고 생각합니다. 그러니 '미안하다'라는 표현이 낫겠죠.

구체적으로 예를 들어주시겠습니까?

　'아까 다투던 중에 크게 화를 내서 미안하구나. 네가 너무 오래 컴퓨

터 앞에 앉아 있으면 안 된다는 생각은 지금도 변함없어. 하지만 그 걸로 네게 상처를 주려던 건 아니었어.' 이렇게 표현하면 됩니다.

오래전에 했던 행동을 사과하는 건 어떤가요?

사안이 얼마나 중대한가에 따라 다릅니다. 때로는 뒤늦게라도 이야기를 꺼냄으로써 아이의 마음을 어루만져줄 수 있습니다. '2년 전에 간혹 말씨름이 벌어지면 방에 들어가서 반성하라고 야단친 일 기억하니? 엄마는 아직도 그게 마음에 걸린단다. 아직도 그 생각만 하면 미안해져. 다시는 그런 일이 없을 거라고 약속할게.'라고 말입니다.

지나간 과오를 씻기 위해 사과 행진을 치르다 보면 그게 올가미가 되진 않을까요?

그렇게까지 하라는 것은 아닙니다. 하지만 이렇게 말해줄 수는 있지요. '전에는 내가 지금보다 모르는 게 많아서 네가 기분 나쁠 만한 행동도 했던 것 같구나. 그간 변하려고 많이 노력했는데, 너도 느꼈니?' 상대방의 마음을 움직일 수 있는 말만 하는 거예요. 당장 면죄부를 받고 싶은 거라면 성당에 가서 고해성사를 하는 게 낫지요.

옛날이야기를 다시 꺼내면 아이가 혼란스러워하지 않을까요? 그 상황을 전혀 기억하지 못할 수도 있으니 말입니다.

그렇지 않습니다. 아이에게는 이게 기분 좋은 메시지예요. 부모가 자신의 행동을 반성한다는 것을 느끼거든요.

어쩌다 아이에게 손을 댄 적이 있다면 어떻게 할까요?

그 문제에 관해서는 반드시 아이와 대화를 나누어야 합니다. 그리고 '그때 너를 때린 것은 정말 뭐라 할 말이 없구나. 두 번 다시는 그런 일이 없도록 할 수 있는 노력은 다 해보마.'라고 말해주세요.

자신의 행동에 책임지는 일이 어째서 그토록 낯설게 느껴지는 걸까요? 뭔가 잘못되면 반사적으로 책임을 전가시킬 상대부터 찾게 되거든요.

　잘못한 사람을 찾으면 문제가 해결된다고 생각하기 때문이지요. 그러나 그런 일이 반복되면 인간관계에서 이기주의자가 되기 십상입니다. 책임 전가는 인간관계를 망칩니다.

실수를 최대한 안 저지르고 싶은 게 사람 마음이지요.

　사람은 죽은 뒤에야 더 이상 실수를 안 하게 됩니다. 완벽한 부모가 되겠다는 것도 어리석은 욕심이에요. 불가능한 일이기도 하고요. 기준을 지나치게 이상적으로 세우면 삶이 힘들어질 뿐입니다.

부모는 아이에 대해 얼마나 책임을 지나요?

　아이가 두 돌이 될 때까지는 아이의 존재 자체에 대해 부모가 매우 광범위한 책임을 지게 됩니다. 이후 유치원에 다닐 나이쯤 되면 스스로 책임지는 법을 아이에게 조금씩 가르칠 수 있습니다. 그러다가 만 18세쯤 되면 아이는 자신의 삶을 살기 시작하는 거지요.

다시 한 번 질문하겠습니다. 책임을 진다는 말은 곧 집에서 일어나는 모든 일에 항상 고민하는 태도를 말하나요? 자신이 그에 만족하고 그 정도면 충분하다고 생각하는지, 아니면 뭔가를 바꾸고 싶은지 말입니다.

　예, 아이들이 잘 지내고 있는지 숙고하는 일도 추가로 필요합니다. 기회 있을 때 아이에게 직접 물어봐도 좋고요. 나는 가족 간의 대화를 무척 좋아합니다. 대화는 반성하는 습관으로 이어지고, 이는 가족 모두에게 유익합니다. 자신의 감정을 말로 표현한다는 것 자체부터가 정말 좋은 일입니다.

백 번 말해도 소용없는 경우 역시 아이에게 문제가 있는 게 아니라 내 표현방식에 문제가 있는 건가요?

그렇습니다. 아마 부모가 적절한 표현을 쓰지 않았기 때문일 겁니다. 그럴 때는 이렇게 말해보세요. '벌써 백 번은 이야기한 것 같은데 소용이 없네. 그럼 이번에는 말을 조금 바꾸어봐야겠다. (……) 이번에는 알아들었니?'

'몇 번을 말해야 알아듣니? 맙소사! 내가 아무리 떠들어봤자 너는 신경도 안 쓰는구나!'라는 식으로 꾸짖으면 안 된다는 말씀인가요?

절대 그런 말은 하지 마세요. 부모가 문제를 제대로 해결하지 못하는 걸 가지고 아이에게 책임을 떠넘기는 것밖에는 안 됩니다.

스스로 책임지는 분위기가 가족 내에 자리 잡기까지는 얼마나 걸릴까요?

부모가 처음으로 책임감 있게 행동하는 순간에 이미 영향력이 나타나기 시작합니다. 다만 가족 내의 불협화음이 개선되고 그 양상이 꾸준히 지속되기까지는 2년이 걸릴 수도 있습니다.

안타깝게도 자녀가 용서받지 못할 잘못을 범하는 경우도 있습니다. 신체적·성적 폭력이 그것인데요.

그런 경우 도움이 되는 게 있다면 부모가 곁에 있어주는 것뿐입니다. 그러나 죄는 아무도 대신해줄 수 없습니다. 아이 스스로 짊어지고 가야 합니다.

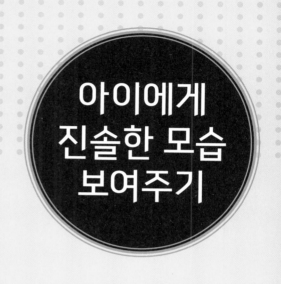

아이에게
진솔한 모습
보여주기

오늘은 가족 회담 하는 날

가족과 대화하기

가족 회담이란 무엇인가요?

회담이라는 말보다는 가족 간의 대화라는 표현이 더 맞을 것 같습니다. 가족들이 정기적으로 한자리에 모여 앉아 서로의 이야기에 귀를 기울이는 거지요. 단 두 가지 규칙만은 지켜야 합니다. 첫째, 각자 자신이 일상을 어떻게 보내고 있는지 가족들에게 전달하는 데 그쳐야 합니다. 둘째, 다른 가족들 이야기에 어떤 평가를 덧붙여서는 안 됩니다.

그냥 점심 식탁 앞에서 요즘 어떻게 지내고 있는지 이야기할 수도 있지 않나요? 굳이 대화 시간을 따로 낼 필요가 있을까요?

가족끼리 형식적인 대화 자리를 마련한다는 게 이상하게 느껴질 수도 있습니다. 하지만 그렇게 해야 합니다. 오늘날에는 자신의 감정을 터놓고 대화를 나누는 일이 더 이상 당연하지 않게 되어버렸거든요.

하지만 규칙이나 격식에 얽매이지 않고 대화를 나누면 안 되나요?

　강조하건대 이런 가족 대화는 잡담과는 다릅니다. 잡담이어서도 안 되고요. 가족 회담에서는 상대방에게 캐묻는 일 없이 그저 경청하기만 해야 하거든요.

언제 가족 회담을 계획하고 실행해야 할까요? 특정한 문제가 생겼을 때 합니까?

　아니요. 그건 가족 회담의 의미를 완전히 잘못 이해하는 겁니다. 풍파가 이미 휩쓸고 지나간 뒤에 그런 걸 계획해서 무엇 하겠습니까? 소 잃고 외양간 고치는 격이지요. 참석한 가족들에게도 너무나 힘든 대화가 될 테고요. 가족 간 대화의 본질은 바로 아무 목적도 없다는 데 있습니다.

그럼 중요한 일이 하나도 없을 때 시작하라는 말씀인가요?

　아예 부모가 되기 전에 시작하는 편이 가장 좋습니다. 부모가 된 지 얼마 안 되어 아이들이 아직 어릴 때도 괜찮고요. 아기가 누워 있는 요람을 탁자 곁에 끌어다 두고, 현재 자신에게 중요한 일들이 무엇인지 이야기하는 겁니다. 시작하기에 앞서 촛불 하나를 켜두는 것도 좋습니다. 이게 습관이 되면 자동차를 타고 가는 중에도 그런 대화를 나눌 수 있게 됩니다.

잘 이해가 안 되는데요. 그처럼 형식을 지켜가며 가족들과 대화를 하는 일이 어떤 점에서 유익한가요? 가족들 앞에서 발표라도 하듯 격식을 차린다는 게 다소 어색하게 느껴지는데요. 틈틈이 자신의 일상을 가족들에게 이야기할 수도 있지 않습니까?

　정기적인 가족 회담을 통해 우리는 상대방에게 귀 기울이는 법을 배울 수 있습니다. 자기감정을 표현하는 연습도 할 수 있고요. 무작정 말을 시작한 뒤 정리되지 않은 생각을 표현함으로써 자신이 어떤 식으로 행동하는지도 알게 되지요. 시간이 지나면 자기 자신은 물론 가족들에 대한 공감도 생겨납니다.

가장 힘든 단계는 시작 단계일 것 같습니다. 워낙 익숙지 않은 일이어서요.

일단 밀어붙이고 시도해봐야 합니다. 말재주가 없더라도 최선을 다해 자신에 관해 이야기하세요. 허점을 좀 보여도 괜찮은 게 가족 아니겠습니까? 자기 자신을 최대한 있는 그대로 보여주도록 노력하는 겁니다.

무엇에 관해 이야기해야 하는지, 어떤 이야기가 허락되는지, 또 어떤 것이 주제가 될 수 있는지 예를 들어 주시겠습니까?

자신에 관한 이야기라면 무엇이라도 좋습니다. 예컨대 '내일 회사에서 상사와 면담 약속이 있어서 조금 긴장돼.'라든지 '오늘은 지하철을 놓치고 얼마나 동동거렸는지 몰라. 이제 겨우 연초인데 벌써 휴가라도 내야 할 정도로 피곤하다니!'처럼 말이지요.

그건 아이들과는 상관없는 주제 아닌가요?

그렇기는 합니다만, 어차피 각자의 삶에서 가족은 전부가 아닌 일부에 불과하니까요.

다른 사람이 하는 이야기에 평가를 덧붙이면 안 되는 이유는 무엇인가요? 가령 아이가 오늘 숙제를 하지 않을 거라고 선언해도 가만히 있어야 하나요?

일단은 그대로 받아들이세요.

공식적인 대화가 끝난 뒤에 '그래도 숙제는 해야 해.'라고 말하면 되나요?

절대로 그렇게는 하지 마세요. 그랬다가는 신뢰만 깨집니다. 아이도 한동안 부모에게 아무 이야기도 하지 않게 될 거고요. 아이가 그렇게 말해놓고도 숙제를 했다면 부모의 신뢰는 증명되는 셈이지요.

그러면 가족 회담에서 언급된 화제에 관해 절대 내 의견을 말하면 안 됩니까?

그렇지는 않습니다. 단 아이에게 대화하자고 제안한 뒤에 하세요. 예컨대 이렇게 말하는 겁니다. '지난번 가족 회담에서 네가 한 말이 아직도 마음에 걸리는구나. 그 이야기를 좀 더 나누었으면 좋겠는데, 괜찮겠니? 언제가 좋을지 말해줄래?'

가족 회담은 얼마나 자주 여는 게 좋을까요? 그리고 매월 세 번째 금요일이라는 식으로 날짜를 정해두는 편이 좋나요?

2주마다 여는 것이 가장 좋지만, 어린 자녀가 있는 경우 한 달에 한 번이면 족합니다. 날짜를 정해둘 것인지 즉흥적으로 할 것인지는 가족의 상황에 따라 결정할 문제고요.

아이들은 어떻게 지내냐고 물으면 대답하지 않는 경우가 많습니다.

대개는 부모가 인터뷰하듯이 캐묻기 때문입니다. '오늘 학교에서 어땠니? 숙제는 있어? 뭐 새로운 일은 없니?'라는 식으로요. 그런 질문에는 단답형 대답밖에 안 나옵니다.

모임에서 포문을 여는 역할은 누가 하지요?

어른들 중 한 사람이 합니다. 아이들이 먼저 시작하고 싶어 하면 그래도 되고요.

한 사람당 이야기하는 시간은 얼마나 길어야 하나요?

당사자에게 어떤 일이 있는지, 그가 어떤 유형의 사람인지에 따라 다릅니다. 2~3분이면 충분할 때도 있어요. '너희들에게 뭔가 말하고 싶은데 별다른 이야깃거리가 없구나. 나는 요즘 만족스럽게 잘 지내고 있단다.'라고 할 수도 있고요. 다음번에는 20분 동안 발언하게 될지도 모르는 일이지요.

부모가 이야기를 마쳤는데 자녀들이 아무런 말을 하지 않으면 어떻게 하나요? 부모 쪽에서 먼저 묻기라도 해야 할까요?

그냥 이렇게 말하세요. '나는 이제 더 할 이야기가 없는데, 너희는 어떠니? 너희가 어떻게 지내는지 이야기하고 싶니? 없으면 이제 끝내자.'

지나간 주제를 다시 꺼내도 될까요? 가령 '지난번에 네가 새 옷을 사고 싶다고 했는데, 마음에 드는 걸 찾았니?' 하는 식으로요.

안 됩니다. 가족 회담은 수다나 떨기 위해 여는 게 아니니까요. 항상 오늘의 화제에만 집중하고, 지난 모임에서 나온 이야기를 끄집어내는 일은 없어야 합니다.

거창하게 회담까지 열어놓고 오늘 아침에 코앞에서 버스를 놓쳤다는 둥의 사소한 이야기를 하는 건 좀 우습지 않을까요?

안 그렇습니다. 아이들은 사실적인 이야기에 귀를 기울이거든요. 그처럼 사소한 경험을 이야기함으로써 나는 내 현재 상태가 어떤지 자각하게 되고, 이를 다른 가족들도 함께 느끼는 거지요.

부모가 직장 생활의 고충을 털어놓으면 아이들이 너무 어렵게 느끼지 않을까요?

오히려 그 반대입니다. 아이들도 부모가 최근 스트레스를 받는다는 것을 벌써 느끼고 있거든요. 어떤 문제가 부모를 괴롭히는지 털어놓고 이야기하면 아이들은 오히려 마음이 가벼워집니다. 그런 것은 가족 모두에게 중요한 정보예요! 가족끼리는 좋지 않은 일도 이야기할 수 있어야 합니다. 적극적으로 권장할 만한 일이지요. 이 점을 꼭 명심하세요.

아이들이 진실을 감당할 수 있다는 말씀인가요?

아이들은 사실을 대면하는 데 전혀 어려움을 겪지 않습니다. 다만 아이들을 부모의 고민에 끌어들이는 일은 없어야 하지요. 그저 내게 휴식이 필요하다는 암시를 주는 겁니다. 모임이 끝난 뒤에 가족들이 앞다투어 청소를 도와줄지 누가 압니까?

내 고민거리 때문에 아이가 동요하는 것 같으면 어떻게 할까요?

'그렇게 걱정해줘서 고맙구나. 잘 해결할 테니 걱정하지 마. 이건 내 문제잖니.'라고 해주세요.

아이들 방이 엉망인 게 현재 내가 가장 신경 쓰는 문제라면, 그 이야기를 아이들에게 해도 될까요?

그럼요. 단, 본인의 문제라는 관점에서만 이야기해야 합니다. '방도 어질러져 있고 집안일이 너무 많아서 내가 너무 힘들구나. 역할분담을 새로 하는 게 어떨까 싶은데, 생각이 정리되면 너희에게 이야기할게. 일단은 점심을 먹고 각자 산책을 하고 오는 게 좋을 것 같다.'라고 이야기하세요.

'할 일이 산더미라서 힘드니까 이제부터 너희가 좀 더 도와줘야겠어. 너무 피곤하다.'라고 단도직입적으로 말해도 되지 않을까요?

그러다가는 가족 회담이 훈육의 수단으로 남용될 수 있기 때문에 금물입니다.

어렵군요. 무슨 말을 꺼내기 전에 다섯 번은 생각해야 한다니 말이에요.

'집안일이 너무 많아서 나가떨어질 지경이야. 나 혼자 고군분투하는 것 같구나.' 정도는 말해도 괜찮습니다. 눈물을 보여도 상관없고요. 그러면 집안일이 정말 힘들다는 것을 아이도 깨닫게 되겠지요. 그러나 당장 위로를 기대하며 눈물을 흘려서는 안 됩니다. 거짓 눈물로 아이들을 조종하는 것은 금물이에요.

아들이 문신을 새기겠다고 선언하면 어쩌지요? 아무 말도 해서는 안 된다니 얼굴을 찌푸리는 정도는 괜찮겠지요?

그것도 안 됩니다. 다른 가족들의 아이디어나 계획에 관해 입씨름을 벌이는 게 이 자리의 목적은 아니에요. 가족 회담에서 평가와 언쟁은 삼가야 합니다. 게다가 아이 앞에서 인상을 쓰는 건 자녀교육에 아무 도움도 못 됩니다. 분위기만 나빠질 뿐이지요.

그러면 문신을 새겨도 저지할 근거가 없다는 말씀이잖아요!

자녀 양육을 할 때는 어차피 어떤 근거도 갖다 댈 수 없습니다. 부모가 나름의 가치관을 몸소 실천해 보이고 공동의 삶을 위한 규칙을 세울 수는 있어요. 강요하거나 금지하는 방법을 쓰면 물론 쉽게 해결되는 일도 있겠지요. 하지만 아이들은 자랍니다. 어차피 언젠가는 자신이 원하는 대로 할 거예요.

그래도 문신을 하느냐 마느냐 문제로 나중에 아들과 대화를 나누어볼 수는 있겠지요?

물론이지요.

아이가 고민거리를 털어놓을 경우는 어떨까요? 그때도 아이의 문제가 무엇인지 캐물으면 안 됩니까?

안 됩니다. 다만 '네 이야기를 들으니 마음이 편치 않구나. 네가 원한다면 내가 도울 방법이 있는지 찾아볼게.'라는 말 정도는 할 수 있겠지요. 그러나 가족 회담의 규정을 벗어나지 않는 것이 중요합니다.

'어이구, 정말 안타깝구나.' 같은 반응을 보여서도 안 되나요?

안 됩니다. 부모가 안타까워한다는 것은 아이도 어차피 느낍니다. 부모가 기존의 권위적인 행동방식을 잠시 내려놓는다는 것도 가족 회담의 장점 중 하나입니다. 그러면 아이는 평소에 곧바로 반박당할 거라는 생각 때문에 선불리 꺼내지 못했던 이야기도 할 수 있어요. 평소에 무심코 튀어나오는 그런 반응은 자녀와의 관계 형성 과정에 독이 됩니다.

그 밖에 다른 규칙이 있습니까?

다른 사람의 말에 끼어들지 말아야 합니다. 중구난방으로 대화를 나누는 게 아니라 차례로 돌아가며 이야기하는 거지요.

다 큰 자녀들과도 가족 회담을 열 수 있을까요?

별다른 문제가 없다면 못 할 이유도 없습니다. 다만 특정한 문젯거리가 생겼을 때 부랴부랴 시작하지는 마세요. 가족 회담은 가족 간에 점차적으로 신뢰를 형성하는 수단입니다.

아이들이 그런 대화에 전혀 익숙지 않다면 어떻게 첫 단추를 꿰어야 할까요?

가족 회담에 관해 들었는데 우리도 한번 시도해보았으면 좋겠다고 이야기하세요. 그리고 규칙을 설명해줍니다. 첫 회담에서는 '너희들이 있어 얼마나 행복한지 모르겠다. 평소에는 너희가 내 아이들이라는 게 얼마나 감사한 일인지 잊을 때가 많단다.'라고 시작하는 것도 괜찮습니다. 자신이 부모에게 얼마나 소중한 존재인지 아는 일은 아이에게 커다란 힘이 됩니다.

아이에게 회담에 참여할 마음이 없다면 어떻게 할까요?

그때는 부부끼리 시작한 뒤에 아이에게 곁에 와서 앉아보라고 권해보세요. '모두 다 참석했으면 좋겠구나. 한번 해보기라도 하자. 그래야 할 만한 가치가 있는지도 알 수 있을 테니 말이다.'라고 설득하는 겁니다.

한부모 가정의 경우는 어렵겠네요. 혼잣말을 할 수는 없으니 말입니다.

그때는 아이들이 함께하도록 좀 더 독려해야지요. 물론 이때도 강요는 안 됩니다.

평소에 대화가 많은 가족도 따로 정기적인 가족 회담을 여는 게 유익할까요?

나는 어떤 경우든 가족 회담이 소득을 가져올 거라고 확신합니다. 우리 모두가 자신의 이야기를 할 준비가 되어 있다면 다툼도 일어나지 않을뿐더러, 한 사람이 자신의 목적을 달성하려고 다른 사람을 이용하는 일도 없어집니다. 자기 자신에 대한 감각을 지닌 사람은 타인에 대한 감각도 갖추게 됩니다. 그러면 가족에게 닥쳐올 위기에도 대비할 수 있습니다.

누군가 회담에서 고민거리를 언급했다면 나중에 조언해주어도 되나요?

당사자가 요청하지 않았을 때는 조언하는 일에도 신중해야 합니다. 그 고민거리가 어떻게 발생했는지 직접 경험하지도 않은 사람이 해결책을 제시해봐야 무슨 소용입니까? 의미 없는 일이지요.

이혼한 전 배우자와 가족 회담을 하는 것도 유익할까요?

상황에 따라 다르지만 시도해볼 수는 있습니다. 부모가 이혼했어도 가족은 계속 존재하니까요.

사춘기가 된 자녀들이 더 이상 가족 회담에 참석하고 싶지 않다고 해도 억지로 강행해야 합니까?

그럴 때는 이렇게 설득해보세요. '너희의 인내심이 한계에 다다른 건 알겠다. 하지만 엄마와 아빠는 지금까지 쌓아온 것을 무너뜨리고 싶지 않아. 어쨌든 우리는 계속할 생각이니 너희도 마음이 바뀌면 언제든 참여하렴.'

오늘날 가족들 간에 대화가 너무 적다고 생각하십니까?

인간관계가 제대로 기능하는 데는 시간이 필요합니다. 오늘날 아버지들이 가족과 함께하는 시간은 하루 평균 20분밖에 되지 않는데, 이는 모자라도 한참 모자랍니다. 게다가 가족 간의 대화는 필연적으로 하루를 정리하는 데서만 빙빙 돌지요. 그런데 일상에서는 온갖 일들이 끊임없이 벌어지고, 개중에는 가족에게 이야기할 가치가 있는 것도 많습니다. 가장 일상적인 일들이 삶을 결정짓고 커다란 힘을 발휘하는 경우가 많으니까요. 회사에서 비서가 무슨 말을 했는지, 카페 종업원이 어떤 표정을 했는지, 그런 이야기조차 말입니다. 삶의 의미는 결국 매우 일상적인 데 있습니다. 그리고 다 같이 둘러앉아 아무 목적 없이 대화하는 일 자체가 가족 구성원 모두에게 유익합니다.

아이들을 특정한 방향으로 훈련시키려는 의도 없이 그저 그들과 시간을 즐기는 자리가 되어야 한다는 말씀인가요?

바로 그겁니다. 어디 흠이 없는지 자녀를 끊임없이 감시하는 대신, 아이의 존재 자체에 감사하고 아이의 새로운 면을 발견하는 일은 생각보다 쉽습니다. 가족 구성원이 서로의 존재를 기뻐한다는 것, 서로를 소중히 여기고 사랑할 시간을 충분히 누린다는 것은 그 가족이 제대로 기능하고 있다는 증거입니다.

너와 나는 똑같이 소중한 존재란다

부모와 자녀는 평등하다

부모와 자녀의 관계에 평등이 밑바탕이 되어야 한다는 것은 정확히 무슨 뜻입니까?

아이들을 어른과 똑같이 존엄한 인간으로 대해야 한다는 의미입니다. 우리는 아이들의 감정과 꿈과 반응을 존중해주어야 합니다.

그러려면 먼저 아이들이 우리에게 전달하는 메시지를 해독해야겠군요.

예. 이때는 아이들이 현재 위치한 성장 단계를 고려하는 것이 매우 중요합니다. 가령 아기들은 어른과는 다른 표현 능력을 지녔으니까요.

어린 아기는 끊임없이 곁에서 관찰하고 있으니 그렇다 쳐도, 아이가 유치원에 다닐 나이가 된 뒤에도 그 아이를 다 안다고 자처하는 부모가 많습니다. 정작 아이들이 하는 이야기에는 제대로 귀를 기울이지 않으면서 말입니다.

맞습니다. 심지어는 부모 자신의 기대나 바람을 아이에게 무작정 덧씌우는 일도 있습니다. '밥 먹어라. 안 먹으면 금세 배가 고파질 거야.' 따위의 말도 거의 쉬지 않고 합니다.

아이들의 감정과 꿈, 반응을 진지하게 받아들이는 일이 그렇게 중요하다면, 가족의 모든 결정도 다수결 원칙에 따라 민주적으로 해결해야 할까요?

전혀 그렇지 않습니다. 그러다 보면 자녀가 둘 이상인 가정에서는 아이들이 모든 걸 결정하게 될 테니까요. 결정하는 사람은 가족을 책임지는 부모여야 합니다. 아이가 어릴수록 부모의 책임도 커지지요. 다만 부모가 결정을 내리기 전에 아이의 의견을 물어보는 일이 중요합니다. 결정을 내린 뒤에도 아이들이 그 결정을 어떻게 생각하는지 들어보아야 하고요.

결정권이 결국 부모에게 있다면 허울뿐인 민주주의가 되는 것 아닌가요? 아이들을 기만하는 행위 같은데요.

절대 그렇지 않습니다. 모든 구성원이 평등한 가족은 허울뿐인 민주주의 체제와는 달라요. 결정을 내리는 이러한 방식은 반드시 거쳐야 하는 발전 과정입니다. 14세에서 20세 사이의 청소년 자녀들은 이로써 자신의 삶에 스스로 책임지는 법을 배울 수 있게 됩니다.

아이들은 바닷가에서 휴가를 보내고 싶어 하는데, 부모가 어떤 이유 때문에 산으로 휴가를 떠나기로 결정한다면 어떨까요? 그러면 아이들이 '그럴 거면 우리한테는 왜 물어본 거예요!'라고 항의할 텐데요.

그렇지만도 않습니다. 부모가 반드시 산에 가겠다고 생각하더라도 아이들이 바다를 좋아한다는 이야기는 들어줘야 해요. 아이들이 바라는 것을 염두에 두고 있다가 내년 휴가계획 때 참고할 수 있으니까요. 출발하기도 전에 기분을 망치고 싶은 사람이 어디 있겠습니까?

결과보다는 그에 이르는 과정이 중요하다는 말씀인가요?

맞습니다. 갈등 상황은 오히려 가족 구성원을 알게 되는 좋은 기회입니다.

그렇다면 평등함이 바탕이 된 갈등은 어떤 형태로 나타나나요?

　　그런 가족은 일의 내용에만 집중할 뿐 상대방을 비난하지 않습니다.

그런 가족이라 해도 모두가 똑같은 감정을 느끼는 것은 아닐 텐데요.

　　당연하지요! 평등한 가족은 서로 다를 권리도 허용합니다. 그러니 구
　　성원들도 나름의 감정을 가질 수 있고요.

훈련으로 평등한 가족을 만드는 일도 가능합니까?

　　먼저 이 개념을 깊이 숙고한 뒤에는 가능합니다. 타인을 물건처럼 대
　　할 것인지 인간으로 대할 것인지 스스로 고민해보아야 하지요.

아이들도 평등한 관계를 형성할 기본 조건을 갖추고 있나요?

　　예. 존엄성과 자아가치감이 그것입니다. 다만 아이들은 아직 이 두 가
　　지 가치를 스스로 지킬 수 없으므로 부모의 도움이 필요합니다.

평등한 관계에서 소통하려면 항상 차분하고 다정한 태도를 취해야 하나요?

　　평등함은 그런 태도와 아무 상관없습니다. 가끔은 아이에게 '내가 지
　　금 기분이 좋지 않구나. 잠시 혼자 있고 싶으니 방해하지 말거라.'라고
　　말해도 괜찮습니다.

부모가 끊임없이 아이의 바람을 평가한다는 점도 문제입니다.

　　그런 태도는 반드시 고쳐야 합니다. 식사시간 전에 아이가 아이스크
　　림을 사달라고 하면 '말도 안 되는 소리! 곧 밥 먹을 시간이야!'보다는
　　'먹고 싶은 마음은 알겠지만 지금은 아이스크림을 사주지 못하겠구
　　나.'라고 말하는 게 낫습니다. 같은 뜻이라도 전혀 다르게 들리지요.

매 상황마다 한 번 더 생각하고 신중하게 행동해야겠네요.

　　그렇지요.

평등한 관계를 지키며 행동하려면 부모는 어떤 전제조건을 갖추어야 합니까?

나 자신과 타인들을 대할 때 존경과 존중, 상대방의 본질을 알고자 하는 호기심이 필요하며, 자신의 감정을 표현할 준비도 되어 있어야 합니다.

평등한 가족은 언제나 화목한가요?

아마 평균 이상으로 만족스럽겠지요. 화목함에 관해서는, 글쎄요, 화목하다는 표현에는 어폐가 있습니다. 화목하다는 건 서로 마음이 맞고 모두가 조화되어야 한다는 뜻인데, 사람은 누구나 원하는 대로 생각하고 말할 권리가 있어요. 그러니 갈등이 일어날 가능성이 큰 것도 당연하지요.

아이들의 행동이나 외모에 관해 내 의견을 말해도 될까요?

'내가 보기에 그 블라우스는 별로인 것 같구나. 하지만 네가 뭘 입고 싶은지는 너 스스로 결정하는 거니까.' 정도는 말해도 됩니다. 물론 말할 때 얼굴을 찌푸리거나 해서는 안 됩니다. 의견을 말할 때는 말 자체는 물론이고 표정이나 몸짓도 아이에게 강한 인상을 남긴다는 점을 명심하고 주의를 기울여야 합니다.

그게 바로 나인걸요

아이에게 진솔한 모습 보여주기

아이들에게는 완벽한 부모보다는 진솔한 부모가 필요하다고 하셨지요. 그게 정확히 무슨 뜻입니까? 솔직히 말하면 저도 좀 더 완벽한 부모가 되고 싶거든요.

모든 것을 완벽히 해내는 이상적인 엄마는 아이들에게는 끔찍할 뿐입니다. 자신의 진짜 모습과 감정, 상태, 강점은 물론 약점까지도 숨김없이 보여주는 부모가 아이들에게는 훨씬 유익하지요.

아이들 앞에서 약점을 보이고 싶은 부모는 없지요. 그래서 일부러 인생을 다 아는 것처럼 행동하기도 하고요.

인생을 다 아는 사람이 어디에 있나요? 또 부모 역할을 미리 다 배워 놓는 사람도 없습니다. 부모가 됨으로써 비로소 부모 역할도 배우는 거예요. 그러나 자기 자신에 대해서는 누구나 처음부터 전문가입니다. 아이들에게는 나 자신에 관해 아는 바를 그대로 보여주어야 해요!

부족한 점이 있어도 솔직하게 인정하라는 말씀인가요?

물론입니다! 자신의 약점을 직시하고 거리낌 없이 드러낼 수 있는 부모가 강한 부모입니다. '내가 실수했네. 미안하다.' 또는 '그건 나도 모르겠는데. 생각을 좀 해봐야겠다.'라고 말할 수 있어야 해요.

그러면 쉽게 상처받을 수 있지 않나요?

그래도 하세요. 어떤 부모에게든 그러라고 권하고 싶습니다. 타인에게 자신을 드러내는 것만큼 좋은 일은 없어요. 이런 태도는 가족 모두를 강하게 만들고, 그로써 가족과 함께하는 삶은 전혀 새로운 차원으로 승화됩니다.

그러면 진솔하게 행동하라는 말의 의미는…….

……진짜가 되라는 것이지요. 지금의 내 모습 그대로 말입니다. 정확히 현재 순간에 맞는 개인적 평가를 타인에게 전달해주는 겁니다.

현재 순간에 치중하다 보면 오늘과 내일 내가 하는 말이 달라질 수도 있지 않나요?

상황에 따라 그럴 수도 있습니다. 진솔하다는 말에는 이따금 즉흥적으로 말하고 행동한다는 의미도 포함되니까요. 깊이 생각하지 않고, 모순되거나 비이성적인 말을 하는 것 말입니다.

그렇군요.

핵심은 어떤 역할을 하려 들지는 말아야 한다는 점입니다. 어떤 상황에 맞닥뜨렸을 때 양육 전문가처럼 대처해야 한다고 여기다가는 일을 그르치기 쉽습니다. 내 부모가 좋은 본보기를 보여주지 못했던 상황이라면 더 그렇고요.

그러다 보면 하는 말마다 임기응변이 되지 않을까요?

그렇지 않습니다. 오히려 그 순간에 가장 적절한 행동을 하는 셈이지요. 그 행동으로 뭔가 변화가 생겼다면 내일은 그 행동을 수정하게 될 수도 있고요. 생동감 있고 변화무쌍한 게 인간관계입니다.

그러나 진솔하다 못해 고함치고 싶을 때 마음대로 고함을 칠 정도가 되어서는 안 되겠지요.

무절제하게 막무가내로 행동하는 것은 결코 진솔한 태도에 포함되지 않습니다. 그렇게 행동하는 사람은 가족을 이끄는 자리에 설 자격이 없어요. 거칠게 행동하는 사람 곁에는 얼마 안 가 아무도 남지 않게 됩니다.

어차피 고함을 쳐서 득이 될 건 없지요.

득은커녕 잃는 것만 있습니다. 자녀들과의 관계를 위기 상황으로 몰아갈 뿐이에요. 이 경우 아이들이 고분고분한 건 순전히 두려워서입니다. 그렇게 되기를 바랄 부모는 없지요.

그래도 화가 나거나 실망하면 해서는 안 될 말이나 행동이 불쑥 나올 때도 있거든요. 금세 후회하면서도 말입니다.

위안이 되는 말씀을 해드리지요. 아이들은 거의 어떤 상황에서든 부모를 용서합니다. 특히 부모 스스로 발전하려는 노력을 기울인다고 느낄 때 그렇고요. 한 가족의 구성원들은 사랑으로 맺어진 관계입니다. 뒤늦게라도 아이에게 '맙소사, 또 이런 일이 일어났구나. 다시는 언성을 높이지 않기로 해놓고 말이야.'라고 말해주세요. 완벽한 사람은 없습니다. 또 이 점이 우리를 친근한 존재로 만들어주지요.

내 마음을 나도 정확히 알 수 없는 경우가 종종 있습니다. 이럴 때는 진솔한 태도를 취하는 것도 한층 어렵습니다.

감정을 억누르면 그런 일이 생깁니다. 예컨대 딸의 수학 공부를 도와주어야 하는데 내키지 않는다면 그렇다고 아이에게 솔직히 말하세요.

대개는 스스로에게 채찍질을 해가며 억지로라도 하게 되지요.

　영국 시인 에드워드 영Edward Young은 '우리 모두는 진품으로 태어나 복제품으로 죽는다.'라고 말했습니다. 끊임없이 스스로를 속이기 때문입니다. 사람은 자기 자신과 감정에 충실해야 해요.

'그게 바로 나야. 너도 나를 있는 그대로 받아들여야 해.'라는 관념을 가져야 한다는 거군요.

　그렇지요! '그리고 네가 나를 그대로 받아들일 수 있을지는 두고 보면 알겠지.'라는 마음가짐도 이에 덧붙습니다.

이런 태도에는 나도 상대방을 있는 그대로 받아들여야 한다는 전제가 필요하겠지요.

　물론입니다! 내가 그렇듯 상대방도 지금 그대로가 좋은 겁니다. 때로는 아이의 행동이 신경에 거슬릴 때도 있겠지만, 그건 그때 이야기하면 됩니다! 서너 살 먹은 아이가 달걀을 벽에다 던지면 부모는 '그만둬!'라고 말합니다. 이때 손을 부드럽게 아이의 어깨에 얹음으로써 엄마는 그래도 나를 사랑한다고 느끼게 해주는 게 좋습니다.

종종 짜증을 내면서도 내가 왜 그러는지 모를 때가 있습니다. 진솔해지려면 이런 경우에도 반드시 짜증의 원인을 찾아내야만 하나요?

　저는 특정한 기분의 원인을 일일이 파헤치는 일을 별로 좋아하지 않습니다. 그건 시간과 에너지가 무척 많이 소요되는 일이에요. 보통은 내 기분이 이러이러하다는 사실을 자각하는 것으로 충분합니다. 누구를 탓하지는 말고, 그저 기분이 그렇다고 가족에게도 알려주세요.

한 번 더 여쭙겠습니다. 때로는 도저히 내 기분이 어떤지 차근차근 설명할 수 없을 때도 있는데, 이런 경우는 왜 생기는 걸까요?

　대개는 너무 오래 기다리기 때문입니다. 사춘기 아들이 몇 시간째 소파에서 빈둥거리고 있으면, 나는 아이를 볼 때마다 신경을 곤두세우며 '저 녀석이 대체 언제까지 저러고 있을 작정이지?' 하고 생각합니다. 애초에 '네가 그렇게 빈둥거리는 걸 더는 못 봐주겠다!'라고 말했어야지요. 그렇게 즉시 풀지 않으면 저녁나절에서야 사소한 일로 언성을 높이게 됩니다. 짜증을 꾹꾹 눌러두면 언젠가는 폭발하거든요.

소파에서 몰아내기라도 하라는 말씀인가요?

그렇습니다. '게으름피우는 꼴을 더는 못 봐주겠구나! 눈에라도 안 보이게 네 방에 가 있어!'라고 하면 되지요. 목적을 달성하려면 적절한 태도를 취하는 것도 결국 부모가 할 일이에요. 내 방식에 효과가 있는지도 꾸준히 점검해야 합니다.

'방 좀 치워라!'라고 열 번 말해도 소용없다면 방법이 틀렸기 때문이라는 말씀이군요.

예. 한마디 덧붙이자면, 그런 식의 통보는 효과가 없는 게 당연합니다. 부모가 온종일 골백번이나 통보를 한다는 사실도 문제고요. 게다가 그중 대부분은 매우 사소한 문제들입니다. 그러니 끊임없이 잔소리를 하기보다는 어떤 문제가 정말 중요하다고 여기는 경우에만 강한 어조로 통보하는 게 효과적입니다.

무슨 문제로 언쟁이 벌어지면 잠깐 휴전했다가 나중에 계속 이야기하는 것도 괜찮을까요?

시간만 충분하면 휴전은 언제나 도움이 됩니다.

부모 쪽에서 먼저 수위조절에 들어갈 때도 있습니다. 내가 어떤 일에 반대하면 할수록 아이는 그 일에 더 집착한다고 생각하기 때문이지요. 그럴 때면 부모는 속으로는 분개하면서도 겉으로는 너그러운 척합니다.

아이들을 대할 때 그런 작전은 효과가 없다고 생각합니다. 아이들은 오로지 진실에만 이끌린답니다. 전문가 흉내를 내거나 과장되게 부모 역할을 하는 것도 일종의 '부모병'이에요. 그보다는 진심에서 우러나는 말을 해야 합니다. 그렇지 않으면 아이들은 부모를 이해할 수 없게 돼버리고 맙니다.

나는 이렇게 하고 싶어

개인적 언어로 아이와 대화하기

개인적 언어로 아이와 대화한다는 게 무슨 뜻인가요? 대화 중에 '나'를 강조하는 것을 의미하나요?

예, 대화할 때는 1인칭을 사용하는 게 가장 좋습니다. 전하고자 하는 메시지는 진심에서 우러나와야 하며 간결해야 합니다. 아이에게 전하고자 하는 모든 말은 두 문장 이내로 하세요.

아이의 행동이 거슬리면 '내가 보기에는 네 행동이 어리석기 짝이 없구나.' 이렇게 말하면 될까요?

'내가'와 '보기에는'이라는 두 단어로 문장을 시작한 것만으로도 말이 완전히 달라집니다. 이 단어만으로 아이가 정말 어리석은지 아닌지가 상대성을 갖게 되거든요.

'나는 …… 하고 싶다' 또는 '나는 …… 하고 싶지 않다'라는 표현이 특히 중요하겠군요. 예를 들어 아이가 내 무릎에 앉아 내려가지 않으려 할 때는…….

…… '이제 내려오자. 나는 네가 계속 내 무릎 위에 앉아 있는 게 싫거든.'

그러면 일곱 살짜리 아이에게 방을 치우라고 할 때는 어떻게 말할까요?

'난 오늘 네 방을 청소할 건데 너도 좀 도와줄래?'라고 하면 됩니다. 청소할 때 아이가 함께 방에 있는 것만으로도 충분하고요.

'나'를 강조하는 대화법이 때로는 부정적으로 표현될 수도 있지 않나요?

전혀 그렇지 않습니다. 어째서요? 짜증이 나면 '나는 짜증이 난다.'라고 하면 그만입니다.

개인적 언어를 사용한다는 말에는 아이들의 행동을 언급하는 것 외에 나 자신의 이야기를 들려주는 것도 포함되나요?

물론입니다. 아이들은 부모가 어떤 사람이고 어떤 일에 기뻐하는지, 원하거나 원치 않는 것은 무엇인지 알아야 합니다. 인생을 아직 전혀 경험해보지 못했거나 조금의 경험밖에 없으니 먼저 산 우리가 보여줘야지요. 그런데 아이들의 성격이나 기본기가 성장하는 속도는 또 어마어마하게 빠릅니다. 부모와 자녀는 서로에게서 많은 것을 배운답니다!

'나는 이러이러한 사람이야. 너는 어떤 사람이니?'라는 생각으로 아이를 대해야겠네요.

맞습니다. 예스퍼 율의 저서 중에 《경계, 가까움, 존중Grenzen, Nähe, Respekt》이라는 제목으로 독일에서 출간된 책의 덴마크 원서 제목도 《나 여기 있어. 너는 누구니?Eccomi! Tu chi sei?》랍니다.

저는 원서의 제목이 더 마음에 드는군요.

제목만 봐도 두 나라 간의 문화적 차이가 드러납니다. 독일에서는 뭐든지 약간 점잖은 인상을 줘야 합니다. 그렇지 않으면 사람들이 진지하게 받아들이지 않거든요.

이제 '나는 이렇고 너는 그렇다. 이런 우리가 서로 잘 지낼 수 있을까?'가 문제일 것 같군요.

맞습니다. 자녀들을 대할 때 그런 태도를 보이면 주도권을 잃어버릴 수 있다고들 생각하는데, 크게 오해하는 겁니다. 오히려 아이들은 그런 부모에게 커다란 존경심을 품습니다.

자녀들이 과연 내 삶에서 일어나는 일들에 관심이 있을까요? 가령 버스를 놓쳤다거나 동료들이 나를 친절하게 대했다는 이야기 말입니다.

내 일상을 이야기하다 보면 자연히 나 자신에 관해서도 이야기하게 됩니다. 우리에게 벌어지는 대부분의 일들이 바로 일상이고, 이게 우리 삶을 이루는 근간 아니겠습니까? 이를 가볍게 여기는 건 우리 삶의 커다란 부분을 소홀히 하는 셈입니다.

그래도 자녀들을 친구처럼 대하는 것은 아이를 학대하는 것 같은데요.

그래서는 안 되지요. 아이에게 하는 이야기가 신세한탄으로 변질되기 직전에 멈추어야 합니다. 하소연을 하고 싶을 때는 친구에게 전화를 거는 편이 낫습니다.

그러면 기분이 굉장히 저조할 때는 어떻게 할까요?

아이들은 부모가 자신과 동등하기보다는 대단한 존재이기를 기대합니다. 위로를 기대하는 것은 아이에게 부담이 될 수 있습니다. 그럴 때는 '요즘 일이 잘 안 풀리는구나. 당장 어떻게 해야 할지 모르겠지만, 도움 받을 방법을 찾아보마.'라고 말하면 됩니다. 잘 안 풀리는 상황을 이야기하는 동시에 스스로 그에 따른 책임을 지는 것이지요.

개인적 언어에는 상대방을 평가하는 것도 들어가서는 안 됩니까?

그렇습니다. 아이가 어째서 자야 하느냐고 물으면 '너 졸리잖아! 봐라, 눈이 막 감기고 있잖니.'라고 하기보다는 '나는 이제 네가 잤으면 좋겠어.'라고 하는 게 좋습니다. 말의 주체가 일관적으로 나여야 합니다. 아이가 정말 졸린 건지 아닌지는 나도 알 수 없는 거니까요. 대부분의 경우 아이가 자기를 바라는 쪽은 사실 부모거든요.

아직 어린 아기와는 어떻게 대화해야 할까요?

지극히 평범한 말투를 사용해야 한다는 점을 명심하십시오. 아기와 대화할 때 부모는, 아기가 뭔가를 말하고 싶어 하는 것 같으면 그게 뭔지 추측해서 말로 표현합니다. 예컨대 '배가 고픈 거로구나?' 또는 '기분이 굉장히 좋아 보이네.' 하는 식으로요. 이때 아이를 바라보면서 아기가 말하려는 것이 무엇인지 더듬어보게 됩니다. 그런 식으로 서서히 아이를 알아가는 거지요.

그런데 그런 대화가 너무 식상하게 느껴져서 하지 않을 때도 많습니다.

그저 우리 세대가 그런 것을 배우지 못했기 때문입니다. 우리에게는 주위 사람들로부터 내 존재를 인정받았거나 반대로 내가 남을 보아준 경험이 많지 않습니다. 우리의 부모 세대에서는 아기의 요구에 맞추기보다는 정해진 시간에 맞추어 수유를 하는 육아 방식이 지배적이었으니까요.

많은 부모들이 취학 전 연령의 자녀와 대화할 때 3인칭을 씁니다. '엄마가 피곤해서 자고 싶구나.'라는 식으로요.

자신에 관해 이야기할 때 3인칭을 쓰면 본인이 원하는 것이 무엇인지 모호해집니다. '나'와 '너'를 명확히 해야 합니다.

말하자면 3인칭을 쓰기보다는…….

'나는 네가 이것을 했으면 좋겠다.' '나는 지금 신문을 읽고 싶어.' '안 돼. 지금은 내가 요리를 해야 해서 놀아줄 수 없구나.'가 낫습니다.

아이들은 하루를 어떻게 보냈냐는 질문에 대답하지 않는 경우가 많습니다.

그런 질문은 영어수업 시간에 교사가 단어의 의미를 묻는 것과 별반 다르지 않기 때문입니다. 꼬치꼬치 캐묻는 것을 좋아할 사람은 없습니다. 그건 어른도 마찬가지지요. 아이와 대화하려면 부모가 먼저 자신의 이야기를 해야 합니다. 매번 똑같은 질문을 줄줄이 던지지는 마세요. 그러면 아이도 질리기 마련이에요.

하지만 대개는 그저 대화를 시작하려고 오늘 하루 어땠냐고 묻는 것뿐이거든요.

그렇기는 하지요. 그런 질문을 하는 것 자체가 잘못됐다는 건 아니에요. 그러나 상대가 대답하지 않으면 더 이상 캐물어서는 안 됩니다.

아이들에게는 내가 전하는 메시지만 필요한 게 아닙니다. 아이들이 내게 전하려는 메시지를 알아들었다고 확인시켜주는 일도 필요하지요.

그렇습니다. 그럴 때는 이렇게 반응하세요. '네가 전혀 배가 안 고팠던 것 같은데, 맞니?' '기분이 안 좋아 보이는구나.' '다리를 저는 것 같은데 무릎에 문제가 생겼니?'

굳이 반응해주는 게 중요한 이유는 무엇인가요? 알아보았으면 그만 아닌가요?

내가 상대방을 인지했음을 알리는 것입니다. 그러니 하고 넘어가서는 안 돼요! 게다가 내가 인지한 것이 사실과 부합하는지 아닌지도 모르니 확인해야 합니다! 아이를 보아준다는 건 결국 아이에게 해줄 수 있는 최고의 선물입니다. 어떤 아프리카 부족의 인사말은 '나는 너를 본다'라는 뜻인데, 저는 이게 너무나 멋진 표현이라고 생각합니다.

사춘기 자녀들과 대화할 때는 어떤 점에 주의해야 할까요?

아이가 열 살이 되기까지는 부모가 아이에게 가장 중요한 존재였지만, 이제는 아니라는 점을 명확히 인지하고 있어야 합니다. 이때부터는 친구들과 다른 어른들이 아이에게 더 큰 의미를 갖게 되거든요. 다만 중대한 사안에서만큼은 부모가 여전히 중요한 역할을 합니다.

사춘기 아이에게 해도 되는 말과 더 이상 해서는 안 될 말이 있습니까?

부모의 친한 친구에게 할 수 있는 이야기는 아이에게도 해도 됩니다. 이때 내 입장을 명확히 하는 게 중요합니다. 다음 단계로는 아이가 이것을 받아들였는지 눈여겨봐야 하고요. 중요한 것은 아이가 점차적으로 자신의 삶에 책임을 질 수 있도록 해주는 일입니다.

친구들은 다 그 메이커 입는단 말예요

유명 메이커에 집착하는 아이

아이들은 친구들과 어울리려면 유명 메이커 옷을 입어야 한다고 생각합니다. 부모는 아이의 요구를 어디까지 들어주어야 할까요?

부모는 자녀의 소비 습관을 나무라기 전에 자신의 소비 습관부터 돌아보아야 합니다. 자신은 비싼 브랜드 옷을 입고 아이에게는 하지 말라고 설교할 수는 없으니까요.

부모들은 대개 검소한 생활을 합니다. 그런데 부모가 값싼 구식 휴대폰을 사용해도 그 자녀들은 최신 스마트폰을 갖고 싶어 하거든요.

그 말도 맞습니다. 그럴 만도 한 것이, 현대인은 게릴라 마케팅의 홍수 속에 살고 있거든요. 날마다 온갖 특별 상품이 끊임없이 쏟아져 나오지요. 이런 상황은 이제 돌이킬 수 없게 되어버렸습니다. 광고 없는 세상은 옛날이야기일 뿐이에요. 이에 대응할 수 있는 유일한 방법은 항상 제품을 선택할 때 대안을 모색하고 소비광을 명확한 맥락에서 이해하는 것뿐입니다.

좀 더 구체적으로 말씀해주시겠습니까?

무언가에 돈을 지출할 때는 신중해야 한다는 점을 아이들에게 확실히 가르쳐주어야 합니다. 나는 한 사람의 삶의 시간이 얼어붙어 있는 것이 바로 돈이라고 생각합니다. 돈은 하늘에서 그냥 떨어지지도 않을뿐더러, 눈에 보이는 것보다 훨씬 더 높은 가치를 지녔습니다. 돈을 벌려면 그만큼의 노고가 필요하기 때문입니다. 이런 사실을 깨달으면 돈을 쓰려 할 때마다 한 번 더 숙고하게 됩니다. 내가 지금 얼마나 많은 삶의 시간을 소비하려는 참인가? 끊임없이 밀려드는 욕구의 노예가 될 것인가? 아니면 다른 방식으로 삶을 꾸려 나갈 수 있을까? 이런 고민만으로도 이미 조류에 맞서는 셈입니다. 특히 청소년들에게서 효과를 볼 수 있지요.

그래도 아이들은 열너덧 살쯤 되면 아이폰 같은 것을 사겠다고 고집을 부립니다. 부모나 자신의 돈이 얼마나 들든 개의치 않고요.

그 나이 때 아이폰에 호기심을 가지는 것도 지극히 평범하고 건전한 현상입니다. 부모에게는 이때가 아이와 대화를 나눌 절호의 기회이기도 하고요. '휴대폰 살 돈을 보태줄 수는 있다. 그러나 네가 과소비에 휩쓸리는 것은 원치 않아.'라고 이야기해주는 것도 괜찮겠지요.

그럼 아이들이 원하는 것을 아예 거절하지는 말아야 하나요?

유명 브랜드 청바지와 싸구려 청바지 중에서 어떤 것이 진짜 아이 마음에 드는지는 입어봐야 알겠지요. 브랜드가 내 권위에 얼마만큼 영향을 미치는지도 겪어봐야 아는 거고요. 유명 브랜드 옷을 입는다고 정말 또래 친구들이 나를 높게 평가해줄지 말입니다. 이때 부모의 역할은 아이들에게 국경 없는 자본주의의 감춰진 면모를 이야기해주는 일입니다. 예컨대 유명 브랜드 청바지가 인도의 열악한 노동 조건에서 생산된다는 사실을 알려주세요. 번지르르한 광고는 물론 장사치들의 전략일 뿐이고요!

요즘 인도에서 생산되지 않는 청바지는 찾아보기 힘듭니다. 환경 친화적인 옷을 원한다면 적절한 조건에서 생산된 유기농 의복을 구입하는 수밖에 없지요. 그런데 그런 말에 설득될 아이는 아무도 없을 거예요.

그래도 우리가 입는 옷이 어디서 만들어지는지 아이들에게 분명히 설명해주는 일은 중요합니다. 그런 옷이 나쁘다고 말하라는 게 아니고, 그냥 진실을 알려주라는 것뿐입니다. 소비자로서 우리가 얼마나 많은 유혹을 받고 있는지 말입니다. 저는 부모가 자녀들에게 이런 이야기를 해주는 것이 매우 중요하다고 생각합니다. 단, 부모 스스로도 유연하게 대처해야 합니다. 값어치를 하는 유명 브랜드의 옷도 물론 많으니까요!

아이는 80유로짜리(약 10만 6000원) 바지를 사겠다고 우기고, 내가 보기에는 그게 너무 비싸다고 여겨질 경우에는 어떻게 할까요?

협상을 하는 겁니다. '50유로는 내가 내줄 테니 나머지는 네가 벌어서 사렴.'이라고요. 저는 사춘기 자녀들에게 집 안에서 할 수 있는 일을 제공하는 게 아주 좋다고 봅니다. 화장실 청소같이 시답잖은 일 말고, 울타리 손질이나 가구 조립처럼 난이도가 있는 일거리 말이지요.

아이들은 월 평균 900편, 하루 평균 30편의 광고를 접합니다. 그리고 거기에 금세 휩쓸리지요. 가령 엔진오일처럼 생긴 신제품 데오드란트가 폭발적인 인기를 끌기도 합니다.

그런 것에 너무 신경을 곤두세울 필요는 없습니다. 그런 유행은 늘 있어왔거든요. 다만 사람들이 과장된 광고에 휩쓸려 모두 똑같은 제품을 사게 된다고 이야기해줌으로써 아이들에게 경각심을 줄 필요는 있습니다. 소비자에게 유익한 일을 하는 것이 마케팅 회사의 목표는 아니라는 점도 분명히 이야기해주어야 합니다. 물론 유기농 제품에 좀더 좋은 원료가 사용되기는 할 거라고 덧붙여주는 것도 괜찮고요.

부모가 뭔가에 반대할수록 아이들은 더 집착하게 되는 것 같습니다.

강요는 저항을 낳기 마련입니다. 부모의 강요가 심해질수록 아이가 진정한 선택의 자유를 누릴 가능성은 줄어들지요. 그러면 아이들은 반항적인 태도에 고착되어버립니다.

오늘날 아이들은 지루함이라는 것을 모르고 삽니다. 잠깐만 짬이 나도 바로 인터넷에 접속하니까요. 그런데 인류 역사에서 지루함은 창작의 원동력이었거든요.

어쩔 수 없는 일입니다. 모두가 늘 바쁘다는 게 우리 시대의 특징이지요. 어른인 우리들부터가 나쁜 본보기를 보이고 있고요. 가령 마음의 여유가 필요할 때는 산책을 가거나 집에서 명상을 하면 될 것을 굳이 요가 수업에 등록하거든요.

부모로서 아이들이 온종일 뭔가에 골몰해 있는 것을 지켜보는 일도 고역이지요.

인터넷에도 언젠가는 싫증이 나기 마련입니다. 소비가 무엇인지 아이들에게 보편적으로 이야기해주는 것도 괜찮습니다. 소비란 끊임없이 뭔가를 삼키는 일, 다시 말해 남들이 만들어낸 것을 끊임없이 받아들이는 일이라고 알려주고, 살면서 때로는 내가 만든 것을 제공할 줄도 알아야 한다고 가르치는 것입니다. 그렇게 하면 내가 가치 있는 존재라는 기분 좋은 느낌도 갖게 된다고 덧붙이고요.

요즘 아이들은 그물침대에 누워 한가로운 오후를 보내거나 풀밭에 드러누워 구름을 바라보는 등의 여유를 모르고 사는 것 같습니다.

그렇다고 여가시간을 만들어주는 것을 자녀 양육의 목표로 삼을 수는 없습니다. 두 가지 활동 사이의 남는 시간이 바로 여가시간인데, 요즘 아이들에게 그런 짬이 없는 데는 부모의 탓도 큽니다. 부모부터가 빡빡한 스케줄을 자랑하니 말이지요. 내 생각에 요즘 청소년들은 공상에 빠지는 일도 텔레비전이나 컴퓨터 화면 앞에서 합니다. 아마 인터넷 서핑을 하면서 다른 생각에 잠기기도 할 거예요.

뭐든 다 갖추고 살 필요는 없다는 사실을 아이에게 일깨워줄 방법이 있습니까?

아이를 물질만능주의에서 벗어나게 만드는 최선의 방법은 우리가 해줄 수 있는 것, 우리에게 어울릴 만한 것을 허락하는 일입니다. 부모로서 우리는 아이가 간절히 원하는 것을 거절해야 할 때도 있습니다. 돈이 없어서가 아니라 불필요하다고 판단될 때 그렇지요.

아이에게 아이팟을 선물하고는 아이가 그걸 잘 쓰고 있는지 미심쩍은 눈초리로 감시하는 건 도리어 부작용만 낳을 수 있겠지요?

잘못된 결정을 내렸을 때 그 결과를 수용하는 것도 부모의 도리입니다. 아이들 스스로 경험을 쌓을 수 있도록 내버려두어야 해요.

오늘날은 필요한 것을 무엇이든 즉각 구할 수 있습니다. 심지어 사진까지도 말입니다. 이런 상황에서 아이들은 어떻게 기다리는 법을 배울까요?

기술은 나날이 발전하고 있습니다. 부모는 거기에 제동을 걸 수는 없지만, 자녀와의 관계를 주도할 수는 있습니다. 이 관계에서만큼은 아이에게 제동을 걸 수도 있고요. 이 점이 핵심입니다. 아이가 뭘 갖고 싶어 하거나 필요하다고 할 때 제동을 걸지 않고 즉시 들어줘야 한다고 생각하는 부모는 큰 잘못을 저지르고 있는 것입니다.

청소년들은 인터넷에서 남들이 실수하거나 뭔가를 그르치는 동영상을 즐겨 봅니다. 남의 불행을 즐기는 심리가 여기서 드러나지요.

그럴 때는 부모가 나서야 합니다. 가령 자전거를 타다가 고꾸라진 사람이 얼마나 고통스러울지 일깨워주는 겁니다. 그런 장면을 찍어서 인터넷에 올리는 것은 이해할 수 없는 행태이며, 남의 불행을 비웃는 것은 못된 행동임을 일깨워줘야 합니다. 당장 꺼버리라고 하세요! 그렇게 해도 사춘기 아이들은 그처럼 쓰레기 같은 동영상을 수백 번 더 보겠지만, 적어도 부모가 한 말은 뇌리에 남아 있을 것입니다. 진짜 문제는 아이들에게 그렇게 주의를 주는 사람조차 없을 때입니다.

부모가 자신의 견해를 피력하는 게 중요하다는 말씀이군요. 이때 아이의 동의를 구하려 해서는 안 되겠지요?

그건 지나친 요구예요. 아이가 고분고분 따르지 않는다고 해서 자신이 영향력을 발휘하지 못하는 거라고 생각해서는 안 됩니다.

독일 아이들의 한 해 용돈이 2000억 유로에 달한다고 하지요. 아이들도 실제로 그 돈을 쓰고요. 용돈을 줄여야 한다고 보십니까?

우선은 자녀들이 용돈을 어디에 쓰는지 부모가 참견해서는 안 된다고 생각합니다. 아이가 포켓몬스터 카드를 사는 데 용돈을 다 써버리는 게 더 이상 용납이 안 된다면 용돈을 아주 조금만 줄 수는 있습니다. 그러나 이 방법만으로는 장기적인 효과를 볼 수 없습니다. 청소년기 자녀들이 용돈을 스스로 벌게 하는 방법을 적극 추천합니다. 참고로 아이가 돈 쓰는 법을 몰라 나중에 500유로, 심지어 5000유로를 잃느니 지금 5유로 잃는 경험을 해보는 편이 낫습니다.

신은 어디에나 있단다

아이에게 종교를 강요해야 할까

아이들에게 신은 얼마나 중요한 의미가 될 수 있나요?

위대한 미지의 존재와 내적인 유대를 맺는 일은 아이들에게 유익하다고 봅니다. 그러나 그게 반드시 신이어야 할 필요는 없습니다. 저 스스로도 신이 반드시 인간의 외부에 존재하는 거라고 생각하지는 않거든요. 그럴 때는 아이에게 '신은 어디에나 있단다. 사람이나 동물의 마음속에도, 식물에도 깃들어 있고, 네 안에도 마찬가지로 신은 존재해.'라고 이야기해주면 될 듯합니다. 이게 아이에게는 힘이 될 수 있습니다.

다소 모호하게 들리는데요.

신에 대한 질문 또는 그 대답에 대해 각자 나름대로 상념에 잠길 여지를 많이 남겨두는 게 중요하다는 뜻입니다. '내가 내린 결론은 이것이다. 네가 옳다고 여기는 것은 너 스스로 찾아야 한다.'라는 신념하에 말이지요. 저는 '신은 분명히 존재한다.'라는 말 대신에 '나는 신을 믿는다.'라는 표현을 선호합니다.

그런데 유치원에 다니는 아이에게는 신이 존재하느냐 마느냐의 문제가 너무 어렵지 않을까요?

물론 아이에게는 맞지 않는 화제이지요. 하지만 누구에게나 삶에서 중요하다고 여기고 실천하고자 하는 가치는 있거든요. 어떤 사람은 진실만을 말하는 데 엄격하고, 또 다른 누구는 자신이 남길 생태 발자국에 주의를 기울이고요. 내 삶에 길잡이 역할을 하는 무언가가 있다는 것, 그리고 나 역시 사회적 책임을 지고 있음을 인식하는 것이 바로 종교의 시작인지도 모릅니다.

부모가 아이들에게 세상의 근원에 대해 설명해줄 수 있어야 하나요? 종교인이라면 이 문제가 쉽겠지만, 누구나 신앙이 있는 건 아니거든요.

부모가 모든 질문에 대답해주어야 한다는 법은 없습니다. 다만 질문에 책임을 질 수는 있어야 합니다. 아이가 내 지식의 한계를 넘어서는 질문을 한다면 기뻐할 일이지요. 그만큼 아이가 영리하다는 뜻이니까요. 대답은 아이와 함께 찾아보면 됩니다. 아이들이 진정 원하는 것은 훌륭한 답이 아니라 부모와 관계를 맺는 일이에요.

가족 중 누군가 사망했을 때 어른들은 그의 삶이 끝났다고 아이들에게 이야기해주는 일을 꺼립니다.

어린 자녀들에게는 할아버지가 하늘나라로 가셨다는 등 통상적인 표현을 쓸 수 있습니다. 이 표현이 마음에 들지 않는다면 '다른 세상으로 여행을 떠나셨다.'라든지, 개인적으로 더 낫다고 여기는 표현을 찾아보세요.

하늘나라에서 모두가 다시 만날 거라는 상상이 큰 위안이 되기는 하지요.

어린아이들에게는 그런 생각이 괜찮을 수도 있습니다. 아이들은 일정한 연령이 될 때까지 납득할 만한 설명을 필요로 하니까요.

독일에서는 크리스마스에 아기예수가 선물을 가져온다고 아이들에게 이야기하는데, 그런 건 없다고 일러주면 아이들이 많이 상심하겠지요?

그렇습니다. 아이들 세계에서는 그런 것이 일종의 마술과도 같습니다. 때가 되면 어차피 알게 될 텐데 미리 환상을 깨뜨릴 필요는 없습니다.

아이가 신앙과 신에 대한 감각을 가질 수 있도록 함께 기도하는 것도 유익할까요?

개인적으로는 아이들과 저녁기도를 하는 게 좋다고 생각합니다. 물론 꼭 그래야 한다는 것은 아닙니다만, 어려운 상황에 처했을 때 기도가 아이들에게 힘이 된다는 사실을 기억하세요. 기도가 신에게 복종함을 뜻하는 게 아니라는 건 성장하면서 자연히 배우게 되지요.

기도 대신 잠자리에 들기 전에 그저 아이들과 함께 하루를 돌아보는 것도 좋을 듯합니다.

그것도 좋지요. 오늘 하루 무엇이 좋았는지, 잘 안 풀린 일은 없었는지 다 같이 곰곰이 생각해볼 기회니까요. 기도 역시 종교적인 성격을 띠어야만 하는 건 아닙니다. 그냥 잠깐 동안 관조하는 행위로 이해할 수 있어요. 일종의 미니 가족 회담처럼 말입니다.

나 자신이 신앙심이 별로 없다 해도 아이들과 함께 교회나 절에 가보는 게 좋을까요?

신앙이 어떤 방식으로 이행되는지 보여주기 위해서라도 그런 장소를 보여주는 일은 유익합니다. 성당과 사찰은 문화적으로도 매우 중요한 의미를 지니고 있고요.

자녀를 원하는 모습으로 만들려는 태도는 위대한 존재에 대한 믿음과는 상반되는 행동이겠지요. 아이의 창조주가 되려는 시도나 다름없으니까요.

　맞는 말씀입니다. 게다가 그건 어차피 부모의 능력 밖에 있는 일이에요. 아이의 삶에서 신적인 존재가 되려고 해서는 안 됩니다. 물론 부모가 가진 삶의 경험을 아이에게 나누어주는 것은 괜찮습니다.

인생에서 신이 필요한 순간은 언제인가요?

　나보다 위대한 존재가 있다는 관념이 형상화된 것이 바로 신입니다. 인간에게는 자신이 뭐든지 할 수 있다는 자만을 통제하기 위해서라도 이런 관념이 필요합니다. 반대로 무력함을 느낄 때는 신의 존재가 우리에게 닻이 되어줄 수 있습니다.

스스로를 용서하는 일에도 신의 존재가 도움이 될까요?

　그렇다고 봅니다. 삶의 심오한 의미를 믿는 사람은 나와 타인들, 말하자면 우리 모두가 저지르는 실수를 용서할 수도 있습니다.

청소년들은 신앙을 거부하는 경우가 많습니다. 정말 신이 존재한다면 세상은 지금보다 훨씬 정의로웠을 거라면서요.

　세상을 지금 모습으로 만든 것도 사람입니다. 신은 우리에게 세상을 선물해주었을 뿐이지요. 그걸 어떻게 만들어 나갈 것인가는 순전히 인간의 몫입니다. 신은 우리가 하는 대로 내버려둘 뿐, 그걸 평가하지는 않아요.

아이들을 선량한 사람으로 만들려면 어떻게 해야 할까요?

　선량함을 몸소 실천하면 됩니다. 자신이 상상하는 선량한 인간상에 다다르려면 한참 멀었다고 생각되더라도 말이지요. 나 자신은 물론 타인들에게 너그러운 마음을 갖고, 때로는 조용히 침묵하며 나를 감

싸고 있는 모든 것을 느낄 줄도 알아야 하고, 나만의 신념을 잃는 일
도 없어야 합니다.

종교가 자기 자신에 대한 믿음도 갖게 해주나요?

어떤 사람에게는 그렇고, 안 그런 경우도 있습니다. 혹자에게서는 지
나친 신앙심이 주관적인 사고를 방해하기도 합니다. 그런 사람은 자
신은 종교적 규율에 맞게 행동하니 무조건 바르게 사는 거라고 생각
합니다. 장기적으로 볼 때 이는 그다지 바람직하지 못한 현상이에요.

선생님에게는 누구 또는 무엇이 신입니까?

저는 자연, 식물, 동물, 하늘에 떠 있는 태양과 달과 별, 경이로운 우
리의 신체를 바라보노라면 이 모든 것이 경이롭고도 독립적인 조화
를 이루고 있다는 데 경외심을 느낍니다. 제게는 그것이 바로 의미이
자 신적인 존재입니다.

생일 파티 열어주세요

자녀의 생일을 멋지게 보내려면

요즘은 아이의 생일을 축하하기도 예전만큼 쉽지 않습니다.

그렇습니다. 지나친 경우도 많지요. 요즘 부모들은 아이의 생일에 너무 신경을 씁니다. 물질적인 것과 사랑을 혼동하기도 하고요. 물질적인 것을 많이 해주는 부모가 훌륭한 부모라고 생각하는 겁니다.

그래도 생일을 멋지게 보내는 일이 아이들에게 커다란 즐거움이 아닐까요?

저는 전혀 그렇지 않다고 생각합니다. 멋진 하루는 어차피 돈으로 살 수 없습니다. 아이들은 그 뒤에 감춰진 의미를 금방 알아차리거든요. 소소한 파티라도 애정을 듬뿍 담아 준비한다면 요란한 것보다 훨씬 낫습니다.

요즘에는 아이가 네다섯 살만 되어도 친구들을 초대해 파티를 벌이는데, 이만한 아이들 한 무리를 통제하는 게 쉬운 일은 아닙니다.

처음부터 일정한 틀을 잡아 계획하는 것이 중요하다고 봅니다. 네다섯 살짜리 아이들을 열 명씩 초대하는 것은 권하지 않습니다. 그 나이 또래에는 친구 서너 명만 초대해도 충분하거든요. 자녀의 만 나이와 같은 수의 친구들을 초대하는 것도 나쁘지 않고요.

그렇다 해도 특별한 프로그램은 필요하지요. 아이들이 늘 저희끼리 알아서 잘 노는 건 아니거든요. 초대한 아이들이 서로 아는 사이가 아닌 경우도 있고요.

특별 프로그램을 준비한 뒤 유연하게 활용하는 게 바람직합니다. 아이들이 알아서 잘 논다면 굳이 부모가 끼어들 필요도 없어요. 아이들이 가장 재미있어 하는 게 결국은 최고의 놀이 아니겠습니까?

그래도 부모의 책임은 크지요. 누가 따돌림당하는 건 아닌지, 우는 아이가 나오는 건 아닌지 걱정도 되고요.

그런 일은 평소에도 얼마든 생길 수 있습니다. 그게 인생이에요. 어른들과 마찬가지로 아이들의 세계에도 호감과 비호감은 존재합니다. 어른들은 그런 감정을 감추지만 아이들은 갈등을 직접 표출하지요. 우리는 그걸 받아주어야 합니다. 물론 해결책도 모색해봐야 하고요. 어쨌든 아이들을 마음껏 뛰어놀게 하는 게 좋습니다.

아이들은 생일이 멋진 날이 되기를 바라기 마련입니다.

그게 잘못되었다는 건 아닙니다. 그러나 생일을 성공적으로 치르느냐 마느냐는 우리 손에 달려 있지 않습니다. 아이가 실망한다 해도 그건 우리가 어떻게 할 수 없는 문제입니다. 생각대로 멋지게 치르지 못했어도, 다음번에는 이렇게 하지 말아야겠다는 사실을 배웠으니 나름의 가치는 있는 겁니다.

여러 주에 걸쳐 아이들 놀잇거리를 준비하는 부모도 있더군요.

누구를 위한 생일 파티인지 가슴에 손을 얹고 생각해보세요. 정말 그 모든 게 아이를 위한 건가요? 아니면 최고의 엄마라는 칭찬을 듣고 싶어서 그러는 건 아닌가요? 후자의 경우라면 욕심의 수위를 조절해야 합니다. 끊임없이 자신을 다른 부모와 비교하는 태도를 버려야 해요. 자녀의 생일 파티를 계획할 때 중요한 단 한 가지는 가족의 특성에 맞추어 계획해야 한다는 점입니다.

너무 내 아이만 띄워주려는 건 아니지만, 생일 파티에서는 주인공인 내 아이의 비위를 맞춰주고 싶은 마음도 듭니다.

그러면 게임을 할 때 누가 가장 먼저 시작할지 생일의 주인공에게 결정하도록 하는 방법도 좋습니다. 주인공이라고 늘 자기가 먼저 시작하고 싶은 건 아니거든요. 그 대신에 중요한 역할을 맡기는 거지요.

생일 파티 준비에 아이를 어느 정도 참여시키는 게 좋을까요?

아이가 어릴 때부터 항상 최대한 참여시키는 편이 좋습니다. 그러나 부모도 아이가 제안하는 파티 프로그램을 수긍할 수 있어야 합니다. 가령 아이는 맥도널드에서 파티를 열겠다고 우기고 부모는 이를 도저히 받아들일 수 없다면, 맥도널드는 고려에서 제외하는 게 낫지요.

전문 행사 기획가에게 준비를 맡기는 건 쓸데없는 일이라고 생각하십니까?

꼭 나쁘다고는 할 수 없습니다. 그러나 아이의 생일 파티를 남의 손에 맡겨야 할 정도로 바쁘게 사는 사람이라면, 과연 생일을 원하는 대로 보낼 수 있을지 생각해봐야겠지요. 아이의 생일은 다른 부모들과 그 자녀들에게 우리가 어떻게 사는지, 어떤 사람인지 보여줄 좋은 기회이기도 합니다. 떠들썩한 잔치를 열어줄 수는 없다고 아이에게 차분히 이야기하는 것도 좋습니다. 그러나 보물찾기 같은 이벤트는 그리 번거로운 것이 아니니 그 정도는 해줘도 괜찮습니다.

누구를 초대할지는 생일을 맞은 아이가 결정하나요?

그렇습니다. 몇 명을 초대할지 부모가 정해주면 아이가 초대 손님 명단을 작성하는 거지요.

이웃집 딸이 매년 생일에 내 아이를 초대했는데, 그 아이가 명단에 없으면 어떻게 하지요?

그때는 아이에게 '옆집 율리아도 초대하는 건 어떻겠니? 율리아도 너를 초대했었잖아.'라고 설득해보세요. 그래도 아이가 싫다고 하면 어쩔 수 없는 거지요.

선물을 얼마나 해주는 게 좋을까요?

하나를 줘보고 괜찮다 싶으면 두 개도 됩니다. 선물의 수가 너무 많으면 뭐가 있는지도 모르게 되거든요. 저도 언젠가부터 선물을 적게 주기 시작했는데, 얼마 안 가 그것만으로도 충분하다는 것을 깨달았지요. 어릴 때부터 원하는 것을 다 얻으면 무엇도 귀하게 여기지 못하게 됩니다. 이는 삶의 원기까지 앗아간답니다.

'안녕하세요' 하고 인사해야지

상냥하고 예의바른 아이로 키우기

부모는 늘 자기 아이가 남에게 친절하게 굴기를 기대합니다. 그렇게 키우려면 어떻게 해야 할까요?

　부모가 상냥한 태도를 보이면 됩니다. 자기 자신에게는 물론 주위 사람들에게도 말이지요.

아이가 생기면 좋아하지 않는 사람에게조차 상냥하게 굴어야 한다는 말씀인가요?

　아닙니다. 그럴 이유가 없지요. 그보다는 타인을 진솔한 태도로 대하는 것이 좋습니다. 친절하게 대하되 적정선을 긋는 것입니다. 이 점이 가장 중요한데, 그러려면 약간의 대범함도 필요합니다.

우리는 대개 불쾌한 상황을 어떻게든 넘깁니다. 그리고 집에 오면 고모가 구두쇠라느니 이웃집 남자가 속물이라느니 험담을 하고요.

　타인에 대한 부모의 평가와 실제 태도에 그처럼 차이가 있다는 것을 알면 아이들이 혼란에 빠질 수는 있습니다. 그러나 한편으로는 이런 사회적 태도와 감정 사이의 괴리도 일상의 일부거든요. 살다 보면 썩 마음에 들지 않는 사람들과도 잘 지내야 하는 상황이 끊임없이 생기고요.

누구누구가 별로 마음에 들지 않는다는 이야기를 아이에게 해도 되나요?

못 할 이유가 없습니다. 어차피 아이들도 감지하고 있답니다.

내가 좋아하는 사람들을 아이가 다 좋아하지 않아도 받아들여야 할까요?

당연하지요. 그런 일은 얼마든 일어납니다. 가령 요즘 아이들은 우리 세대가 할머니에게서 느꼈던 포근한 정을 별로 느끼지 못하는 경우가 많습니다. 그렇다고 억지로 좋아하라고 할 수는 없는 일이지요.

동네 이웃이 아이에게 사탕이라도 주면 부모는 옆에서 곧바로 '감사합니다.'라고 말하도록 종용하는데, 이는 어떤가요?

저는 아이들에게 그렇게 강요하는 것을 좋아하지 않습니다. 아이가 아직 어려서 인사할 줄 모른다거나 사탕을 먹고 싶지 않았기 때문에 아무 말도 안 한다면 그냥 부모가 대신해서 감사하면 됩니다. 자녀들은 어차피 부모를 본받기 때문에 다음번에 같은 상황이 생기면 아이 스스로 감사의 말을 할 수도 있어요.

아이가 따라 하지 않는 경우, 예를 들어 초등학교에 들어간 뒤에도 여전히 고맙다는 표현을 할 줄 모르면 어쩌지요?

그때는 중간에 무언가 잘못된 거라고 보면 됩니다. 아빠나 엄마가 아이에게 정보전달을 제대로 하지 못한 거지요. 앞서 예로 든 상황은 아이가 그저 사탕을 좋아하지 않는 것일 수도 있어요!

'안녕하세요.'같은 일상적인 인사말은 좀 더 엄격하게 가르쳐야 하나요?

제 경험에 따르면 강요는 배우는 과정을 더디게 만들 뿐입니다. 사람들은 어린이가 어른에게 인사를 함으로써 존경심을 표해야 한다고 여깁니다. 그러나 인사를 받고 싶으면 존경받을 만한 어른이 되는 게 먼저예요. 아이에게 친절하면서도 조심스럽게 다가감으로써 말입니다.

상대가 악수를 청하면 손을 마주 잡기는 하되 다른 곳을 쳐다보는 아이들도 많습니다. 그건 전혀 문제가 안 됩니다! 수줍음의 표시일 뿐이니까요. 어른의 시선을 받고 싶지 않은 겁니다. 상대의 눈을 보도록 강요하는 건 아이의 명예에 상처를 입히는 행동입니다.

부모의 손님이 자리를 뜰 때 방에 있는 아이에게 나와서 인사를 하라고 해야 할까요?

'손님이 가시니 나와서 인사하자꾸나.'라고 말할 수도 있지만, 손님이 방문을 노크하고 잘 있으라고만 해도 됩니다. 아이들은 대개 친구와 만나고 헤어질 때 어른들처럼 형식적으로 인사하지 않습니다. 이 점을 고려해야 해요. 인사예절 문제에서는 우리 아이들이 사회적 행동 방식을 알고 있는지 여부가 중요합니다. 아이가 어른의 기대에 맞게 매번 예의바르게 행동하느냐는 덜 중요한 문제지요.

그래도 할머니에게서 크리스마스나 생일 선물을 받았다면 감사 인사를 시키는 게 맞겠지요?

그 경우는 반드시 해야 합니다. 선물에는 인사가 따르는 게 당연합니다. 오늘 안 했다면 내일이라도 하도록 하세요.

이메일로 감사 인사를 전해도 충분한가요?

감사 인사를 이러이러한 형식으로 전하도록 부모가 규칙을 정해놓을 수는 없습니다. 그럴 때는 '내 생각에는 손으로 쓴 편지가 나을 것 같구나.'라고 이야기하세요. 그래도 이메일을 고집하면 그냥 내버려둘 수밖에요.

식사 예절도 중요하지요.

　여러 사람이 함께 식사하는 자리에서 어떤 태도를 취해야 하는지 아이가 기본적으로 알고 있다면 그걸로 충분하다고 봅니다. 집에서까지 정자세로 앉아 식사하는 일이 그렇게 중요한지는 부차적인 문제고요.

그래도 내 아들이 한 팔로 턱을 괸 채 국물을 후루룩거리면 기분이 별로 좋지는 않을 것 같은데요.

　마음 편히 식사하는 것도 중요합니다. 집에서만큼은 조금 느슨해도 괜찮아요. 형식에 지나치게 얽매이다 보면 식사하는 재미를 잃게 되거든요. 아이들도 낯선 자리에서는 대개 얌전하게 행동하지 않나요?

전화를 건 할머니가 손자와 이야기하고 싶어 하시는데 아이가 게임에 푹 빠져 통화하고 싶지 않다고 할 경우에는 어떻게 해야 할까요?

　중요한 질문입니다! 일단 아이가 스스럼없이 자기 의사를 말할 수 있다는 것만으로도 그 가족은 칭찬받아 마땅합니다! 게임이 끝난 뒤에 아이가 할머니에게 다시 전화를 걸면 되지 않을까요?

아이가 놀이터에서 다른 아이의 모래삽을 빼앗으면 부모가 대신 사과해야 하나요?

　그것도 좋은 방법입니다! 상대 아이에게 '우리 애가 네 장난감을 빼앗는 걸 봤다. 그건 잘못된 행동이야! 주의를 줘도 가끔 그러는구나.'라고 말해주는 겁니다.

겉으로만 친절한 게 다는 아니지요. 아이가 진심으로 상냥하게 행동하도록 만들려면 어떻게 하면 될까요?

　부모 스스로 아이를 그렇게 대하면 됩니다. 아이에게 알맹이 없는 설교만 늘어놓을 게 아니라 스스로 진솔한 태도를 보여야 합니다.

가족의 틀 안에서 누리는 자유

숙제는 나중에 할게요

초등학생 자녀가 혼자서 숙제를 할 수 있을까

초등학생 자녀의 학교 일에 부모가 어느 정도 간섭하는 것이 적당할까요?

아이가 그럭저럭 해나가고 있다면 되도록 참견하지 않는 것이 좋습니다. 부모가 할 일은 집 안에 적절한 학습 분위기를 만들어주는 것뿐입니다. 단, 학습 분위기가 어때야 하느냐는 아이에 따라 다릅니다. 어떤 아이는 적당히 시끄러워야 공부가 잘 되고, 어떤 아이는 조용한 것을 좋아해서 문을 닫고 방에 틀어박혀 공부하는 편을 선호하고요.

초등학교 1학년생이 숙제를 혼자 알아서 할 수 있을까요?

안 될 것 없지요. 모르는 게 있으면 부모에게 물어보면 되고요.

부모들은 대개 아이가 숙제를 마치면 검사를 하지 않나요?

저는 검사한다는 말을 좋아하지 않습니다. 궁금하면 아이에게 숙제한 것을 보여달라고는 할 수 있습니다. 그러나 숙제를 잘했는지 검사하려는 의도로 들여다보는 건 안 됩니다.

다 맞게 했는지 확인할 필요가 없다는 말씀인가요?

그게 중요하다면 '모르는 것은 없었니?' 하고 물어보면 되지요. 저는 아이의 삶에서 검사하는 사람보다는 사랑으로 이끌어주는 사람이 되고 싶습니다. 어차피 아이들 스스로도 배우고 싶어 하거든요.

글씨를 대충대충 휘갈겨 썼을 때는 주의를 줘야 하지 않을까요?

엄밀히 따지면 그건 나와는 상관없는 일입니다. 숙제란 아이와 교사 간의 문제거든요. 정 한마디 하고 싶다면 '아유, 네 글씨가 이렇구나!' 라고만 하세요. 제가 보기에는 부모가 숙제의 의미를 과장하는 것 같습니다. 숙제에 너무 비중을 두는 거지요.

그래도 틀린 것이 있으면 바로잡아주는 게 좋을까요?

아이의 공책을 보면서 '틀린 부분을 내가 지적해주었으면 하니?'라고 직접 물어보는 편이 바람직합니다. 아이가 싫다고 하면 그냥 내버려 두세요.

초등학생 자녀를 애정 어린 태도로 이끌어준다는 게 구체적으로 어떤 건가요?

아이의 기분을 잘 파악하도록 노력하는 일이 특히 중요하다고 봅니다. 즐거운 마음으로 학교에 다니고 있는지 살펴보는 거지요. 집에서는 학교와 관련된 모든 일에 최대한 간섭하지 않는 게 좋습니다. 중요한 것은 학교가 아니라 교육입니다.

그렇지만 교육을 받는 장소가 바로 학교 아닙니까?

책상 앞에서만 하는 게 공부는 아닙니다. 하루 스물네 시간은 배움의 연속이에요. 숙제 이야기로 다시 돌아가자면, 아이들이 받아 오는 숙제는 굉장히 까다로운 경우가 흔하지만 거기서 얻는 이득은 거의 없습니다. 학교에서도 부모가 오후 내내 아이와 함께 앉아 숙제를 점검해주기를 기대하는데, 그건 바람직하지 못합니다. 가정학습 계획표 같은 건 없애버려야 해요.

맞는 말씀이기는 합니다만, 영단어 같은 건 그래도 익혀야 하니까요.

그런 게 필요한 건 사실입니다. 그러나 단어는 학교에서 익히는 편이 더 좋다고 봅니다. 요즘은 학습 책임을 지나치게 가정에 떠맡기는데, 그게 가족에게 부담이 되어서는 안 됩니다.

그런데 자기 자신과 아이들에게 부담을 지우는 장본인이 바로 부모인 경우가 많습니다. 명예욕이 너무 강한 탓이지요!

바로 그거예요! 명예욕이 부모의 일에 대한 거라면 뭐라 할 것도 없지요. 그런데 부모가 자식의 명예욕까지 대신 품게 되면 원하던 것과는 정반대의 결과가 야기됩니다. 아이는 공명심이 넘치기는커녕 점점 움츠러들다 못해 극단적인 '느림 모드'로 전환되어버리거든요.

대부분의 가정에는 숙제를 먼저 끝낸 뒤에 놀아야 한다는 규칙이 있습니다.

규칙을 정하는 일은 분명 여러 측면에서 유익합니다. 다만 그 규칙을 유연하게 적용시킬 수도 있어야 하지요. 날씨가 아주 화창하거나 아이가 너무 들떠 있는 날은 예외로 한다든지 말입니다. 그리고 아이에 따라서는 먼저 실컷 놀고 저녁나절에 책상 앞에 앉는 게 더 효율적일 수도 있습니다.

오후 내내 숙제를 붙들고 있는 경우는 어떻게 할까요? 부모가 같이 봐주는 것이 좋습니까?

애초에 한 시간만 하라고 정해주는 것이 좋다고 생각합니다. 아이가 그 안에 숙제를 마치지 못하면 학교에 양해 편지를 써 보내세요. 아이들은 실컷 놀아야 해요!

아이가 '오늘은 숙제 안 할래요. 공원에 가서 놀고 싶어요!'라고 말할 때는 어떻게 대응할까요?

그렇게 주관이 뚜렷한 아이를 둔 것을 자축해야지요! 자신에게 뭐가 더 중요하고 유익한지 아이 스스로 잘 알고 있다는 증거잖아요.

하지만 학교를 그렇게 가볍게 여겨도 괜찮은가요? 아이들은 학교 공부도 잘하고 싶어 하기 마련이라고요!

그래도 부모가 자청해서 교육 시스템의 파수꾼이 될 필요는 없습니다. 제가 보기에는 학교라는 기관 자체를 진지하게 여기는 시대도 지났고요. 그보다는 교사들이 더 중요하다고 봅니다. 부모와 마찬가지로 그들도 일선에서 교육부가 벌여놓은 일 뒤치다꺼리를 하지요.

예스퍼 율은 '모든 이는 교육받을 권리가 있다'는 기치 아래 시행되는 의무교육제도를 없애야 한다는 의견입니다.

독일 하우프트슐레Hauptschule2) 학생들 중 10퍼센트는 졸업까지 가지도 못하고 중퇴합니다. 저는 이것이 교육제도가 실패한 반증이라고 봅니다. 비유하자면 폭스바겐Volkswagen이 자동차의 10퍼센트를 핸들이나 바퀴 하나가 빠진 채로 생산해 출고한 뒤 제품 결함을 하청업자의 탓으로 돌리는 거나 마찬가지입니다. 아이들에게 매일 아침 여덟 시 정각에 교실에 앉아 있을 것을 강요하는 한 학교도 변화하지 않을 겁니다. 독일은 심지어 징병제도 폐지했으면서 의무교육제도는 유지하고 있습니다. 이 점을 깊이 고민해볼 필요가 있습니다.

---

2) 4년제 초등학교를 마친 뒤 진학하는 실업계 중등학교.

다 너 잘되라고 그러는 거야

자녀의 진로에 부모가 결정권을 행사할 수 있을까

부모가 아이에게 인문계 고등학교에 진학하라고 권해도 괜찮은가요?

물론 희망사항은 언제든 말해도 됩니다. 문제는 그것을 어떻게 표현하느냐는 겁니다.

어떻게 표현하는 게 좋은가요?

저는 누구나 생각하는 바를 말할 수 있어야 한다는 의견에 절대적으로 동의합니다. 아이들도 어차피 부모가 어떤 것을 선호하는지 다 눈치 채고요. 다만 말할 때 아이의 생각도 반드시 염두에 두어야 합니다. 예컨대 '네가 인문계 고등학교에 진학해서 대입 자격시험을 치르는 게 좋을 것 같은데, 네 생각은 어떠니? 생각해둔 진로가 있니?'라고 물어보는 거지요.

아이가 10세밖에 안 됐다면 대입시험이 어떤 의미인지 잘 모를 것 같습니다.[3]

물론 실업학교에 간다고 대입시험을 치르지 못하는 건 아닙니다. 부모들은 늘 학교가 아이의 미래를 결정한다고 믿습니다. 그러나 아이 운명의 향방은 오로지 당사자의 손에 달려 있습니다. 교육을 받고 창의적으로 이를 활용하는 길은 헤아릴 수 없이 많아요.

상급학교 진학이 지나치게 이르기는 합니다. 10세면 아이의 지적 능력이 개화하기 전이거든요.

진로를 그렇게 빨리 결정하게 만드는 것은 누구에게나 해롭습니다. 각각의 아동이 어떤 학교로 진학하는 게 좋을지 교사들조차 알지 못하는 경우가 다반사거든요.

아이들은 친한 친구가 가는 학교로 가고 싶어 하는 경우가 많습니다.

아이들에게는 인간관계가 가장 중요하기 때문에 반드시 아이의 바람을 진지하게 고려해줘야 합니다. 같은 반에 친한 친구가 있으면 학습에도 큰 동기부여가 된답니다.

두 학교 중에 하나를 선택해야 하는 상황이 오면 누가 최종 결정을 내리나요?

저라면 아이가 가고 싶어 하는 학교를 선택하겠습니다.

산책하러 가는 일은 아이의 의사와 상관없이 강요할 수도 있다고 하셨는데, 학교 문제는 아이 혼자 결정하게 두라는 말씀인가요?

주말에 산책하는 일처럼 가족과 함께 뭔가를 할 수 있는 기회는 드물기 때문입니다. 그러나 학교는 아이 혼자 다녀야 하잖습니까? 최장 8년 동안 말입니다.[4] 아시다시피 아이들은 최대한 이상적인 환경에서

---

3) 독일 아동들은 보통 만 6세에 취학하며, 초등학교 4년을 마치면 대학 진학을 목표로 하는 인문계 고등학교 김나지움(Gymnasium), 실업교육 위주의 레알슐레(Realschule) 및 하우프트슐레(Hauptschule) 중 어느 학교로 진학할 것인지 결정한다.

4) 독일의 실업계 중등학교는 6년, 인문계 고등학교는 8~9년 과정으로 이루어져 있다.

공부도 잘할 수 있습니다. 그래서 상급학교를 선택할 때는 아이와 충분히 대화를 나누어야 하지요.

그런데 아이가 선택한 학교보다 부모가 눈여겨봐둔 학교가 음악교육 프로그램이 잘 짜여 있다거나 교육적으로 더 나은 곳이라면 어떻게 하는 게 좋을까요?

아이에게 '내게는 네가 이 학교에 진학하느냐 마느냐가 무척 중요한 문제야. 그 학교가 훨씬 좋거든! 일단 이곳에 다녀보는 게 어떻겠니?' 라고 물어보세요. 그래도 거절할 경우 저라면 받아들이겠습니다.

부모의 연륜보다 아이의 직감에 비중을 두어야 한다는 말씀인가요?

학교는 부모의 직장이 아니라 아이의 학습 공간입니다. 아이가 마음 편히 다닐 수 있어야 해요. 자신이 선택한 학교에 진학하면 공부도 더 열심히 할 겁니다.

상급학교에 진학한 뒤에는 어떤 방식으로 지원해주어야 할까요?

아이의 성적에 부모의 행복이 좌우되는 일은 없어야 합니다. 아이가 장차 무엇이 될지 가늠하려고 해도 안 되고요. 그저 아이가 즐겁게 공부할 수 있도록 도와주세요.

대부분의 아이들은 초등학교 2학년만 되어도 학교에 흥미를 잃어버린다고 합니다.

그런 일을 방지하기 위해서라도 학교가 가족의 삶에 지나치게 큰 비중을 차지하지 않도록 주의를 기울여야 합니다.

교사들도 대개는 학생들보다 학부모와 더 많은 대화를 나눕니다.

학부모 상담 시간에 혼자 가기보다는 아이와 동행하는 것이 훨씬 바람직합니다. 초등학교 때부터 그런 습관을 들이세요. 상담 자체가 아이에 관한 것인데 당사자가 빠진 자리에서 아이의 학교생활 고민거리를 이야기해봤자 소용없지요.

아이가 벌을 받았을 때는 어떻게 반응해야 할까요?

유연하게, 아주 유연하게 대처하세요. 집에서 추가로 벌을 주는 일은 절대 없어야 합니다. 대신에 정확히 무슨 일이 있었는지 이야기를 들어보세요. 아이가 그저 신나게 놀다가 장난을 친 것일 수도 있고, 권위주의적인 학교 분위기에 적응을 못 하는 것일 수도 있습니다. 어디서 선을 그어야 하는지 아이들도 배워야 합니다.

선생님 말씀을 잘 들어야 한다고 일러둬야 하지 않을까요?

그런 말은 안 해도 됩니다. 어떻게 행동해야 하는지는 아이들도 다 알아요. 문제는 알면서도 왜 실천하지 않느냐는 것인데, 그런 태도에 의미를 부여해주는 일이 중요합니다. 사람은 그저 상대방이 어떻게 반응할 것인지 궁금해서 눈에 띄는 행동을 할 때도 있어요.

아이가 자기 능력에 한참 못 미치는 성취도를 보일 때는 어떻게 해야 합니까?

아이와 함께 앉아 무엇이 문제인지 고민해봐야지요.

나쁜 성적을 받아 왔을 때는 어떻게 반응해야 할까요?

아이가 형편없는 성적표를 부모에게 보여줄 수 있다는 것 자체가 긍정적인 신호입니다. 그냥 한번 들여다보고 '그래, 잘 봤다.'라고 말한 뒤에, 일단은 한 학년 또는 한 학기가 끝난 것을 축하하는 겁니다. 외식을 하러 가도 좋고요. 그리고 며칠 뒤에 아이와 함께 앉아 고민해 보세요. '무슨 일이 있니? 성적을 좀 더 올리려면 뭐가 필요하겠니? 학교가 너한테 맞지 않는 건 아니니? 우리가 어떻게 도와주면 될까?' 하고 물어보는 게 좋습니다.

이리 와, 아빠랑 축구하러 가자

좋은 아빠 되기

엄마는 갓 태어난 아이와 자연스럽게 애착 관계를 형성합니다. 그런데 아빠가 아기와 가까워지려면 어떻게 해야 할까요?

남성에게는 신생아와의 유대가 결여되어 있다는 사실을 먼저 인지해야 합니다. 아이가 아빠 뱃속에서 자라는 건 아니니까요. 아빠들이 아이와 내적으로 연결되는 데는 시간이 필요합니다.

아빠와 아이 사이의 애착이 저절로 생기는 게 아니라는 말씀이군요. 관계를 맺고자 하는 의지가 있어야 하고, 그걸 실천에 옮기는 일도 필요하고요.

그렇습니다. 아빠들은 한 생명이 태어나고 자라는 과정을 몸으로 느끼지 못합니다. 그러니 엄마에 비해 아이와 거리감이 클 수밖에 없어요. 하지만 이게 장점이 될 수도 있습니다. 예를 들어 아빠들은 대개 엄마만큼 불안해하지 않지요.

아빠는 어떻게 아이와 애착을 형성할 수 있나요?

애착은 아이를 보살피고 곁에 있어줌으로써 형성됩니다. 따라서 아이와 시간을 보내며 서서히 아이에 대한 감각을 키워 나가야 합니다. 그러려면 이따금씩은 엄마에게서 아이를 빼앗을 수도 있어야지요. 물론 긍정적인 의미에서 말입니다. '지금부터 두 시간 동안 내가 아이를 볼 테니 당신은 산책을 가든지 책을 읽든지 해요.'라고 제안해보세요.

독일의 아빠들은 아기가 태어난 뒤 고작해야 두어 주 휴가를 내는 게 전부거든요. 너무 짧은 것 아닌가요?

돈을 벌어야 하니 어쩔 수 있나요. 쉽지 않은 문제지요. 가족관계에 관한 한 우리 문화는 아직 걸음마 수준을 벗어나지 못하고 있습니다. 아버지들이 오후 네다섯 시에 퇴근하는 것이 사회 전체에 얼마나 유익한 일인지 사람들이 아직 깨닫지 못하고 있는 겁니다. 그렇게만 된다면 모든 이의 부담이 크게 줄어들고 국민경제에도 틀림없이 유익할 겁니다. 아이들은 더 건강해지고 어른들은 더 여유로워질 테니까요.

그런데 '에이, 그래도 아기한테는 엄마만 있으면 됐지.'라고 생각하는 사람이 많다는 게 문제입니다.

어린아이에게는 애착의 대상으로 삼을 사람이 필요합니다. 할머니가 될 수도 있고 보모가 될 수도 있지요. 그러나 아빠라면 누구나 스스로 아이의 애착 대상이 되고 싶을 겁니다. 남편이 아빠 역할을 잘하는 것은 부부에게도 매우 중요합니다.

노르웨이에서는 아빠들에게 10주의 육아휴가를 줍니다. 이에 비해 독일은 엄마의 출산휴가도 6주에 지나지 않고요.[5]

스칸디나비아 국가들은 이와 관련해 매우 앞선 시스템을 갖추고 있습니다. 가령 스웨덴에서는 가족이 있는 직원이 저녁 일곱 시까지 사무실에 앉아 있는 것을 사장이 본다면 가정불화를 겪고 있냐고 물어볼 정도랍니다. 독일 사장이라면 '열심이군요, 마이어 씨.'라고 도리어 칭찬하겠지요.

독일에서는 모든 아동들이 보육기관에 등록할 수 있도록 법적으로 보장하고 있습니다. 그러나 고용주들은 직원이 자녀를 낳는 것을 별로 달가워하지 않지요.

현대사회는 아동에게 적대적입니다. 회사는 애초에 직원들이 두 가지 인격을 갖고 있다고 믿지요. 최소한 오전 아홉 시부터 오후 다섯 시까지는 책상 앞에 앉아 일하는 '노동 인격'으로 전환된다고 여기는 겁니다. 퇴근길 자동차 안에서 비로소 '가족 인격'으로 되돌아오고요. 그러나 이건 사실이 아닙니다. 인간은 임의로 프로그래밍할 수 있는 기계가 아니거든요. 노동의 세계는 삭막하고, 나머지 삶으로부터 인위적으로 분리되어 있습니다. 비인간적이기 짝이 없지요.

그런데 한창 경력을 쌓아가야 할 시기가 결혼하고 가족을 이루는 시기와 맞물린다는 점이 문제입니다.

그런 사회상은 이제 많이 바뀌었습니다. 요즘에는 일흔, 여든의 나이에도 얼마든지 능력을 발휘할 수 있어요. 젊은이들은 우리 세대보다도 훨씬 활동적이고요.

그나마 육아휴직을 하는 아빠들이 점점 늘어나고 있기는 하지요.

그게 바로 올바른 길의 시작입니다. 물론 아빠의 역할이 그 몇 개월

---

5) 독일에서 여성이 받는 산전후휴가(Mutterschutz)는 출산 전 6주부터 출산 후 8주까지이며, 이후에도 부모 중 한 사람이 최장 3년까지 육아휴직을 신청할 수 있다. 이 기간에는 다니던 직장으로 복직하는 것도 보장된다.

로 끝나는 것은 아닙니다.

여론조사 전문기관 알렌스바허 연구소 Allensbacher Insitut für Demoskopie의 연구 결과에 따르면, 아빠들이 자녀와 보내는 시간은 고작해야 일주일에 최대 2.5시간이라고 합니다. 긴 시간은 아니지요.

저도 아빠지만, 저로서는 상상도 할 수 없는 일입니다. 너무 짧아요. 저라면 제 부재 때문에 아이가 나 아닌 다른 사람과 애착 관계를 형성하는 것도 달갑지 않을 것 같습니다.

가족 내에서 아빠는 어떤 일을 담당합니까?

모유수유만 빼고 뭐든 함께해야 합니다. 가령 아기가 밤에 배도 고프지 않은데 보챈다면 아빠가 아기 달래는 일을 담당해보세요. 이는 장기적으로 긍정적인 영향력을 발휘합니다.

그런데 요즘 젊은 아빠들에게는 이 새로운 역할의 본보기로 삼을 만한 사람이 없습니다. 그전 세대 아버지들이 자녀 양육에 크게 관여하지 않았기 때문이지요. 여성들은 남편이 마음 놓고 일할 수 있도록 열심히 내조했고요.

맞는 말씀입니다만, 어쨌든 최근에는 달라지고 있습니다.

육아 초기에는 엄마들이 남편을 못 미더워하는 경우도 흔합니다.

아빠들은 엄마와 다르게 할 뿐입니다. 엄마들의 눈에는 미숙해 보이겠지만, 그것도 하나의 과정이거든요. 아빠들도 일단은 아기를 어떻게 다루어야 하는지 배워야 해요.

아이가 돌이 되면 아빠와 아이 단둘이 일주일을 보내게 하는 건 어떨까요? 그동안 엄마는 짧은 여행을 다녀오고요.

멋진 생각입니다. 아빠들도 이때쯤이면 엄마를 집 밖으로 내보낼 줄 알아야 해요. 물론 엄마의 본능은 그런 휴식을 허락하지 않겠지만,

모두를 위해서라도 그렇게 하는 게 좋습니다.

물론 엄마가 줄기차게 전화를 걸어 잔소리하는 일은 없어야겠지요?

그런 일은 금물입니다. 이 기회를 통해 엄마는 육아에 능숙한 배우자를, 아이는 자신감 넘치는 아빠를 얻게 됩니다.

예전에는 아이들을 야단쳐야 할 때 아빠가 나섰습니다. 엄마는 대체로 따뜻하게 품어주는 역할을 맡았고요.

아빠들이 엄격했던 이유는 집에 있는 시간이 거의 없었기 때문입니다. 평소에 집에서 온종일 어떤 난리법석이 벌어지는지 안다면 아이들에게 얌전히 굴라고 야단칠 일도 없을 겁니다. 그러나 다행히도 그런 시대는 지났지요.

남자아이들에게는 특히 아빠가 필요한 것 같습니다.

아들은 아버지를 역할모델로 삼습니다. 그러나 아들이 꼭 아버지처럼 된다는 법은 없어요. 아들들은 아버지의 부정적인 면으로부터도 많은 것을 배웁니다. 가령 술을 많이 마시는 아버지를 보고 자란 아들은 커서 술을 절대 입에 대지 않을 수도 있습니다. 말하자면 아이에게는 어떤 사람이 될 것인지 선택권이 있지요. 물론 그러려면 아버지에 관해 잘 알아야 합니다.

여자아이들에게는 아빠가 삶에서 접하는 첫 번째 남성입니다. 딸들은 자신의 여성성을 비추어주는 거울로서 아빠를 필요로 하지요. 어느 때가 되면 별안간 아빠에게 애교를 떨기 시작합니다.

이때는 아빠가 아이를 존중하는 태도로 대하는 일이 매우 중요합니다. 딸아이는 구애하는 법을 연습하는 중이니 이에 지나치게 응해서도 안 되고요. 동시에 딸아이에게 '보아하니 우리 공주님이 남자친구

사귈 때가 된 모양이네!'라고 농담을 건넬 수도 있는 시기지요.

아빠에게는 아이들을 독립시켜 내보내는 일이 덜 힘든가요?

제 생각에는 그렇습니다. 엄마만큼 아이와 밀착된 신체적 접촉을 경험하지는 않으니까요. 물론 아이와 무엇을 얼마나 함께했는지, 두 사람이 얼마나 더불어 성장할 수 있었는지에 따라 다르기는 합니다. 아빠가 그 과정에서 많은 것을 배웠다면 아이와의 애착도 그만큼 강할 겁니다.

에리히 프롬Erich Fromm은 '아빠란 아이를 가르치고 아이에게 세상으로 나가는 길을 보여주는 사람이다.'라고 말했습니다. 가족 내에서 아빠는 어떤 존재입니까?

제게 있어 가정의 기능은 자녀들의 독립심을 길러주고, 내 아이가 어떤 존재인지 지켜봐주며, 아이가 삶에 애정을 품을 수 있도록 돕는 것입니다. 나아가 아이가 세상을 배울 수 있도록 격려해주며, 사회인으로 발돋움해가는 시기에도 아낌없는 지원을 해주어야 하지요.

선생님께서는 아빠들을 위한 강좌도 다수 제공하시는데, 수강생들의 가장 큰 관심사는 무엇입니까?

많은 아빠들이 근무시간을 줄이고 가족과 더 많은 시간을 보내고 싶어 합니다. 다른 한편으로는 가족 부양의 책임도 지는데, 이것만도 굉장히 힘든 일이랍니다. 집에서 조용히 쉴 시간이 좀 더 많았으면 하는 아빠들도 많아요. 심지어는 시끌벅적한 집에서 벗어나기 위해 더욱더 일에 파묻히는 아빠들도 있습니다.

여성에 비해 남성들은 인생을 다 안다는 듯 행동하는 경향이 강한데, 이런 태도는 자녀를 양육하는 데 도움이 안 되겠지요?

'사내아이는 울지 않는다'라는 관념도 최근 들어 바뀌고 있습니다. 남자에게도 감정을 표출하고자 하는 욕구는 있어요. 다만 그렇게 하는 법을 배운 남성은 극소수입니다. 어쨌든 아빠로서 가족의 곁에 있고 싶은 갈망이 커지면서 남성들도 서서히 가면을 벗게 되었습니다. 청소년들은 우리 세대와는 또 다릅니다. 그들은 우리가 젊었을 때보다 훨씬 더 자유롭고 열린 사고방식을 갖췄으며, 서로 깊은 대화도 더 많이 나눈답니다.

난 등산 가기 싫어요

아이들과 함께하는 주말

화창한 일요일에 부모가 등산을 가자고 하면 아이들이 흔쾌히 배낭을 메고 따라나서는 일은 아마 드물 겁니다. 대개는 안 가겠다고 떼를 쓰지요. 등산보다는 수영장에 가고 싶다고 우기거나 '싫어요!'를 외칩니다. 이때 부모는 어떻게 대응해야 하나요?

아이의 연령에 따라 대처방법도 다릅니다. 청소년 자녀라면 어디를 가자고 강요하는 것은 삼가는 게 좋습니다. 아이가 열두어 살 정도만 되었어도 일단은 안 가려는 이유가 뭔지 들어봐야 해요. 그렇다고 아이가 하고 싶다는 대로 부모가 반드시 따라야 하는 것은 아니고요.

실컷 이야기하라고 해놓고 결국에는 부모가 계획했던 대로 밀고 나간다면 아이 의견을 존중해주다 마는 셈이 아닌가요?

그래도 아이가 한 말을 기억할 수는 있으니까요. 결정을 바꿀 수도 있는 거고요. 뭘 하느냐는 어차피 중요하지 않습니다. 핵심은 결정권을 쥔 사람이 언제나 부모여야 한다는 것뿐이에요.

부모가 등산을 가고 싶으면 아이가 뭐라 해도 등산을 간다는 말씀인가요?

당연하지요! 아이들에게서 원망 받는 것쯤은 감수해야 합니다. 그런다고 아이의 사랑을 잃는 것은 아니에요. 애정 여부는 이것과는 별개의 문제입니다.

그러면 억지로 산에 가더라도 양심의 가책을 느낄 필요는 없겠네요.

전혀 그럴 필요 없습니다! 열두어 살쯤 된 자녀에게는 처음에 하기 싫던 것도 알고 보면 그리 나쁘지만은 않다는 것을 깨닫게 해주어야 합니다. 뾰루퉁하게 입이 나온 아이들을 뒷좌석에 억지로 태우고 어딜 간다고 해서 나쁜 부모가 되는 것도 아니고요. 진짜 나쁜 부모는 아이들 말을 다 들어주는 부모입니다. 뭐든 원하는 대로 할 수 있다는 것을 아이들이 배워버리면 자녀교육은 실패하기 마련이에요.

일단 등산을 한 뒤에 아이스크림을 먹으러 가자는 식으로 타협하는 건 어떨까요?

등산한 뒤에 아이스크림을 사주는 것 자체는 문제가 안 됩니다만, 이걸 협상의 수단으로 이용하는 것은 좋지 않습니다. 부모의 위신을 떨어뜨리게 되거든요. 일부러 아이의 비위를 맞춰주는 일도 불필요합니다. 그냥 정직하게 '나는 매번 어떤 일에 대한 대가를 제공할 생각은 없어.'라고 이야기하세요.

끝도 없이 아이와 타협한다는 건 결코 쉬운 일이 아니지요.

하지만 그게 가족입니다! 아이가 뭘 요구한다고 동요할 필요는 없습니다. 그런 것조차 즐길 수 있는 경지에 이르렀을 때 부모 역할이 즐거워지기 시작한답니다.

등산 이야기로 되돌아가볼게요. 만약에 아이가 '엄마 아빠는 등산을 가세요. 나는 하루 종일 혼자 있을게요.'라고 말하면 어떻게 할까요?

한 번쯤은 허락하는 것도 괜찮지만 다음번에는 함께 가자고 재차 요구해야 합니다. 정해진 규칙이란 없어요. 중요한 건 아이가 반항할지 모른다는 노파심에 부모의 결정이 흔들려서는 안 된다는 점입니다. 부모로서 아이의 바람에 반하는 결정을 내려야 할 경우는 헤아릴 수 없이 많습니다. 어른이 된다는 건 이처럼 더 큰 자유를 누릴 수 있다는 점에서도 추구할 만한 일이지요.

홀로 자녀를 양육하는 엄마들은 특히 이런 상황에서 어려움을 겪습니다. '말대꾸 그만하고 당장 차에 타거라!'라고 말해줄 아빠가 없기 때문이지요.

그처럼 아이로부터 건전한 거리를 두는 일은 흔히 아빠의 몫입니다. 모자 가정의 경우 이 점이 결핍된 건 맞습니다. 혼자 아이를 키우는 엄마들은 아이와 상당히 밀착된 관계를 유지하는 일이 많아요. 하지만 그런 엄마일수록 더더욱 권위를 잃어버려서는 안 됩니다. 엄마가 자신의 의견을 관철해 아이를 차에 태우고 나면, 놀랍게도 아이들은 홀가분한 모습을 보일 겁니다.

그러니까 엄마의 계획에 반발하면서도, 자신의 반항이 수포로 돌아가면 안도한다는 말씀인가요?

그렇습니다. 아이들은 등산하러 가자고 하면 싫다고 소란을 피웁니다. 그런데 엄마가 그 소란 때문에 등산을 포기하는 건 아이에게 그야말로 최악이거든요. 단, 아이들이 화낼 권리를 인정해주는 것은 매우 중요합니다.

하지만 아이들은 한도 끝도 없이 반항을 합니다.

부모들은 아이가 뭔가를 함께하지 않겠다고 하면 무조건 부정적으로 봅니다. 하지만 아이가 그런다는 건 한 번쯤은 협조하지 않을 여지가 있다는 뜻도 됩니다. 그걸 가지고 호들갑을 떨 건 없어요. 끊임없이 갈등을 경험함으로써만 아이는 삶을 살아가는 데 필요한 힘을 키울 수 있습니다.

인생이 거저 주어지는 게 아니라는 말씀인가요?

뭐든 자녀들이 하고 싶은 대로 하도록 허락하면 아이는 인생의 실패자가 될 뿐입니다. 삶이 우리를 속이는 일은 언제든 일어나지요. 그에 맞설 수 있으려면 좌절감을 극복하는 법을 배워야 합니다.

결정은 네가 하는 거야

가족의 틀 안에서 누리는 자유

가족의 틀 안에서 부모와 자녀는 얼마만큼의 자유를 누릴 수 있나요?

인간관계에서 무한한 자유를 누린다는 것은 물론 불가능합니다. 금세 다른 이들의 이해관계와 충돌하기 마련이거든요. 가족이라는 틀 안에서 나의 자유는 다른 가족 구성원의 자유가 시작되는 지점에서 끝난다고 보면 될 것 같습니다. 자유에는 경계가 있는 법이니까요.

사람들에게는 관계를 맺음으로써 서로를 얽어매는 경향이 있습니다.

한 가족의 구성원들은 흔히 개인적 욕구와 독자적인 소망보다 가족 전체의 이해를 상위에 둡니다. 그리고 이 '전체'가 완벽히 작동해야 한다고 생각해요. 적어도 외관상으로는 그렇게 보여야 한다고 말입니다.

가족의 참모습보다 겉모습을 중요시한다는 말씀인가요?

남의 눈에 멋진 가족으로 보이는 일, 아무 걱정거리도 없어 보이는 일을 특히 중요하게 여기는 사람도 많아요. 그러나 이런 이들에게는 '삶'

역시 결핍되어 있다는 점이 문제입니다. 걱정거리도 우리 삶의 일부니까요. 그런 걸 감추려고 하면 진짜 삶은 끝나는 거지요.

그런 관습에서 벗어나는 일이 첫걸음이 되겠네요. 평균적인 걱정거리를 가진 평균적인 가족을 이룰 자유를 찾는 것 말입니다.

그럼 좀 더 인간적인 가족의 모습을 갖추게 되겠지요. 나 자신과 가족에게 근심거리가 좀 있어도 개의치 않을 만큼 자유로워지는 겁니다!

예전에는 아이들이 전혀 자유를 누리지 못했습니다. 무조건 부모가 하는 말에 따라야 했으니까요.

다행히도 그런 시대는 지나갔습니다. 오늘날 우리는 아이들을 더 이상 부모의 소유물로 여기지 않아요. 그렇다고 자유도 저절로 주어지는 건 아닙니다. 아이들도 자신에게 부여된 자유만큼의 책임을 져야 하고, 그와 더불어 조금씩 성숙해지지요. 어른들의 삶에 함께하고 경험을 쌓아감으로써 말입니다. 더불어 우리 어른들에게도 과제가 생겼습니다. 아이들을 믿어주고, 스스로 잘 해낼 수 있다는 것을 증명하도록 기회를 주는 일이 그것입니다.

책임과 신뢰가 결핍된 자유는 없다는 말씀이군요.

바로 그겁니다.

우리는 항상 누구에게나 자유로운 사고를 할 권리가 있다고 부르짖지요. 그러면서도 뭔가 즐거운 것을 할 때면 아이들에게 '복 받은 줄 알아!'라고 합니다. 아이의 생일에 준비한 깜짝 선물이 아이 마음에 들지 않는다면 실망하기도 하고요. 참된 기쁨은 기뻐하지 않을 자유가 주어졌을 때 비로소 누릴 수 있는 것인데도 말입니다.

그렇게 일반화시키기에는 어려운 문제입니다. 사실 대다수의 아이들은 대개 자신이 기뻐하기를 누군가 기대하든 말든 신경 쓰지 않아요.

감정에 관한 한 지극히 독립적이기 때문입니다. 반면 분위기에 즉각 영향을 받는 경우도 있는데, 이런 아이들을 대할 때는 매우 조심해야 합니다.

부모들은 어떤 행동이나 성향만으로 아이를 판단하는 경우가 많습니다. 불안해서 그런 거예요!

자기 아들이 너무 게을러서 죽도 밥도 안 될 거라 여기는 부모가 있다고 칩시다. 그 고정관념이 수년간 이어지면 아이는 실제로 아무것도 못 해낼 게 뻔합니다. 고정관념이 아이를 조금씩 무력하게 만들다 결국에는 살아갈 힘을 앗아가기 때문이에요. 부모도 처음에는 그런 내색을 안 하겠지만, 생각은 언젠가 입 밖으로 나오게 되어 있습니다. 설령 말로 표현하지 않는다 해도 아이들은 다 느끼게 되니 조심해야 합니다.

다 아이가 잘되기를 바라는 마음에서 그러는 거지요!

그런 염원을 품을 경우 부모의 상상이 빚어낸 이상적인 자녀상이 투명인간처럼 아이 곁에 달라붙어 있게 됩니다. 부모는 현실의 내 아이가 그 이상형과 맞아떨어지도록 온갖 노력을 기울이고요. 이는 뻔뻔스럽기 짝이 없는 태도예요.

만약 부모가 의사고 아들도 의대생이라면 남들 앞에서 우쭐해하기 마련이지요.

아들이 자신의 행복을 위해 의대에 진학하기로 결정했다면 기뻐할 일이겠지요. 그러나 보편적으로 저는 아이가 성취한 것을 통해 부모의 삶이 풍요로워지는 일이 부당하다고 봅니다. 아이의 성공이 자기 덕분인 양 으스대는 것은 두말할 것도 없고요.

그러면 아이가 좋지 않은 행동을 보이더라도 한순간 스쳐 지나가는 것으로 여겨야 할까요? 가령 오늘은 맨밥만 먹으려고 하는 아이도 내일은 채소를 잘 먹게 될 것이다, 이런 사고방식을 가져야 하나요?

예, 맞습니다. 잠깐 나타나는 행동을 가지고 호들갑을 떨어서는 안 됩니다. 순간의 행동을 아이의 특성으로 단정 짓고 고치지 못할 거라고 여기는 건 더더욱 금물이고요. '저 애는 평생 맨밥만 먹고 살게 될 거야!'라는 식으로 말입니다. 부모 혼자서 어리석은 망상에 빠지는 것뿐이에요. 망상은 모두를 망칩니다.

요컨대 아이의 미래에 자유를 부여한다는 것은 부모의 영향력 범위 밖에 있는 것을 겸허히 수용하는 일이군요.

부모는 자기 인생을 스스로 개척해 나갈 권한을 아이에게 돌려주어야 합니다. 부모는 아이에게 무엇이 최선인지 알 수 없습니다. 그저 아이가 어떤 특성을 지녔는지, 아이에게 잠재된 것을 발현시키려면 무엇이 필요한지 파악하는 게 부모의 임무입니다.

거의 도 닦는 일처럼 어렵게 들리는데요.

제 의견으로는 사실 이런 태도가 지극히 정상입니다. 그런데 사람들이 이를 종교적 차원의 행위로 여기는 게 안타깝습니다. 우리의 공동체를 좀 더 인간적인 모습으로 만드는 일은 우리 모두의 당연한 의무예요.

결국 부모도 무력할 뿐이라는 걸 다들 모르는 바는 아닙니다. 아이가 공부를 안 하거나 밥을 안 먹는다고 부모가 뭘 어쩔 수 있는 것도 아니고요.

지극히 맞는 말씀이에요. 물론 강압적으로 아이의 의지를 꺾을 수는 있습니다. 그러나 저는 그 대신 부모가 자신의 한계를 받아들이고, 아이가 그렇게 되기까지 자신이 일조한 면도 있음을 인정하라고 말

쓸드리고 싶습니다. 공부나 식사를 다시 제대로 할지 말지 결정할 사람은 결국 아이 자신입니다.

그러면 아이에게 영향력을 발휘하기 위해 부모가 할 수 있는 일은 뭐가 있나요?

부모가 옳다고 여기는 게 무엇인지 항상 이야기해주는 것도 한 방법입니다. 스스로 모범을 보일 수 있다면 그야말로 이상적이고요. 아이들에게 가장 강한 인상을 주는 방법도 이것이랍니다.

열여섯 살 딸아이가 피어싱을 하겠다고 나설 때 제지하면 어차피 스무 살이 되어서라도 할 거라는 말씀인가요?

열여섯 살 정도 됐으면 더 이상 뭘 금지하지 않는 게 좋습니다. 저라면 금지하는 대신 '어째서 그런 걸 하겠다는 건지 나로선 도무지 이해가 안 간다. 하지만 결정은 네가 하는 거니까.'라고만 하겠습니다. 물론 아이가 일곱 살밖에 안 됐다면 당연히 못 하게 해야지요.

자녀들은 부모에게 맞서기를 좋아합니다. 고집을 어느 선까지 자아 찾기의 일환으로 봐야 하나요?

아이들은 내심 부모의 신념이 얼마나 확고한지 시험하고 싶어 합니다. 다른 한편으로는 당연히 자신의 입지를 찾고 싶어 하고요. 부모가 강요를 덜 할수록 청소년들이 가족의 관습을 거부할 이유도 줄어든다는 게 제 의견입니다.

자녀에게 너무 많은 결정을 맡기다 보면 부모가 주도권을 잃을 위험이 있지 않을까요?

아이들에게는 자유만큼이나 신뢰도 주어야 합니다. 그러나 아이들은 가족을 이끌어 나가는 부모 역시 필요로 한다는 사실을 반드시 명심하세요. 부모는 길잡이 역할을 하되 자신의 권력을 함부로 사용하지는 말아야 합니다.

청소년들은 만 16세나 17세만 되어도 자기가 하고 싶은 대로 합니다. 부모가 이를 통제할 여지가 있다고 보십니까?

저는 청소년기 자녀들에게 참고할 만한 조언이나 도움 정도만 줍니다. '그럴 때 나는 이러이러하게 했다, 내가 보기에는 이렇다, 내 생각은 저렇다.' 하는 식으로요. 그러나 결정은 아이가 하도록 내버려둬야 합니다. 물론 자신의 행동에 책임도 져야겠지요.

부부관계에서는 상대방을 위해 자기 자신을 포기하는 경우가 많습니다. 사랑의 이름으로 자신을 완전히 버리는 일을 예방하려면 어떻게 해야 할까요?

배우자를 만나기 이전의 자신은 어땠는지 되돌아보고, 과거에 내게 에너지의 원천이었던 것을 되찾는 겁니다. 가령 예전에는 자전거를 즐겨 탔는데 배우자를 만난 뒤에 그만두었다면, 처박아두었던 자전거를 다시 꺼내세요! 그렇게 하면 지켜보는 가족들도 홀가분해질 겁니다. 그들도 이로써 자유를 부여받거든요. 인간관계에서는 공동의 목표뿐 아니라 각자의 목표도 중요합니다.

한부모 가정의 양육자라면 그러기가 쉽지 않습니다. 자녀가 아직 어리다면 아무 때나 자전거를 타러 나갈 시간도 없을뿐더러, 이런 부모는 아이와 매우 밀착되어 있는 경우가 많거든요. 그러다 보면 자신의 목표는 쉽게 잊기 마련이고요!

바로 그런 이유 때문에 이런 가족에게는 이따금 자신만의 시간을 가지며 에너지를 재충전하는 일이 더 중요하답니다.

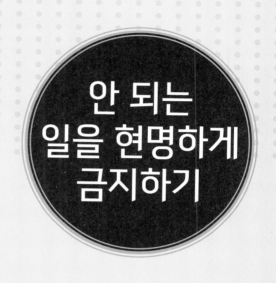

안 되는
일을 현명하게
금지하기

더 이상 말대꾸하지 말거라

어디에서 선을 그을 것인가

가족에게는 일정한 틀의 규범이 필요합니다. 그 틀을 어디에 맞추어야 할까요?

예를 들어 하루 일과에 맞출 수 있습니다. 가령 삼시세끼처럼 단순한 일도 틀을 정하는 데 길잡이가 됩니다. 다음으로는 물론 부모의 하루 일과에 맞추어야지요. 나머지는 부모가 정하는 개인적 필요에 맞추면 되고요.

아이들의 행동에 선을 그어야 한다는 말을 흔히들 합니다. 지나치다 싶을 정도로 선을 긋는 게 너무 적은 것보다는 나은가요?

저로서는 선이라는 표현이 다소 까다롭다고 생각합니다. 방향제시라고 표현하는 게 나을 것 같네요. 아이들에게는 '나는 네게서 무엇 무엇이 필요해.' '나는 네가 이러이러하게 했으면 해.' '지금은 괜찮아.' '지금은 안 돼.'라고 말해주는 부모가 반드시 필요합니다.

매 상황을 우리가 어떻게 받아들이는지 끊임없이 아이에게 이야기해주라는 말씀인가요?

　　그게 아이와의 관계에서 어떤 역할을 한다면 그래도 됩니다. 다만 자
녀를 키우는 것은 결국 부모의 평소 모습임을 명심하세요. 자녀교육
을 염두에 두지 않고 하는 평소 행동이 자녀에게 가장 많은 영향을
미친다는 뜻이지요.

가족 내에서 반드시 지켜야 할 점은 무엇이라고 생각하십니까? 타협의 여지없이 무조
건 지켜야 할 규칙이 있나요?

　　가족에 따라 다릅니다. 다만 모든 구성원의 존엄성을 지켜야 한다는
점은 어느 가족이든 같습니다.

놀아줄 마음이 안 내키는 날이면 아이들에게 '오늘은 놀아주지 않겠다.'라고 선언해도
될까요?

　　뜻하는 바를 표현하는 일은 언제나 가능합니다. 다만 1인칭 표현방식
을 쓰는 게 중요하지요. 가령 '오늘은 내가 하고 싶은 일을 할 생각이
야. 너와는 놀아주지 못하겠지만 원한다면 레고를 가지고 와서 내 옆
에서 놀아도 돼.'라는 식으로 말입니다.

그날그날의 기분이나 해야 할 일에 따라 선을 그으라는 말씀인가요? 그러면 어제는 아
이가 피아노 치는 것을 보고 즐거워했더라도 오늘은 피아노를 치지 말라고 부탁해도
되나요?

　　물론이지요. 그건 지극히 정상입니다. 신경에 거슬리는 게 무엇인지
는 어제 다르고 내일 또 다른 법이거든요.

처음부터 규칙을 정해놓으면 모든 게 좀 더 수월하지 않을까요? 예를 들어 주중에는
텔레비전 시청을 금지한다든지, 그러면 매번 아이들과 협상할 필요도 없잖아요.

　　명확히 선을 그어두면 편하기야 하겠지요. 명령 없이는 아무것도 못

하는 미숙하고 고분고분한 아이를 만들고 싶다면 말입니다. 그러나 공동체와 자기 자신을 책임질 줄 아는 독립적이고 자율적인 사람으로 키우고 싶다면, 반드시 그때그때 부모가 선을 그어주어야 합니다.

그런데 내가 현재 무엇을 원하는지, 내게 방해가 되는 것은 뭔지 파악하는 일도 쉽지만은 않습니다.

그건 배우자와의 관계, 직업생활, 기타 모든 것을 통해 훈련할 수 있습니다. '해드리고는 싶은데 어쩐지 확신이 안 드네요. 시간이 좀 필요할 것 같아요. 거절해도 될까요?'라고 말하는 것도 한 예입니다. 가족 앞에서라면 '지금까지는 내가 원하는 것을 말로 표현하는 방법을 배우지 못했는데, 어렵지만 이제부터라도 노력해볼게.'라고 솔직하게 말하는 걸로도 충분합니다! 부모가 스스로를 발전시키고자 노력하는 모습은 자녀들에게 긍정적인 인상을 줍니다.

아이들의 자유를 좀 더 제한하는 쪽으로 규범의 틀을 바꾸고자 할 때는 어떻게 접근하면 좋을까요?

그것도 가족들에게 솔직하게 알리면 됩니다. '이러이러한 점이 별로 좋지 않다고 생각한다. 지금까지는 그렇게 해왔지만 이제 바꾸고 싶구나. 어떻게 바꾸어야 할지는 아직 모르겠다. 시간도 좀 필요하고, 너희의 도움도 필요할 것 같아.'라고요.

아이에게 상처를 주지 않고 원하는 바를 설명하려면 어떻게 할까요?

내가 어떤 사람이며 내 세계는 어떤 것인지 보여줄 수 있도록 나만의 언어를 사용해야 합니다. 그러면 상대방이 다치지 않아요.

아이가 방종한 행동을 하면 야단을 쳐도 될까요?

안 될 것 있나요? 다만 야단치는 방법도 여러 가지입니다. 야단치는 과정에서 아이에게 모욕을 주는 일은 절대 금물입니다.

자녀를 너무 느슨하게 키우다가는 방임이 되지 않을지 걱정입니다.

느슨하게 키운다는 말이 가정에서 부모의 주도권을 포기한다는 뜻이라면 그래서는 안 되지요. 해도 되는 것과 안 되는 것을 최종적으로 결정하는 쪽은 부모여야 합니다.

먹고 자고 소화시키는 일처럼 아이 스스로 책임져야 하는 일은 예외겠지요?

먹는 문제는 개인적 특성이 매우 중요하다고 봅니다. 이건 방임과는 전혀 관계없는 문제예요. 물론 부모가 몇몇 규칙을 정해둘 수는 있습니다. 어떤 음식이든 거부하기 전에 일단 맛을 볼 것, 식사 전에는 군것질을 하지 말 것, 이런 식으로 말입니다.

나만의 언어로 자녀의 행동에 선을 긋는 예를 몇 가지 더 들어주시겠습니까?

'네 방을 스스로 청소했으면 좋겠구나!' '내 생각에는 네가 일찍 잠자리에 드는 게 좋을 것 같아!' '일하고 와서 피곤하구나. 지금은 같이 놀아주지 못하겠어.'

아이들 입장에서도 지켜야 할 나름의 선은 있을 겁니다. 이것도 부모가 긋는 선만큼 중요한가요?

그렇고말고요!

그래도 양측의 선이 마주치는 지점에서는 부모가 결정권을 쥐고 있어야 하나요?

예, 반드시 그래야 합니다. 아이는 당장 내키는 것만 생각할 뿐 자신에게 진짜 필요한 게 무엇인지 판단할 수 없으니까요.

컴퓨터 안 끄면 텔레비전은 못 볼 줄 알아

일관된 훈육이 과연 필요할까

훈육할 때 부모는 어느 정도 일관성을 유지해야 하나요?

저는 일관된 훈육이라는 말을 별로 좋아하지 않습니다. 이것이 대개 아이를 벌주는 일과 연관되기 때문이지요. 어쨌든 저는 부모의 행동이 예측 가능해야 한다고 생각합니다.

그게 무슨 뜻인가요?

부모가 스스로를 최대한 정확히 파악하도록 노력하며, 자신을 있는 그대로 보여주어야 한다는 뜻입니다. 예민해졌을 때는 자신이 예민한 상태임을 직시하고 이를 말로 표현할 줄 알아야 하지요. 훈육에서 일관성을 유지한다는 말은 경고에 징벌이 뒤따른다는 의미입니다. 한 번 안 된다고 한 건 무슨 일이 있어도 안 된다는 사고방식 역시 이에 포함되고요. 그러나 저는 아이가 근거 있는 주장을 한다면 부모가 납득할 줄도 알아야 한다고 생각합니다.

일관된 훈육은 별로 중요하지 않다는 말씀인가요?

훈육에 징벌의 의미가 들어 있을 경우라면 그렇습니다. 제 생각에는 자녀가 부모에게 다가갈 수 있는지가 훨씬 더 중요합니다. 또 아이들은 부모의 행동을 어느 정도 예측할 수 있어야 해요. 저는 벌주는 일과 관련된 일관적 훈육을 명백한 권력 남용으로 간주합니다.

그러면 아이에게 '오늘 내가 스트레스를 많이 받았으니 내게서 좀 떨어져 있으렴. 어째서 스트레스를 받았는지는 나도 아직 잘 몰라.'라고 말하는 것이 좋은가요?

예를 들면 그렇습니다. '너희들과는 상관없는 일이니 걱정 마.'라고 덧붙이면 좀 더 낫겠지요.

일관된 훈육에는 가족 내에 정해진 규칙이 있다는 전제가 따릅니다. 선생님은 이것이 얼마나 중요하다고 보십니까?

제게는 규칙보다 신뢰, 성실성, 공감능력, 서로를 돕는 일 같은 가치관이 더 중요합니다. 서로의 존재를 인정하려는 노력도 마찬가지고요. 가족에게 일정한 틀을 부여하는 규칙은 있어야겠지만, 저라면 그 범위를 최소한으로 줄이겠습니다.

선생님께서 중요하다고 생각하는 규칙을 말씀해주십시오.

최소한 하루 한 번 다 함께 식사하기, 자녀들이 집에 있어야 하는 시간 정해두기, 각자의 방은 어느 정도 정돈된 상태로 유지하기 등이 있습니다. 컴퓨터나 기타 미디어 기기 사용 시간도 정해두면 좋을 듯합니다. 나머지는 각자의 자유에 맡겨두고 그에 따른 책임감을 기를 수 있게 하세요.

그런 규칙들이 지켜지지 않을 경우, 예컨대 아이의 방이 엉망진창일 때는 '청소하기 전에는 컴퓨터 못 쓸 줄 알아.'라고 일러주면 어떨까요? 일관된 훈육 원칙을 좀 더 온건하게 적용하는 거지요.

그처럼 조건을 붙이는 전략은 최후의 경우가 아니면 쓰지 않는 게 좋습니다. 그것 말고도 방법은 많아요! 그냥 조용히 '잔소리하려는 건 아니다만, 네가 그렇게 오랫동안 컴퓨터 앞에만 붙어 있는 것은 도저히 용납할 수 없구나!'라고 말할 수도 있고요. 자녀를 명령에 복종하는 부하 취급은 하지 맙시다!

그러면 어떤 행동을 다른 행동과 엮어 말해서도 안 되겠네요. 가령 컴퓨터를 끄는 동시에 '이제 네 방 청소를 했으면 좋겠구나!'라고 말하는 건 어떻습니까?

저는 어떤 일이든 강요하지 않고 해결하는 게 좋다고 봅니다. 부모도 10대 자녀가 오로지 컴퓨터를 사용할 목적으로 청소를 하는 것은 원치 않을 겁니다. 아이 스스로 주위가 지저분하다는 것을 스스로 깨닫고 청소하면 더 좋겠지요. 이렇게 들인 습관은 사춘기가 끝나도 유지될 수 있답니다.

어린 자녀가 놀이터에서 다른 아이들을 괴롭히면 부모들은 흔히 '자꾸 그렇게 심술부리면 그냥 집에 갈 거야.'라고 경고합니다.

그보다는 '네가 친구들을 그렇게 대하니 화가 나는구나. 나는 이제 집에 가야겠다. 너도 같이 가자.'라고 하는 편이 낫습니다.

하지만 그것도 권력 남용 같은데요. 어차피 아이를 놀이터에 혼자 둘 수는 없잖아요.

예, 제 얘기도 바로 그거예요.

아이들에게는 부모가 일관되게 훈육하는 편이 낫지 않을까요? 주중에 텔레비전을 보면 안 된다는 규칙이 있다면 물어봐도 소용없다는 것을 아이도 알고 있을 테니까요. 부모가 한번 금지하면 그런 줄 알면 되고요.

일리는 있습니다만, 주중에 아이들이 꼭 텔레비전을 봐야 할 일이 생길 수도 있지요. 월드컵 경기가 생중계라든지, 그런 경우 말입니다. 이때 중요한 건 결과가 아니라 그 집에 토론문화가 존재하느냐는 겁니다. 저는 부모들도 한 번쯤 아이의 설득에 넘어갈 줄 알아야 한다고 봅니다.

그러면 번번이 새로 협상해야겠군요.

맞습니다. 바로 여기서 생동감 있는 가족의 삶이 탄생합니다.

체벌이 예외적으로 허용되는 경우도 있나요?

없습니다. 어떤 경우든 체벌은 어리석은 행위입니다. 체벌을 받은 아이는 그로부터 뭘 배워서가 아니라 단순히 또 벌을 받을지 모른다는 두려움 때문에 순종하게 되거든요. 부모로서 우리가 할 일은, 내 인생에 책임을 지는 사람은 나 자신뿐이라는 점을 자녀에게 명확히 가르쳐주는 일입니다. 정 나쁜 상황이 생겼을 때는 '내가 어떻게 하면 좋겠니? 너에게 벌을 주고 싶지는 않아. 하지만 약속한 것은 반드시 지켜줬으면 한다!'라고 일러주세요.

아이 때문에 화가 났을 때 아이를 방으로 들여보내는 것은 어떤가요?

아이를 방으로 쫓아낸다니, 있을 수 없는 일이에요. 아이가 보기 싫으면 본인이 자리를 피해야지요.

한동안 반성 의자 벌칙이 유행이었지요. 예컨대 형제들끼리 싸웠을 때 각자 떨어져 앉아서 얼마 동안 조용히 그림을 그리도록 하는 것 말입니다.

반성 의자 벌칙은 방으로 쫓아내는 것과 다를 바 없습니다. 문만 없을 뿐이지요. 이런 벌을 줌으로써 부모는 아이에게 책임을 전가하고, 벌어진 상황을 아이의 잘못으로 돌립니다. 그러나 실상은 엄마 또는 아빠로서 가족의 화목을 일구지 못한 내 책임입니다.

그렇지만 아이들도 다툼에 대한 책임은 져야 하지 않을까요?

집안 분위기에 전적으로 책임을 지는 쪽은 부모예요. 자녀들 간에 정상적인 범위를 벗어날 만큼 심하게, 그리고 자주 다툰다면 부모는 그 원인이 무엇인지 심각하게 고민해봐야 합니다. 자녀의 행동거지가 자신의 평소 행동과 관계 있는 것은 아닌지 말입니다.

지금까지 아이를 자기 방에 들여보내는 식으로 벌을 주었는데 이제 바꾸어야겠다고 마음먹었다면, 아이에게도 미리 고지를 해야 하나요?

어른들에게는 자신의 실패를 인정한다는 게 굉장히 힘든 일입니다. 그러나 이는 실패를 극복하는 가장 빠른 방법이기도 하답니다. 아이에게도 이렇게 말하는 게 좋습니다. '지금까지 내가 써온 방식은 소용이 없더구나. 그게 가장 좋은 방법이라고 생각했는데 아니었나 봐. 이제 방에 들어가서 반성하게 하는 일은 없을 거야. 다른 해결책을 찾아봐야겠는데 너도 도와주겠니?'

아이가 약속한 시간에만 컴퓨터를 사용한다든가 하는 문제는 강제적인 수단을 쓰지 않고는 지켜지기가 쉽지 않을 텐데요.

'이제 컴퓨터를 껐으면 좋겠다!' 이 한마디면 사실 충분합니다. 약속한 시간이 5분쯤 초과된다고 해서 큰 문제가 생기는 것도 아니고요.

부모가 계속 시간만 재고 있는 건 아니다 보니 많이 초과되는 경우도 생기기 쉽지요.

필요할 경우 전원을 꺼버리면 됩니다. 아이들에게는 미디어 기기 사용에 관한 규범이 필요해요. 이건 아이들이 애초부터 스스로 조절할 수 없는 문제거든요.

전원을 꺼버리는 일도 일관된 훈육의 일종 아닌가요?

맞습니다. 부모가 자신의 한계에 도달했음을 표시하는 훈육이지요.

그럴 때는 이렇게 말해주는 것이 좋습니다. '이제 내 말을 알아들었기를 바란다. 이건 네가 약속을 지키도록 만들기 위한 마지막 수단이야.'

안 돼

안 되는 일을 현명하게 금지하기

부모 입장에서는 '안 돼!'라는 단 두 글자를 입 밖에 내는 일이 무척이나 어려울 때가
있습니다.

부모들이 물렁해진 거라고 봐야지요. 오늘날 부모들은 자녀에게 원망
을 사는 걸 꺼려해요. 고작해야 한둘인 자녀 키우는 일이 부모에게는
일종의 프로젝트 수행과도 같거든요. 그래서 아이가 안녕하지 못하
면 부모도 덩달아 불안해합니다.

자기 아이가 행복하기를 바라는 게 부모 마음이니까요.

아이를 행복하게 만드는 일은 양육의 목표가 될 수 없습니다. 자녀의
행복은 우리 손에 달린 문제가 아니에요. 그런데도 이 목표를 좇다
보면 부모는 성숙하게 행동할 수 없습니다. 게다가 이는 아이들을 무
척이나 성가시게 만듭니다.

그런가요? 부모가 뭐든 해주면 아이들이 기뻐하는 것 아니었나요? 가령 식사 전에 아

이스크림 먹는 것을 허락해준다거나, 열 살짜리 아이에게 휴대폰을 선물해주면 말입니다.

좋아하기야 하겠지요. 그러나 아이에게는 그런 것보다 자신의 존재를 인정받는 일이 훨씬 더 필요합니다. 아이스크림 따위는 그렇게 중요하지 않아요.

아이가 원하는 것을 다 들어준다면 어떻게 되나요?

'안 돼!'라는 말을 할 줄 모르는 부모는 아이에게서 근본적인 인생 경험을 박탈하는 거나 다름없습니다. 원한다고 다 되는 건 아니라는 깨달음, 소원을 이루려면 기다릴 줄도 알아야 한다는 깨달음이 그것입니다. 인생이 어떤 것인지 경험할 기회를 잃는 겁니다. 제가 강좌에서 늘 하는 이야기가 있습니다. 부모에게서 뭔가를 거절당한 경험이 있는 열세 살 소녀는 자기보다 네 살 많은 남자아이에게도 거절 의사를 분명히 할 줄 알게 된다는 게 그겁니다.

안 된다는 말이 아이에게 유익하다는 말씀인가요?

예. 솔직하고 확고한 태도로 거절한다는 전제하에 그렇습니다. 거절에는 당연히 아이의 반항이 뒤따르기 마련인데, 여기에 무너져서도 안 됩니다. 아이는 울거나 난폭해지거나 혼자 틀어박히기도 합니다. 좌절감을 다스리고 스스로를 조절하는 법도 배워야 해요. 그러기 위해서라도 부모라는 벽에 부딪히는 경험은 필수적입니다.

아이들이 무척 강경하게 나올 때도 있는데, 그럴 때는 거절하기가 어렵습니다.

부모에게 더 이상 아이들과의 갈등에 맞설 힘과 시간이 없을 경우에는 분명 문제가 됩니다. 오늘날 부모들은 생존투쟁에 필요한 힘을 직장에서 다 써버리는 경우가 많거든요. 그러다 보면 퇴근 후에 아이들에게 휘둘리기 쉽습니다.

우리 부모 세대는 자녀의 요구를 단칼에 거절할 줄 알았지요. 그때와 지금은 뭐가 다른 걸까요?

첫째는 경제적 상황입니다. 옛날에는 냉장고에 늘 아이스크림이 들어 있는 것을 상상도 할 수 없었습니다. 제가 어렸을 때는 삼시세끼 배를 채우는 것조차 사치인 아이들이 흔했어요. 둘째로, 당시에는 아이들이 항상 반듯하고 고분고분해야 한다는 사회적 합의도 존재했습니다. 말하자면 '안 돼!'에는 어떤 조건도 타협의 여지도 없었습니다. 오늘날의 부모들은 더 이상 이런 양육 문화를 원치 않습니다. 아이에게 무엇을 어떤 형태로 허용할 것인지도 각자가 결정하게 되었지요. 좋은 현상이기는 하지만, 이로써 삶이 다소 복잡해진 것은 사실입니다.

특이한 것은 어릴 적에 엄격하게 양육된 부모들이 유독 '안 돼!'라고 말하는 것을 어려워한다는 점입니다.

당연한 일이지요. 타인이 그어놓은 선에 따라 행동하며 자란 아이는 성인이 되어서도 자신이 진짜 원하는 게 무엇인지 알지 못합니다. 이런 사람은 먼저 자기 자신을 찾아야 해요.

부모가 안 된다는 말을 하면서 양심의 가책에 시달리는 것도 문제입니다.

그럴 필요 없습니다. 안 된다는 말은 아이를 강하게 만들 뿐 아니라 애정 어린 말들 중에서도 최고의 말이니 떳떳하게 하십시오. 다만 부모로서 내 행동을 성찰해볼 필요는 있습니다. 거절한 뒤에는 그게 과연 잘한 결정인지 고민해보는 겁니다. 아이에게 기분이 어땠는지 물어봐도 괜찮고요. 그게 멋진 부모랍니다!

그러면 오늘 안 된다고 한 것을 재고해서 내일은 허락할 수도 있나요? 그럼 아이들이 너무 혼란스러워하지 않을까요?

안 그렇습니다. 부모는 신성한 결정만 내리는 성자가 아니라는 것을 솔직히 보여주는 것뿐이지요. 인간은 똑같은 자극에 항상 똑같이 반응하도록 만들어진 로봇이 아니잖아요. 배우고 고쳐 나가는 존재이지요. 때로는 상황이 바뀔 때도 있고요.

안 된다고 할 때는 이유를 설명해야 합니까?

전혀 필요 없습니다. 간단히 '나는 그러는 걸 원치 않아.'라든지 '안타깝지만 그렇게는 안 되겠다.'라고 하면 그만이에요. 부모가 느끼고 말하는 모든 게 물샐 틈 없이 완벽할 필요는 없습니다. 엄마 아빠에게 엉뚱하거나 독특한 면이 있으면 안 된다는 법도 없고요.

안 된다는 말은 언제부터 할 수 있습니까? 가령 젖먹이 아기의 바람을 거절해도 괜찮은가요?

내 아기를 느끼고 이해하는 법을 터득했다는 전제하에 그래도 됩니다. 바람직하게 주도권을 잡을 줄 아는 부모는 아기가 앙 소리만 내도 하던 일 던져버리고 달려가는 일이 없습니다.

예를 하나 들어주시겠어요?

목욕을 시키는데 아기가 버둥거리기 시작했다고 가정해보지요. 엄마는 아기가 물에서 나오고 싶어 한다는 것을 눈치 챕니다. 그럴 때는 아기의 얼굴을 들여다보며 '이제 목욕이 싫증난 모양이구나. 이제 다 됐어. 얼른 발만 씻자.'라고 말해주세요.

아이가 원하는 것을 아빠는 허락하고 엄마는 거절한다면 어떨까요?

괜찮습니다. 아이들도 부모를 잘 알거든요. 그럴 경우 아이들은 같은 행동에 서로 다르게 대처하는 두 가지 역할모델을 체험하는 셈이니 좋은 일이지요. 절대적인 옳고 그름이란 존재하지 않습니다. 누구는 이렇게 하고 누구는 저렇게 하는 것뿐이에요. 부모도 이걸 알아야 합니다.

거절하는 법을 연습할 수도 있나요?

얼마든지 할 수 있습니다. 일상에서 실천하면 됩니다. 배우자와 역할 분담을 해서 연습할 수도 있고요. 내가 '안 돼!'라고 할 때 어조가 어떤지 상대방의 의견을 묻는 거지요. 단호하고 명확하게 와 닿는지, 아니면 여전히 지나치게 우유부단해 보이는지 말입니다.

안 된다고 말할 때는 어떤 태도를 취해야 합니까?

부모들은 기본적으로 한 가지 실수를 저지릅니다. 안 된다고 말한 뒤에 눈을 크게 뜨고 아이를 응시하며 아이가 동의하기를 기다리는 일이 그겁니다. 안 된다고 하면서 그래도 괜찮은가 아이에게 묻고 있는 셈인데, 이는 좋지 않습니다. 그러면 아이들은 즉각 협상을 시작하거든요. '안 돼!'는 순전히 아이를 향한 통보여야 합니다. 단, 상냥한 어조로 눈을 바라보면서 해야 하지요. 그 뒤에는 다시 내 일을 하는 겁니다. 이때 거절에 대한 아이의 반응은 눈여겨봐야 합니다.

아이들도 부모에게 싫다는 말을 해도 됩니까?

그럼요.

그럴 때 부모는 어떻게 대처해야 할까요?

감정적으로 받아들이는 일은 절대 금물입니다! 최근 지인의 가족이 동물원에 가려는데 열두 살짜리 아들이 안 가겠다고 고집을 피운 일이 있습니다. 결국에는 따라와야 했지만요. 나중에 아이가 '가끔은 나도 싫은 것을 싫다고 말하고 싶다고요.'라고 말하더랍니다. 이런 게 바로 성공적인 부모와 자녀의 관계입니다.

마지막 질문입니다. 거절해야 할지 허락해야 할지 확신이 안 설 때는 어떻게 할까요?

그때는 '생각을 좀 해봐야겠다. 나중에 대답해줄게.'가 적당한 대답입니다. 이는 그 밖의 일반적인 스트레스 상황에서 여유를 되찾는 좋은 방법이기도 합니다.

우리 집에서는 내가 대장이야

현명하게 리드하기

가족을 잘 이끈다는 것은 어떤 것입니까?

　가족을 잘 이끌려면 무엇보다도 부모가 자기 자신을 리드할 수 있어
야 합니다. 자신과의 관계를 설정하고 있어야 한다는 뜻이지요. 스스
로를 리드할 줄 아는 사람만이 타인을 리드할 수도 있습니다.

스스로를 리드한다는 게 무슨 뜻인가요?

　내가 느끼고 생각하고 행동하는 모든 것에 책임지는 일을 말합니다.
내 행동이 좋은 결과를 이끌어내지 못할 때 스스로를 변화시킬 마음
가짐도 되어 있어야 하고요. 좋은 인간관계를 만들려면 강압이 아니
라 '이끌어줌'을 원칙으로 삼아야 합니다. 동시에 다른 사람들이 무엇
을 어떻게 하든 그들을 존중해야지요.

아이들을 이끌어주어야 할 때와 알아서 하도록 놔두어야 할 때는 언제입니까?

　아이들은 자신에게 정말 필요한 게 무엇인지 모릅니다. 당장 무엇을

하고 싶은지만 알 뿐이지요. 이때는 부모가 나서서 조절해주고 스스로를 통제하는 법을 가르쳐줘야 합니다.

부모가 무언가를 결정할 때 아이의 의견을 반드시 수렴해야 하나요?

아이들 생각이 어떤지 들어보는 일은 중요합니다.

그렇지만 원하는 대로 들어줄 필요는 없다는 말씀이군요.

그렇습니다. 다만 결정을 내리기에 앞서 아이의 생각을 들어봐야 합니다. 아이들이 좋아할 만한 결정을 내려서 비위를 맞춰주는 일은 중요하지 않아요. 가족을 이끄는 사람은 끊임없이 가족 구성원의 원망을 사는 일도 감수해야 합니다. 이는 아이들의 애정을 잃는 것과는 다릅니다. 오히려 그 반대지요.

시간을 두고 결정을 내리는 건 어떤가요?

시간을 두는 일은 꼭 필요합니다. 부모들은 아이의 말에 항상 옳은 대답을 준비해두고 있어야 한다고 여기는데, 그래야 할 이유는 없습니다. 어차피 불가능한 일이기도 하고요. '어딘지 찜찜한 기분이 드는데 어떤 점에서 그런 건지 잘 모르겠다. 생각할 시간이 좀 필요해.'라고 하면 그만입니다.

가족을 리드한다는 건 가족에게 어떤 틀을 제시하고 그에 따르도록 하는 일인가요?

틀을 제시하고 그것을 지키도록 통제하는 일은 명령과 복종 체계나 다름없습니다. 구시대적인 발상이지요. 부모는 좋은 일에서든 나쁜 일에서든 아이의 본보기가 되며, 아이들은 두 가지 모두로부터 뭔가를 배웁니다. 가족을 잘 이끄는 부모는 가족 내에 긍정적인 가치관을 형성하고 아이들이 굳건히 삶을 살아 나갈 수 있도록 키웁니다.

가족을 리드할 때는 어떤 가치관을 근본으로 삼아야 하나요?

평등, 정직, 진솔함, 책임감 등이 필요하지요. 이 모든 것이 어우러지면 부모와 아이 모두의 자아가치감을 드높여줍니다. 건전한 다툼 문화까지 이에 더해지면 그 가족은 걱정할 것이 없다고 보면 됩니다.

어른의 리드가 아이에게 반드시 필요한 이유는 무엇인가요?

아이는 작은 어른이 아니기 때문입니다. 어른이 길잡이 역할을 해주되 아이 자신은 비이성적인 사고와 행동을 하도록 허용해주십시오. 아이니까요.

오늘날에는 주도적인 역할을 제대로 하지 못하거나 아이에게 휘둘리는 부모가 점점 많아지고 있습니다. 그 원인이 어디에 있다고 보십니까?

그런 부모들은 아이의 바람대로 해주면 가정이 화목해질 거라고 생각합니다. 그러나 결과는 정반대지요. 무엇보다도 아이들은 물렁한 관계보다는 확고한 대립구도를 추구합니다. 오늘날의 부모 세대는 스스로 경험해보지 못한 가족 형태 내에서 주도적인 역할을 해야 한다는 어려움을 안고 있습니다. 가족을 이끈다는 말은 예전에는 무슨 일이 있어도 부모가 원하는 방향으로 밀고 나가는 것을 의미했습니다. 반면 오늘날 우리는 주도권을 잡되 타인, 다시 말해 약자들이 그저 내 명령에 복종하도록 만드는 것은 원치 않지요.

부모의 리드가 결핍되었을 때 아이들은 어떻게 되나요?

이런 아이들은 진공상태에 빠지는 거나 다름없습니다. 스스로를 이끌어보려 애쓰지만 권력에 관심이 없는 아이들에게 이 시도는 항상 실패로 돌아가지요. 아이는 결국 깊은 고독감에 빠지고, 얼마 안 가 부모에게도 아이들과의 삶이 지옥이 됩니다. 어떻게든 부모의 존재를 느껴보기 위해 아이가 온갖 수단을 동원하기 때문입니다. 주의를 끌기 위해 소란을 피우는 등의 행동이 점점 더 심해지지요.

아이의 어떤 욕구에 부응하고 어떤 욕구를 무시해야 할지 어떻게 판단하지요?

생존에 필요한 욕구는 당연히 채워져야 합니다. 가령 매일 오후에 아이스크림을 먹는 일은 생존과는 상관없지요. 아이가 친구 집에서 하룻밤 묵고 오는 일이 얼마나 중요한가는 상황에 따라 다르므로 부모가 이를 판단하는 감각을 길러야 합니다.

리드하고자 하는 사람에게는 권위가 있어야 하는데, 누구나 권위를 갖춘 건 아닙니다.

권위는 자기 자신의 모습에 충실할 때 저절로 탄생합니다. 사람은 누구나 특별합니다. 우리는 스스로를 잘 이해할수록 자기 자신에게 충실하게 되며, 나아가 주위 사람들에게도 굳건한 버팀목으로 인정받을 수 있습니다.

훈련을 통해 그렇게 될 수도 있나요?

좋아하는 인물, 자신을 강하게 만들어주는 인물, 또는 누군가의 생애를 본보기로 삼는 것도 한 방법입니다. 또한 자신의 욕구를 중히 여기며 자기 본모습에 충실하도록 조금씩 노력해 나가야 합니다.

나와 직접적으로 관계없는 일에 끼어들어 내 의견을 말하는 것은 어떤가요? 예컨대 아들이 포켓몬스터 카드를 사는 데 용돈을 몽땅 써버리려고 할 경우에 말입니다.

'나라면 그렇게 돈을 써버리지는 않겠다만, 네가 알아서 결정해라.'라고 하면 됩니다.

그리고 고작 몇 주 뒤에 그 카드에 싫증을 내면요?

아무 말도 안 하는 게 좋습니다. 어떻게 보면 가치 있는 일에 투자한 셈도 되거든요. 뭔가를 갖고 싶은 마음과 실제로 소유하는 것 사이에는 커다란 차이가 존재한다는 교훈을 얻었을 테니까요. 다만 다른 것을 또 산다고 내달 용돈을 미리 달라고 할 때는 거절해야 합니다.

현명하게 가족을 리드하는 일에는 자녀에게 진지한 관심을 가지는 일도 포함되겠지요.

내 아이가 어떤 사람인지 날마다 되새기는 일은 부모가 되기 위한 기본 전제조건입니다. 이때 사람들의 한계, 관심사, 욕구는 제각기 천차만별이라는 사실을 새기고 있어야 해요!

가족을 리드할 때 부모는 무엇을 목표로 삼아야 합니까?

아이들이 개인적·사회적 잠재력을 마음껏 펼치도록 돕는 일, 삶에서 마주치는 어떤 역경도 이겨낼 수 있는 독립적이고 건전한 인간으로 성장하도록 돕는 일이 그것입니다. 구성원 모두가 좋아하고 편안함을 느끼는 가족을 꾸려 나가는 것도 중요한 목표고요.

아이들에게 모든 결정의 근거를 세세히 설명해주어야 할까요?

전혀 그럴 필요 없습니다. 아이들도 결국 부모의 결정을 받아들일 수 있어야 합니다. 부모들은 종종 아이들이 자신의 결정에 찬성하도록 만들려고 끝도 없이 논쟁을 벌입니다. 그러나 부모에게는 아이의 동의 없이도 결단을 내리는 용기가 필요합니다. 더불어 아이가 실망해도 아랑곳하지 않을 수 있어야 하지요.

다 네 행복을 위해서야

내 아이를 진정 행복하게 만드는 방법은

부모라면 내 아이가 행복한 어린 시절을 보냈으면 하는 게 당연합니다. 그렇게 만들어 주려면 무엇을 해야 할까요?

부모 자신이 행복해지는 게 최고의 방법입니다. 아이들은 본보기를 통해 가장 많은 것을 배우지요. 또한 행복은 삶의 결과로 탄생하는 것이랍니다.

자녀의 행복에 부모가 어느 정도 책임을 지나요?

자녀의 나이에 따라 다릅니다. 다만 우리는 다른 아이를 행복하게 만드는 것이 무엇인지 알 수 없습니다. 그런 식으로 타인의 인생에 참견해서는 안 된다는 사실을 명심하세요. 자녀가 아직 아기일 때는 물론 예외입니다. 아이가 편안하도록 부모가 모든 것을 해주어야 하니까요. 그러나 아기를 돌보고, 젖을 먹이고, 기저귀를 갈아주고 안아주는 일이 최종적으로 아이의 만족을 보장해주는지는 알 수 없습니다.

그건 우리 능력 밖의 일이거든요.

그보다 나이가 많은 자녀들의 경우는 어떤가요?

아이 스스로 행복을 찾는 방법을 조금씩 가르쳐줘야 합니다.

아이들은 행복한 상태로 세상에 태어나나요?

갓 태어난 아기는 행복과 불행의 의미를 아직 모릅니다. 이후 아기의 욕구가 채워진다면 그것이 행복의 근간이 되겠지요.

유년기의 행복을 결정짓는 요건은 무엇입니까?

먼저 구성원들 간의 관계가 제대로 기능하는 가족이 필요합니다. 지금 내 모습 그대로 그 가족에 소속될 수 있다는 믿음이 둘째고요. 그러나 그 전에, 가족이 나를 있는 그대로의 모습으로 보아준다는 믿음이 필요합니다.

아이들이 행복해지는 데 필요한 것이 그것뿐인가요?

이 정도면 충분하고도 남습니다. 행복해지기 위해 가장 먼저 할 일은, 내가 어떤 존재이며 어떤 기대와 소망을 품고 있는지 배워 나가는 일입니다. 그 뒤에는 아이에게 뭔가를 기대함으로써 부담을 주기보다는 아이의 지금 모습을 인정하고 스스로 잘 발전해 나가리라는 믿음을 주는 게 중요합니다.

아이가 내 예상과는 다른 방향으로 성장할 가능성도 미리 고려해야겠군요.

그렇습니다. 고정된 선입견 없이 아이를 대해야지요.

아이의 행동을 비판해도 괜찮은가요? 아니면 비판이 아이의 행복을 망칠 수도 있습니까?

비판하는 것은 물론 괜찮습니다. 다만 죄는 미워하되 사람은 미워하지 말라는 말을 명심해야 합니다. 상대방의 행동을 비판하되 사람 자체는 절대 비판하면 안 됩니다. 아이의 행동이 마음에 들지 않는다면 '너는 내 아들이고, 나는 너를 누구보다도 사랑해. 하지만 네가 책가방을 그렇게 현관에 던져두는 것은 참을 수 없구나.'라는 식으로 말하세요.

각자의 다를 권리를 허용한다는 건, 사람은 누구나 조금씩은 혼자임을 뜻하기도 하겠지요.

누구나 혼자이지 않은 사람은 없다는 존재론적인 깨달음을 우리는 늘 회피하려 합니다. 그러나 삶에서 맞닥뜨리는 대부분의 상황에서 우리는 혼자일 수밖에 없습니다.

보통 사람이라면 아스트리드 린드그렌Astrid Lindgren이 쓴 《마법의 섬 살트크로칸》에 나오는 소르벤이라는 여자아이가 행복한 아이라고 생각할 겁니다. 자부심 넘치고, 아이다울 권리가 영원히 보장된 축복받은 어린이로 묘사되어 있거든요. 소르벤은 온종일 버나드 종의 개 보츠만과 함께 섬을 쏘다니지요.

그럴듯하게 들리기는 하지만, 저는 불러뷔 마을6)의 아이들을 행복한 아이의 기준으로 삼는 일을 경계합니다. 우리는 그때와는 다른 시대에 살고 있고, 요즘 아이들 대다수는 어차피 당시의 아이들보다 풍요를 누리고 있거든요. 다만 이 이야기에서 와 닿는 점이 두 가지 있습니다. 첫째는 소르벤이 벌써 스스로를 돌보는 데 상당히 능숙해 보인다는 점, 둘째는 어른이 없는 공간을 충분히 누리기 때문에 자신의 진짜 모습을 찾을 수도 있다는 점입니다. 요즘 아이들에게는 이런 가능성이 아예 차단되어 있는 경우가 흔합니다.

----

6) 린드그렌의 아동소설 《행복한 어린이날》에 등장하는 마을로, 걱정 없는 아이들의 세상을 상징한다.

부모들이 아이를 지나치게 보호하고 아이에게 과도한 요구를 하기 때문이겠지요.

대체로 그런 경향이 짙습니다. 그러나 탯줄이 올가미가 되어서는 안 됩니다! 부모가 자녀에게 집착하지 않으면 양쪽은 서로에게서 자유로 워지는 동시에 서로를 위한 자유를 누릴 수 있습니다.

그래도 아이가 유년기에 즐거운 경험을 할 수 있도록 신경 써야 하지 않을까요? 캠핑, 장거리 여행, 나무 오두막 체험 같은 것 말입니다.

제가 보기에는 쓸데없는 일이고 사치입니다. 부모의 보호망상에서 나 온 아이디어일 뿐이에요. 그런 활동 자체보다 중요한 것은 거기까지 이르는 과정입니다.

무슨 뜻인가요? 암벽등반 체험보다 그것을 하러 갈 거라고 아이에게 통보하는 일이 더 중요하다는 말씀인가요?

부모가 애초에 아이들이 가기 싫어할 것을 예상했으면서 아이가 실 제로 안 가겠다고 했을 때 신경질을 낸다고 가정해보지요. 이는 좋은 출발이 못 됩니다.

무엇을 하느냐보다는 부모가 함께한다는 것이 중요하다는 건가요?

요즘 부모들은 항상 아이들에게 특별한 시간을 선물해야 한다는 강박 관념에 사로잡혀 있습니다. 그러나 아이들이 레고를 가지고 놀 때 곁 에서 신문을 읽고 있어도 전혀 상관없습니다. 특별한 목적 없이 그저 함께 있는 시간이 중요한 거지요. 이는 매우 귀한 시간입니다. 일부러 신경 쓰지 않아도 필요한 게 있으면 아이 스스로 부모에게 옵니다.

사탕을 안 주었다는 이유로 아이가 토라져 있어도 신경 쓸 필요 없나요?

물론이지요. 아이가 사탕 때문에 우울해하는 이유는 그 잠깐의 순간 에는 사탕이 세상에서 가장 중요한 것처럼 여겨지기 때문입니다.

그 잠깐의 행복을 부모가 앗아가도 되는 걸까요?

아이들은 그런 경험을 꼭 해야 합니다. 부모는 아이가 울적해하는 것을 못 본 척할 수 있어야 하고요.

정신분석학자 앨리스 밀러Alice Miller는, 모든 아이들은 필연적으로 부모의 두려움과 소망을 투사하는 프로젝터 스크린이라고 말했습니다. 그런데 투사는 대개 불행을 초래하거든요.

인생은 어차피 부모가 투사하는 상과는 비교할 수 없이 광대합니다. 그리고 '우리 아들은 훌륭한 판사가 될 거야!'라는 부모의 기대가 아이에게 꼭 해가 되는 건 아니에요. 유년기 이후에도 삶은 계속됩니다. 천만다행히도 말이지요. 저는 부모가 불행을 초래한다는 비관적인 사고방식을 그다지 좋아하지 않습니다.

완전무결한 유년기를 보낸 어른이 과연 존재할까요?

아마 없겠지요. 누구나 어릴 적에 받은 상처 하나쯤은 안고 있습니다. 동시에 보물 같은 경험도 한가득 안고 있어요. 이것이 우리에게 살아갈 힘을 주지요. 심지어 상처도 때로는 인생을 헤쳐 나갈 힘의 원천이 됩니다.

아이의 삶을 불행하게 하는 요인은 무엇인가요?

소외당하는 일, 그리고 가족에게 도움이 되지 못한다는 생각도 아이에게는 불행의 씨앗입니다. 가령 부모가 이혼할 경우에 그렇습니다.

사람들이 자신의 유년기를 미화하려는 이유는 뭘까요? 무슨 일이든 나중에 생각하면 웃고 넘어갈 일로밖에 여겨지지 않거든요.

아무리 나쁜 일이라도 지난 뒤에 담담히 떠올릴 수 있게 되는 것은 하늘이 우리에게 내린 특별한 능력입니다.

그런데 그 나쁜 기억을 자기 아이에게 반복하는 게 문제입니다. 떨쳐버리려던 기억이 저주로 돌아오는 셈이지요.

그렇습니다. 사람은 잊고 있던 어떤 일이나 행동방식을 반복하는 경우가 있습니다.

불행한 부모는 자기 아이가 행복하게 자라는 것을 보면 질투심을 느끼기도 하나요?

그렇지는 않을 겁니다.

행복한 유년기라는 게 과연 있기는 할까요?

어떤 유년기든 행복한 측면과 불행한 측면이 모두 존재합니다. 다만 행복한 측면이 주를 이루는 경우도 있지요.

선생님에게 행복은 무엇을 의미합니까?

나에게 행복은 인간관계입니다. 그러나 때로는 지극히 사소한 일이 행복을 주기도 합니다. 행복은 누구에게나 닿을 수 있는 거리에 있습니다. 예컨대 오늘 이렇게 태양이 빛나는 것도 행복이랍니다.

스마트폰 사주세요

아이들의 끝없는 바람에 현명하게 대응하기

크리스마스가 다가오면 아이들은 받고 싶은 선물 리스트를 작성합니다. 부모의 등골이 서늘할 정도로 길게 말입니다!

그런 경우도 있을지 모르지만, 선물 리스트는 장보기 리스트와 마찬가지여서 어차피 몇 가지는 빼게 됩니다. 일단은 아이가 뭘 갖고 싶어하는지 아는 것만도 흥미롭지요.

아이가 자기 방에 놓을 컴퓨터나 플레이스테이션처럼 너무 큰 것을 바란다면 어떻게 대응해야 할까요?

소원은 소원일 뿐입니다! 그냥 소원을 비는 것뿐인데 말하지 못할 게 뭐 있겠습니까? 어른들도 소원은 있잖아요. 그중 무엇을 들어주고 싶고, 또 들어줄 수 있는지 고민해보는 것은 부모의 몫입니다.

아이들과 희망 선물 목록을 훑어보며 '이것은 필요 없고, 저것은 벌써 있고……, 대신에 무엇 무엇을 목록에 적는 게 낫겠구나.'라고 조언해주는 건 어떨까요?

좋지 않은 방법입니다. 그러다 보면 아이가 얼떨결에 스스로를 거기에 맞추게 됩니다. 자신을 속인다는 표현이 맞겠군요. 부모는 아이가 어떤 소원을 말하든 받아들여야 합니다. 아이의 소원을 듣고 내심 어떤 감정이 들든 말입니다.

아이들은 대개 전자제품을 갖고 싶어 합니다. 그러나 부모들은 아이가 아이팟 같은 걸 한시도 손에서 놓지 않게 될까봐 걱정하지요. 그래도 아이가 원한다면 선물해야 할까요?

아이들은 이런 물건들을 다루는 법을 배워야 합니다. 이미 전자제품의 시대에 살고 있으니까요. 특정 연령부터는 휴대폰이나 아이팟이 정말 쓸모 있을 수도 있어요. 그렇다고 부모가 아이에게 꼭 그런 것을 사주어야 한다는 말은 아닙니다.

에이, 그러면 아이가 어디서 아이팟을 얻나요?

아르바이트로 직접 돈을 버는 방법도 있고, 생일이나 크리스마스 선물을 돈으로 받을 수도 있지요. 아니면 '아이팟을 사기에는 네가 아직 너무 어려. 당분간은 사주지 않을 거야'라고 솔직히 말해도 되고요. 아이들도 소원이 물거품으로 돌아가는 경험을 해야 합니다. 살다 보면 그런 경우는 허다하니까요.

아이가 아무리 간절히 바라도 안 되는 것은 안 된다고 선언하라는 말씀인가요?

그 편이 낫다고 생각합니다. 아무 말도 하지 않았다가는 크리스마스 당일에 아이가 크게 실망할 테니까요.

다른 친구들은 다 아이팟을 가졌다고 우기는 경우도 흔하지요.

그 정도에 넘어가서는 안 됩니다. 다른 사람들이 어떻게 하는지는 내게 중요하지 않아요. 부모는 아이가 실망해도 아랑곳하지 않을 만큼

대담해야 합니다. 주는 사람과 받는 사람이 똑같이 즐거워야 선물도 의미가 있습니다. 균형이 맞아야 한다는 뜻이지요.

아이에게 아이팟을 선물하기로 했다면 사용 규칙도 미리 정해두어야 할까요?

꼭 그렇게 해야 합니다. 그 뒤에는 규칙이 잘 지켜지고 있는지도 확인하세요. 아동의 미디어 기기 사용에는 어른들의 지도가 반드시 필요합니다.

열네 살짜리 아들이 아이팟을 가지고 싶어 하는데 사실상 자전거가 더 필요한 경우는 어떻게 할까요? 선생님은 둘 중 어느 것을 선물하시겠습니까?

경우에 따라 다릅니다. 아마도 자전거를 사주겠지요. 아이팟이 꼭 필요한 이유가 무엇인지 아이의 이야기를 들어볼 수도 있고요. 이유가 합당하다면 중고 자전거를 사주고 나머지를 돈으로 주는 방법도 있습니다. 돈을 모아서 아이팟을 사도록 말입니다.

모든 자녀들에게 항상 똑같이 선물을 해야 할까요?

대략 균형은 맞추어야겠지요. 그러나 선물의 값어치가 사랑의 척도는 아니라는 것을 아이들도 이해하고 있어야 합니다. 부모가 아이에게 쏟는 애정은 아무리 좋은 선물로도 대체할 수 없답니다.

아이에게 물량공세 펼치는 일을 경계하시는 것 같네요.

저는 선물을 적게 줄수록 좋다고 생각합니다. 제가 보기에 자녀에게 진정 관심을 쏟는 부모는 아이가 원하는 것을 다 해주지 않아요. 부모가 아이에게 줄 수 있는 가장 가치 있는 선물은 바로 시간이랍니다.

크리스마스 이야기가 나와서 말인데요, 명절을 즐겁게 보내기 위해 가족이 할 수 있는 일은 무엇일까요?

올 연말에 숙모님을 초대해 즐거운 시간을 보내기로 계획했다면 그해

1월부터 준비를 해야 합니다. 평소에 거의 교류가 없던 사람을 갑자기 초대해 즐거운 식사시간을 갖는 건 불가능하지요. 이는 가족 간에도 마찬가지입니다.

명절 준비에 아이들도 참여시켜야 하나요?

물론이지요. 먼저 부모가 생각해둔 바를 이야기해주세요. 조부모님을 방문한다든지, 다 같이 나들이를 간다든지 말입니다. 그 뒤에 아이들에게 다른 아이디어가 있는지도 물어보고요. 그러고 나서 결정을 하면 됩니다.

아이들에게 선물을 기대하는 것은 어떤가요?

부모도 받고 싶은 것이 있다고 말하는 것 정도는 괜찮습니다. 예컨대 아이가 직접 만든 선물도 좋고요.

아이들은 그런 것을 별로 좋아하지 않지요.

그것 역시 부모가 이해하고 받아들여야 할 부분입니다.

아이를
응석받이로
키우지
않으려면

동생이 생겼어요

아이에게 동생 맞을 준비시키기

둘째가 생길 경우 큰아이에게 어떻게 동생 맞을 준비를 시켜야 할까요?

둘째가 태어나면 다른 가족들에게 낼 수 있는 시간이 적어집니다. 이 사실을 인지하는 게 먼저입니다. 이는 모두가 받아들여야 하는 현실이에요. 아빠도 이 점을 명심하면 가족의 삶에 크게 기여할 수 있게 됩니다. 아빠가 큰아이와 함께 앉아 일종의 애도식을 하는 것도 좋습니다.

어떤 식으로 말입니까?

세 사람만의 시간, 많은 것이 큰아이 위주로 돌아가던 시간이 끝났음을 아이에게 알려주는 거지요. 곧 아기가 태어나고, 그러면 가족들이 서로 함께할 수 있는 시간도 줄어들 것이라고 들려주세요. 특히 엄마는 아기를 돌봐야 하니 이 시간을 순조롭게 보낼 수 있도록 모두가 도와줘야 한다는 설명도 빼놓아서는 안 됩니다.

그런 이야기는 엄마가 해주어도 될 텐데요.

아빠가 하는 게 낫습니다. 엄마는 아이들에 대한 사랑과 애착으로 가득 찬 존재예요. 그래서 아이를 위해 무슨 일이든지 하려고 애쓰지요. 새로 태어날 아기 때문에 얼마간 고통을 감내해야 하는 쪽은 누구보다도 아빠와 큰아이입니다. 아이는 엄마를, 아빠는 아내를 새로운 존재와 공유하게 된다는 점에서 두 사람은 동질감을 느끼기도 쉽습니다.

아이와 그런 대화를 나누는 일이 어떤 점에서 유익한가요?

아빠 스스로 마음의 준비를 하고 아이에게도 준비를 시키면 새로운 상황을 맞아도 크게 흔들리지 않게 됩니다.

아무리 준비를 해도 정작 아기가 태어나면 모두가 혼란에 휩싸이는 법이거든요. 그럴 때 큰아이와 한 번 더 대화를 하는 편이 좋을까요?

이때도 아빠가 큰아이와 대화하는 게 큰 도움이 됩니다. 아기가 태어나니 어떤지 큰아이에게 물어보는 것도 좋고요. 아빠도 이 기회에 자신은 어떤 기분인지 알려줄 수 있습니다. 가족이 한 사람 늘어서 아주 기쁘기도 하지만, 아기 돌보기란 때로 무척이나 힘든 것이어서 많이 피곤하다고 말입니다. 그처럼 이중적인 감정을 느끼는 게 자기 혼자만이 아니라는 사실을 알게 되면 큰아이도 매우 홀가분해집니다.

동생이 있으면 어떤 점이 좋은지 큰아이에게 조목조목 설명해주는 건 어떨까요? 그러면 동생이 있다는 사실을 좋게 받아들일 것 같은데요.

그런 식의 에누리는 좋지 않습니다. 물론 '아기가 좀 더 크고 나면 형제가 있다는 게 네게도 더 좋을 수 있어.'라고 말해주는 정도는 괜찮지요. 아직까지는 그 정도면 충분하다고 봅니다.

모두가 아기를 귀여워하면서 한편으로는 아기 돌보기가 힘들다고 하소연하면 아이가 이상하게 여기지 않을까요? 조금은 가식적으로도 보일 것 같고요. 어른들은 보통 아기를 굉장히 예뻐하잖아요.

그게 가식적인 행동이라고는 생각지 않습니다. 갓난아기를 돌보는 일이 워낙 힘든 건 사실이에요. 부모들이 그런 말을 솔직하게 못 하는 것뿐이지요. 이제부터라도 터놓고 표현하세요! 그러면 어느 정도 나이를 먹은 아이들은 도리어 마음이 가벼워진답니다. 자기가 그와 비슷한 감정을 느끼는 게 잘못된 일은 아니라는 사실을 알게 되니까요.

그렇다고 아기를 향한 큰아이의 적개심까지 사라지지는 않지요.

맞습니다. 그러나 아이가 느끼는 중압감은 처음보다 훨씬 덜해집니다. 이제부터 줄어들 수도 있고요.

아기가 귀여운 표정을 짓는다든지 인상을 쓰며 버둥거리는 게 우습다든지 하는 말도 큰아이 앞에서는 안 하는 게 좋을까요?

안 하는 게 낫다고 봅니다. 그건 아기의 존재를 미화시키려는 시도거든요. 동생이 생긴 건 큰아이에게 마냥 좋지만은 않은 일이랍니다. 그만큼의 단점도 있으니까요. 부모가 그런 말을 하면 확실한 반응만 야기하게 됩니다.

어떤 반응 말씀인가요?

지나가다가 아기를 꼬집는 행동 같은 것 말입니다.

그럴 때 오빠답게, 또는 누나답게 행동하라고 주의를 주어서도 안 되나요?

그런 말은 오빠 또는 누나라는 새로운 역할에 적응하는 일을 두 배로 어렵게 만듭니다. 아기의 존재가 때로 귀찮게 느껴지는 게 비정상은 아니라는 신호를 주는 게 훨씬 더 중요합니다.

그러면 아기를 꼬집었을 때는 어떻게 대응할까요?

받아들이는 수밖에 없습니다. 아이가 불만을 표시하고 있다는 것을 인지해야지요. 그런 일은 언제든 벌어질 수 있어요.

그래도 한마디쯤은 해야 할 것 같은데요.

'그렇게 하면 아기가 아파. 그러지 않았으면 좋겠다.' 이 정도면 됩니다. 이 시기에는 부모 중 한 사람이 큰아이와 많은 시간을 보낼 필요가 있어요.

큰아이를 동생 돌보는 일에 참여하게 하면 어떨까요?

그건 아이 스스로 할 때까지 기다리는 편이 낫습니다. 때가 되면 다 하게 되지요. 아이들은 인형보다 진짜 아기에게 우유 먹이는 일을 더 좋아하거든요.

셋째 아이가 태어나면 둘째도 첫째가 했던 만큼 동생을 질투하게 되나요?

그렇지는 않습니다. 그때쯤 되면 다들 그 상황에 익숙해지니까요.

하지만 둘째는 아기가 태어나는 게 어떤 건지 경험해보지 않았는데요.

셋째가 태어날 즈음에는 부모도 한결 느긋하게 대처하게 되고, 둘째도 그 분위기에 묻어가기 마련이에요. 한번 경험한 일이 반복되는 것뿐이니 딱히 극적인 상황이 벌어지지도 않는답니다.

사이좋게 지내지 못하겠니

아이들 싸움에 현명하게 대처하기

자녀들 간에 심한 다툼이 벌어지는 것은 흔한 일입니다. 미국 학자들의 연구 결과에 따르면 한 시간에 평균 3.5회 다툰다고 하는데, 이를 저지할 방법이 없을까요?

없습니다. 저도 가족이 생긴 뒤로 부모로서 할 수 있는 일은 다 해봤어요. 지금은 그냥 즐기는 경지에 이르렀습니다. 아이들에게 사이좋게 지내라고 강요하는 일은 도리어 아이들 사이를 벌려놓는 지름길이에요. 아이들 간의 관계는 저절로 형성되는 법입니다.

부모는 형제들이 늘 뭉쳐야 한다고 생각하지요.

가족들 중 일부가 서로를 좋아하지 않을 수도 있고, 그것을 인정하는 것도 좋은 가족의 요건입니다. 게다가 이런 상황도 언제든 달라질 수 있어요. 이미 벌어진 상황은 받아들이는 것이 좋습니다. 지나간 일은 어쩔 수 없으니까요. 그리고 다 잘될 거라 믿으며 각자 자신의 하루하루를 꾸려 나가는 거지요.

하지만 가족이 단단하게 뭉치도록 노력해볼 수는 있지 않을까요? 즐거운 일을 함께하거나, 무엇보다도 한 사람 한 사람에게 나름의 입지를 부여해줌으로써 말입니다. 그러면 각자가 지닌 강점이나 약점을 그대로 인정받으며 가족의 한 구성원으로서 존재할 수 있겠지요.

　가족 모두가 나름의 입지를 부여받는 일이 가장 중요하기는 합니다. 그래도 아이들이 얼굴 마주칠 때마다 싸운다면 '너희가 사이좋게 지내면 정말 좋을 텐데.'라고 한마디쯤 하는 것도 괜찮고요. 아이들은 싸우면서 크는 법입니다. 그러다 때가 되면 알아서 뭉치기도 한다는 점을 잊지 마세요.

아이들이 싸울 때 부모가 끼어들어야 할까요?

　그러지 않아도 됩니다. 반창고나 준비해두고 지켜보세요.

그래도 중재 정도는 할 수 있지 않나요?

　중재가 필요할 경우도 있습니다. 가령 한창 기어 다니는 아기가 놀고 있는 형을 방해할 경우가 그렇지요. 그때는 부모가 아기를 다른 곳으로 데려가는 게 좋습니다.

이렇게 이야기하다 보면 별것 아닌 듯 여겨지지만, 대개 싸움이 나면 아이들이 울고불고 법석을 떨거든요.

　중요한 것은 두 아이 중 어느 쪽에도 싸움의 책임을 묻지 않아야 한다는 점입니다. '그래, 동생이 네가 쌓은 탑을 무너뜨렸구나. 그리고 형은 너한테 소리를 지르더구나. 이게 무슨 법석이니!'라는 식으로, 벌어진 일을 한 번 되짚어보는 데서 끝내야 해요. 어느 쪽이 싸움을 걸었는지 분명히 보았더라도 말입니다. 그런 상황에는 늘 숨은 이유가 있어요. 알고 보면 다른 쪽이 먼저 시비를 걸었을 수도 있고요. 부모가 본 것만 가지고 잘잘못을 따지며 한 아이를 벌주는 일은 금물입니다.

그렇지만 아이들이 서로 눈을 찔러가며 싸우는 것을 두고 볼 수만은 없지 않나요?

아이들의 행위에는 평소에 가족 전체를 지배하는 집단 역동성이 반영됩니다. 그런 게 아니라면 그냥 받아들이는 수밖에 없습니다. 아무리 친형제, 친자매 간이라도 사이가 크게 틀어질 수 있어요. 부모에게는 유쾌한 일은 아니지만, 그걸로 아이들을 나무라는 것은 좋지 않습니다. 그저 '그렇게 싸우다 다칠까 걱정이구나. 그런 일은 생기지 않았으면 좋겠다.'라고 말하는 편이 낫지요.

큰아이에게 동생과 놀아주라고 시키는 것은 어떤가요?

안 좋습니다. 누구와 함께 놀지는 아이들 각자가 스스로 결정할 문제예요. 엄마가 피곤해서 잠시 휴식이 필요하다면 '나는 30분만 쉬었으면 하는데, 그동안 동생이 네가 하는 놀이를 같이 해도 되겠니?'라고 터놓고 물어보세요. 아이들은 강요에 의해 뭘 하기보다는 자발적으로 협조하는 편을 좋아한답니다.

부모는 아이에게 자신의 감정을 투사하는 경우가 많습니다. 이를 피하려면 어떻게 해야 할까요?

매우 어려운 문제입니다. 먼저 그런 사실을 스스로 인지하는 게 중요합니다. 가령 딸아이가 내 어머니를 연상시키기 때문에 딸에게 특별히 큰 애착을 느끼는 경우가 있지요. 그럴 경우 아이를 어떻게 대할 것인가라는 문제에 봉착합니다. 또한 아들이 내가 싫어하던 남동생과 비슷하다는 이유로 아이를 미워하는 일이 있어서는 안 됩니다. 부모라면 그런 감정을 극복할 수 있어야 해요.

부모 스스로 모든 원칙으로부터 자유로워지고 어떤 선입견도 없이 매 상황을 대하는 게 최선일 듯합니다.

매우 현명한 방법입니다. 그런 깨달음만으로도 내 행동을 변화시킬 수 있습니다. 미래는 정해져 있지 않다는 것이 제 절대적인 믿음입니다. 현재 가능한 것과 불가능한 것이 무엇인지 분명히 인식함으로써 스스로 미래를 가꾸어갈 수 있는 거지요. 중요한 것은 꾸준히 발전해 나가는 과정입니다.

형제들과의 관계가 자녀의 인생에 얼마나 큰 영향을 미치나요?

아주 큰 영향력을 발휘합니다. 사람은 대개 부모보다 형제와 더 오랜 기간 동안 관계를 지속하거든요. 형제들과의 관계에서 자신이 한 역할을 임의로 내려놓기란 매우 어려운 일입니다.

부부관계가 자녀들 사이의 관계에도 본보기가 됩니까?

부부가 좋은 관계를 유지할 때 아이들도 이를 쉽게 따라가는 것을 저는 여러 차례 경험했습니다. 화목한 집안 분위기가 아이에게 각인되면 아이는 '우리 집은 이렇다. 우리는 이렇게 한다.'라는 하나의 정체성을 확립하게 됩니다.

자녀들을 항상 동등하게 대하는 일이 가능한지, 또 이게 추구할 만한 일인지요?

그렇게 하는 건 불가능합니다. 따라서 추구할 만한 일도 아니고요. 아이들은 저마다 다른 욕구를 지녔거든요. 물론 보편적으로는 모든 자녀들을 균형 있게 대하도록 노력해야지요. 그러나 때에 따라 다르게 결정할 여지는 반드시 남겨두어야 합니다. 그러지 않으면 부모는 미쳐버릴 거예요.

올 여름휴가는 어디로 갈까

성공적인 가족 휴가 계획하기

자녀들이 어느 정도 성장하면 가족 휴가를 계획할 때 꼭 옥신각신하게 됩니다.

옥신각신하는 건 좋은 일입니다. 자녀와 갈등을 겪지 않는 시기는 오로지 아이가 엄마 뱃속에 있을 때뿐이에요. 아이들이 휴가를 어디로 갈지 부모와 언쟁을 벌이기 시작하는 것도 독립심의 발현입니다. 이 때쯤이면 부모는 '돈 내는 사람 마음대로'라는 관념을 언제까지 고집할 것인지 고민해봐야 합니다.

아이들의 바람을 어느 정도까지 참고하는 게 바람직할까요?

아이들이 뭘 원하는지는 반드시 끝까지 들어보아야 합니다. 그러나 그걸 100퍼센트 실행할 필요는 없어요.

구체적으로 어떻게 해야 합니까?

각자의 바람이 무엇인지 알았다면, 모두의 기대를 가장 많이 충족시키는 장소가 어디일지 고민해보는 겁니다.

그런데 아이들의 제안이 부모가 생각하는 이상적인 휴가 구상안과 부합하지 않는 경우가 대부분입니다. 제 주변에는 남국의 휴양지라든지, 심지어 뉴욕에 가고 싶다는 아이도 있었어요.

　다른 의견은 항상 있기 마련이지요. 그러나 가까운 해수욕장에 가는 것만으로도 모두가 만족할지 모릅니다. 그러면 10년이고 15년이고 그렇게 하면 되는 거고요. 게다가 휴가 취향도 바뀌기 마련이거든요. 별안간 아이들이 트레킹을 가겠다고 나설지 누가 아나요! 별의별 일이 다 일어날 수 있어요.

아이들은 광고에서 본 호화 여행과 휴가를 동일시하기도 하지요.

　사람은 누구나 현실과 동떨어진 꿈을 꾸거나 실현 불가능한 소망을 품습니다. 저는 이게 무척이나 좋은 일이고, 또 중요하다고 생각합니다. 그것이 우리의 내면에 갈망이라는 반향을 일으키는데, 갈망은 그 자체만으로도 즐거운 일이거든요.

하지만 사춘기 자녀들의 바람을 들어주지 못하는 것도 좀 그렇지 않나요?

　이는 들어주느냐 마느냐의 문제가 아닙니다. 게다가 정작 꿈꾸던 여행지에 가면 아이들도 실망할 게 뻔해요. 광고가 보여주는 모습은 현실과는 전혀 다르거든요. 그저 아이에게 '미안하지만 그런 여행은 할 수 없다.'라고 솔직히 말해주는 수밖에 없습니다.

환상을 미리 깨는 편이 낫다는 말씀인가요?

　텔레비전 광고와 현실은 전혀 다르다는 사실은 알려주어야 합니다.

　아이에게 진짜 삶을 보여주는 것도 부모의 커다란 임무니까요.

아이들은 휴가지에서 박물관에 가는 것을 그다지 좋아하지 않습니다.

　그럴 때는 뭔가 해결책을 찾을 수밖에 없습니다. 부모가 박물관을 관람하는 동안 아이들은 호텔에 남는다든지, 다른 방법을 모색해야지요. 그러나 한 번쯤은 박물관에 함께 가자고 강권해도 괜찮습니다.

기껏 파리로 여행을 떠났는데 아이들이 싫어한다는 이유로 루브르 박물관을 일정에서 빼버리는 건 어리석은 일이지요.

루브르 박물관 정도 되면 어떤 곳인지 반드시 경험하게 해주어야 합니다. 그리고 박물관 한 군데쯤 가보고 나서 싫은지 좋은지 판단하는 게 순서거든요. 다만 아이들이 모나리자 앞에서 별 반응을 보이지 않아도 억지로 감상하게 할 것까진 없습니다. 한창 활동할 나이의 아이들에게는 천천히 걸으며 작품들을 둘러보는 일이 고역이라는 것도 염두에 두어야 하고요.

내일은 해변에서 시간을 보내자는 말로 아이를 꾀는 것은 어떨까요?

저는 가족 간에 그런 식으로 협상하는 것을 별로 좋아하지 않습니다. 그러나 가족 휴가를 떠날 때 한 사람이라도 마지못해 따라가는 일은 없어야겠지요. 루브르 박물관을 방문한 뒤에 아이들이 원하는 것을 하는 것도 공평한 해결책이라고 생각합니다.

여행지에서 한 사람당 하루씩 하고 싶은 일을 결정하도록 규칙을 정하는 건 어떨까요? 그러면 어떤 한 사람이 희생하는 일도 일어나지 않을 것 같은데요.

달리 해결책이 없다면 그것도 좋은 아이디어 같습니다. 그러면 단지 아이들이 물놀이를 좋아한다는 이유로 부모가 휴가 내내 해변에 죽치고 있는 일도 없을 테니까요. 다른 한편으로는 아이들도 정당한 권리를 행사할 수 있고요.

일 년에 몇 주밖에 되지 않는 휴가를 누군들 즐겁게 보내고 싶지 않겠어요!

그런데 그게 마음처럼 안 된다는 게 문제예요! 짧은 휴가니 꼭 즐겁게 보내야 한다는 강박관념은 모두에게 부담만 더 무겁게 합니다. 명절과 마찬가지로요. 멋진 하루하루를 꾸려가며 삶을 즐겁게 만들려는 노력을 1년 내내 지속한다면 여행지에서 보내는 나날도 저절로 즐거워질 겁니다. 그럴 경우 로마의 콜로세움이나 그리스의 유적지를 둘러보는 일도 삶을 풍부하게 만들어주는 멋진 경험이 되겠지요.

휴가 계획을 세울 때 온 가족의 공통분모를 찾으려면 어떻게 해야 할까요?

저는 그 질문에 '꼭 공통분모를 찾을 필요가 있을까?'라고 반문하고 싶습니다. 자녀들이 만 13세나 14세쯤 되면 여행 계획을 세우는 자리에서 이렇게 포문을 열어보세요. '우리가 함께 여행할 기회는 올해가 마지막인지도 모르겠구나. 올해도 엄마 아빠와 함께 휴가를 보낼 마음이 있니? 어떻게 하는 게 좋을까?' 그 뒤에는 협의에 들어가는 거지요. 반드시 의견일치를 봐야 한다는 고정관념에서 벗어나는 일이 중요하다고 봅니다.

온 가족이 함께 여행할 기회는 기껏해야 1년에 몇 주뿐인데, 이때 부모와 아이들이 따로 행동한다면 무척 아쉬울 것 같습니다.

온 가족이 함께 즐거운 시간을 보내야겠다는 생각 자체는 좋습니다. 하지만 우리 삶에서 대부분의 날들은 평범하게 흘러갑니다. 여행을 떠나도 마찬가지예요. 누구는 배탈이 나고, 누구는 말미잘에 쏘이기도 하고요. 마냥 즐거울 수만은 없습니다. 휴가 문제를 논의할 때는 먼저 가족 모두를 만족시킬 만한 이상적인 휴가란 없다는 사실을 깨닫는 게 중요합니다. 여유롭게 이런저런 가능성을 고려해보는 게 바람직하지요. 그리고 사춘기 자녀들이 자신의 소망과 견해를 명확히 인지하고 말로 표현할 줄 알도록 도와주는 것도 자녀교육의 목표거

든요. 휴가 계획을 세우는 일은 이걸 연습할 수 있는 아주 좋은 기회
랍니다.

그래도 화목한 가족이라는 이상적인 그림에 집착하게 되는 건 어쩔 수 없네요.

수많은 가족들이 기대에 부풀어 여행을 떠났다가 스트레스만 잔뜩
안고 돌아오는 것도 바로 그런 관념 때문이에요. 계획대로 되지 않은
일이 너무 많았던 탓이지요.

사춘기 자녀들이 휴가지에서 부모와 함께 관광을 다니지 않으려고 할 때는 어떻게 하
면 될까요? 그냥 호텔에 남아 있게 하나요?

'아쉽지만 할 수 없구나. 그럼 호텔에서 기다리렴.'이라고 하면 됩니다.
운명에 좀 더 순응하며 그런 돌발 상황도 여유롭게 받아들이는 태도
가 필요하지요. 그냥 아이가 결정하도록 놔두는 것 말고 무슨 대안이
있겠습니까? 억지로 강요해야 하나요? 그건 소용없는 일입니다. 혼자
호텔에 남아 있는 게 지루하다는 걸 알면 다음번에는 두말없이 관광
에 따라나서겠지요.

부모들은 기껏 여기까지 왔으니 관광을 다녀야 한다고 생각합니다. 여행도 공부라는
관념도 있고, 호텔에서 빈둥거리는 건 시간 낭비라고 여기거든요.

아이에게 그게 시간 낭비인지 아닌지는 부모가 판단할 문제가 아닙니
다. 부모는 어느 정도 성장한 자녀에게 '너는 어떤 게 좋은 것 같니?'
라고 묻는 자세를 잃지 않아야 합니다. 구성원이 제각각 다르다는 것
도 가족의 특징이에요. 아이들이 부모의 강요 때문에 관심도 없는 관
광에 따라나서 봤자, 거기서 얻는 게 뭐가 있겠습니까?

그러면 즐거운 휴가를 보내기 위해 할 수 있는 일이 과연 있기는 한가요?

어른으로서 우리는 어떤 휴가가 가족에게 적합하고 재정상으로도 가

능한지 명확히 파악할 수 있어야 합니다. 나에게는 3주간의 휴식이 꼭 필요하다는 식으로 자신이 원하는 바를 표현하는 것도 중요하고요. 이렇게 준비할 시간을 갖는 것만으로도 반은 성공한 셈입니다.

어떤 부모들은 자녀들이 따라나서도록 하려고 늘 거창한 계획을 세웁니다. 남아프리카 사파리 투어나 뉴욕에서의 한 주를 계획하는 부모도 있어요.

돈이 충분하고 온 가족이 그런 여행을 꿈꾼다면 안 될 이유가 없지요. 그러나 이상적인 가족의 모습에 대한 환상 때문에 거창한 일을 벌이는 것이라면 안 하는 게 낫습니다. 그럴 경우 실망할 가능성이 너무 높아요. 이상적인 가족을 만들겠다는 목표는 버리는 게 좋습니다.

부모는 배낭여행을 좋아하는 반면 아이들은 수영장이 딸려 있고 조식·석식 서비스까지 되는 호텔을 선호할 경우도 문제입니다.

그때는 부모가 좋아하는 여행을 아이들 없이 하면 됩니다. 만 14세나 15세쯤 되면 아이들도 엄마 없이 한동안 잘 지낼 수 있어요. 마음 놓고 떠나세요! 내 삶의 비전을 실현시키는 일도 중요하니까요.

엄마가 다 해줄게

아이를 응석받이로 키우지 않으려면

부모는 아이에게 좋은 것만 주고 싶어 합니다. 아이를 위해서라면 할 수 있는 건 다 하지요.

　그렇습니다. 하지만 뭐든지 다 해주는 건 아이를 위한 길이 아니에요! 부모들도 다 가진 경우는 드물잖아요. 타인을 위해 뭔가 하고 싶다면 자신의 형편부터 좋아야 합니다. 그렇지 못할 경우 부모가 하인으로 전락할 수도 있어요.

그냥 아이를 사랑하는 마음에서 비위를 맞춰주는 거라고 생각할 수도 있지 않나요?

　그렇다면 사랑의 의미를 잘못 이해하고 있는 겁니다. 자녀에게 헌신하는 태도에는 거래 의도가 숨어 있습니다. 가령 부모는 아이를 위해 직업이나 취미 등을 포기하지요. 대신에 아이들이 그 희생을 감사히 여기며 부모의 뜻에 맞추어 자라주길 기대합니다. 고분고분 부모를 따르는 것, 말썽 부리지 않는 것 등이 그겁니다. 그러나 이는 필연적으로 부작용을 낳습니다.

'너를 위해 뭐든 해줄 테니 너는 내가 원하는 대로 해라.'가 거래의 조건인 셈이군요.

　그런 셈이지요. 그러나 이는 부모가 아이의 행복에 매달리도록 만들 뿐입니다. '고마운 줄 알아야지!'라고 생각하는 거예요. 하지만 인생은 그렇게 단순하지 않답니다.

진실한 사랑은 조건을 따지지 않지요.

　그런 사랑을 실천하기란 무척이나 어렵습니다. 또한 상대가 주는 것도 그때그때 받아들일 줄 알아야 해요. 가령 아이가 부모에게 줄 꽃을 한 아름 들고 웃으며 나타나는 일은 흔치 않은 일이거든요. 그보다는 코앞에서 문을 쾅 닫아버리는 게 보통이지요.

그럴 때면 부모는 '이게 내 희생의 대가란 말이지!' 하고 분개하기 마련입니다.

　그런 일로 속상할 때는 주말에 기분전환할 거리를 찾아보세요. 그런 생각은 수동적인 사람이나 하는 겁니다. 내 인생은 내 것이잖아요!

요즘은 아이가 갖고 싶어 하는 걸 해주지 않는 게 더 어렵습니다. 주변에 없는 게 없고, 무엇이든 손쉽게 살 수 있거든요.

　한없이 주어도 되는 것은 따로 있습니다. 바로 시간과 애정이지요. 다른 것은 저절로 해결됩니다. 요즘 부모들은 아이에게 미처 쏟지 못한 시간과 애정을 돈과 선물로 보상하려고 합니다. 돈으로 산 사랑은 싸구려 애정이라고 보면 됩니다.

부모들도 잘하고 싶은 마음에서 그러는 거지요.

　엄마가 저녁마다 피곤에 절어 짜증이나 내고, 아이를 보고도 반가운 기색이 없으면 아이의 정서에 나쁜 영향을 미칩니다. 모든 것을 혼자서, 완벽히 하려고 하니까 이런 일이 벌어지는 거예요. 낮에 두세 시간쯤 다른 사람에게 아이를 맡긴다고 큰일이 나지는 않습니다.

아이에게 '안 돼!'라고 말하는 것도 쉬운 일이 아닙니다.

어떤 부모들은 오로지 아이에게 사랑받기 위해 안 된다는 말을 하지 않습니다. 그러나 이는 옳은 방법이 아니에요. 그보다는 자기 자신과 타인을 존중하는 게 옳습니다. 마음으로 상대에게 고개를 숙여보세요. 그러면 '안 돼!'라는 말을 할 수 있게 됩니다.

주위를 보면 원래 가진 것도 많은데 끝도 없이 더 받는 아이들이 늘 있습니다.

남들이 자녀에게 어떻게 하느냐를 기준으로 삼을 필요는 없습니다. 다른 사람과 나를 비교하는 일은 나태한 태도일뿐더러 득 될 것도 없거든요. 유행을 따라 한다고 가치 있는 사람이 되는 건 아니라는 사실을 자녀에게 깨우쳐주는 것도 매우 중요합니다.

부모들은 아이가 부르면 즉각 달려가는 경우가 많습니다. 조금 기다리도록 하는 편이 교육적으로 나을까요?

꼭 교육적인 이유 때문은 아니지만, 저는 중요한 일을 하는 도중에 아이들이 부르면 조금 기다리게 둡니다.

요즘 부모가 아이들에게 요구하는 게 너무 적다고 생각하시나요?

그보다는 아이가 좌절감을 느낄 기회를 너무 적게 주는 것 같습니다. 아이들이 원하는 것을 다 갖지 못하면 아이에게 해가 된다고 생각하는 부모가 많은데, 사실은 그 반대입니다. 그 밖에도 부모는 아이에게 뭔가를 기대할 줄도 알아야 합니다. 흔히 우리는 이 점을 소홀히 합니다.

부모는 아이의 요구에 완전히 부응해주지 못할 경우 양심의 가책을 느끼거든요.

부모의 의무 중 첫 번째는 자기 자신을 챙기는 일입니다. 아이들에게는 생각보다 부모가 덜 필요합니다. 아이가 나를 필요로 할 때는 물론 내가 가진 모든 것을 동원해 도움을 주어야겠지요. 양심의 가책은 부모와 자녀를 해로운 방식으로 엮을 뿐이니 버리는 게 좋습니다.

아이들에게 더 많은 의무를 지워주는 것이 좋을까요?

어떤 종류의 의무인지에 따라 다릅니다. 제 생각에는 아이의 집안일 돕기 의무를 부모들이 지나치게 중시하는 것 같은데, 쓰레기 분리수거를 돕는 게 사춘기 아이의 성장에 딱히 유익하지는 않습니다. 아이들에게 꼭 필요한 것은 그들을 진정으로 성장하게 만드는 의무입니다. 사춘기 아이들은 자신의 삶에서는 물론 부모의 인생에서도 가치 있는 존재가 되고 싶어 합니다. 그리고 자신의 영향력을 시험하고자 하지요. 우리는 자녀들이 도전에 맞설 수 있는 기회를 주어야 합니다. 아이들은 그런 것을 통해 자기 자신을 체험하거든요.

도전에는 예를 들어 어떤 것이 있나요?

가족 여행을 하나에서 열까지 혼자 기획하는 일, 집수리를 돕는 일, 요양원에서 노인들에게 책 읽어주는 일 등이 있습니다.

그런데 오늘날 우리 일상에는 진정한 도전을 체험할 기회가 거의 없습니다. 가령 집수리를 그리 자주 하는 건 아니거든요.

그게 참 심각한 문제입니다. 요즘 아이들에게는 모든 것이 오로지 학교 위주로 돌아가지요. 청소년들을 정말 필요로 하는 곳은 이제 거의 없습니다.

분리수거는 어차피 해야 하는 건데, 이것도 아이에게 안 시키는 것이 좋은가요?

시키지 말라는 건 아닙니다. 그러나 분리수거처럼 사소한 일이 청소년들을 성숙하게 만들 거라고 생각하지는 말라는 뜻입니다. 우리는 아이들에게 능력을 발휘할 기회를 주어야 해요. 아이들에게는 성취를 체험하는 일이 절실합니다. 어떤 일을 통해 그런 기회를 주어야 할지 아이디어가 별로 없는 부모는 부끄러운 줄 알아야 해요.

하지만 적어도 우리는 아이들의 행동을 뭐든 이해하려 애씁니다. 머리 길이나 옷차림 같은 건 요즘 입씨름할 거리에도 끼지 못하지요.

머리 길이 같은 쓸데없는 문제로 입씨름을 벌일 일이 없어진 건 좋은 현상입니다. 저는 현대 청소년들이 그보다 중요한 일에 관심을 두는 게 긍정적인 발전이라고 생각합니다. 요즘 아이들 중 다수는, 보통 사람 같으면 마흔은 되어야 품을 만한 의문에 심취하기도 하더군요.

세대 간의 경계가 덜 모호한 게 좀 더 건전한 현상 아닐까요?

그렇지만도 않습니다. 제가 보기에 우리 세대는 이 사회를 그럭저럭 견뎌내는 반면, 젊은이들은 더욱 심도 있게 비판합니다. 부모들처럼 직업 때문에 자기 자신을 포기하는 것을 그들은 원치 않아요. 그들은 즐겁게 할 수 있는 일, 의미 있는 일을 원합니다. 자가용을 소유하는 것쯤은 별로 중요치 않게 생각하는 젊은이들도 많아요. 또 베를린의 도심을 걷다 보면 채식주의자나 비건^{vegan}들을 위한 식당이 수없이 눈에 띕니다. 모두 젊은이들이 일궈낸 신조류이지요!

응석받이로 자란 아이들은 부모에게도 버릇없이 구는 경우가 많습니다.

아이에게 자신의 행복을 거는 부모는 아이를 망가뜨릴 뿐입니다. 부모가 스스로를 낮추고 아이를 지나치게 추켜세우면 아이들은 혼란에 휩싸이지요. 그들은 부모가 주도권을 잡아주기를 바라거든요. 부모는 날마다 아이의 원망을 듣는 것도 감수해야 합니다. 극단적으로 표현하면 '지나치게 상냥한 부모'는 '못된' 아이를 만듭니다.

이미 그렇게 되어버렸을 때 건전한 관계를 되찾으려면 어떻게 해야 하나요?

일단은 여러 해 동안 저지른 많은 실수를 반성하는 기간을 갖는 게 좋습니다. 아이를 위해 뭐든지 하려던 의도가 그릇된 방향으로 나아갔다는 점, 그리고 아이가 행복하기를 바라던 마음이 오히려 해가 되었음을 상기하면서요.

그 뒤에는 아이의 행동을 좀 더 제한해야 하나요?

일단은 아무것도 하지 않는 게 좋습니다. 그리고 자신부터 돌보세요. 완벽한 해결책이란 존재하지 않는다는 사실, 앞으로 어찌해야 할지 부모 스스로도 모른다는 사실이 모두에게 힘들겠지만 참아내는 수밖에 없습니다. 주변에 도움을 요청하는 것도 좋고요.

하지만 책가방을 치우라든지, 이걸 해라, 저걸 해라, 이런 말을 언제까지 안 할 수는 없잖아요.

아이의 현재 행동에만 반응해보세요. '나한테 그런 식으로 이야기하는 건 용납할 수 없다. 어서 책가방부터 치워.'라고요. 아니면 서로를 잠시 가만히 내버려두는 것도 괜찮고요.

지나친 응석받이로 자란 첫 세대가 지금은 성인이 되었는데요, 영국에서는 깨지기 쉽다는 의미로 이들을 '찻잔'이라고 부른답니다.

예, 저도 리탈린[ritalin7)]에 찌든 청소년들을 여럿 알고 있습니다. 이들은 바람만 불어도 쓰러질 것처럼 연약하기 짝이 없어요. 진짜 인생을 경험하지 못한 탓이에요. 진지한 근심에 잠겨볼 기회는 애초부터 주어지지도 않았고요. 이런 건 누구에게도 유익하지 못합니다.

----

7) 주의력결핍 및 과잉행동장애(ADHD)의 치료에 흔히 처방되는 각성제의 일종.

아이를 응석받이로 키우는 태도는 어디서 비롯되는 것일까요?

결핍에서 비롯된 겁니다. 아이에게 해주는 것이 충분치 못하다고 느끼면 부모는 자기 자신을 완전히 포기해버립니다. 그렇게 해도 여전히 모자란 것처럼 느껴지지요.

건전한 방향으로 아이들의 비위를 맞추어주는 방법도 있을까요?

물론이지요. 아이의 본질을 있는 그대로 봐주고, 아이의 가능성과 한계를 존중하며, 자유를 부여해주는 일이 그것입니다. 물론 아이가 아플 때는 예외적으로 필요한 것을 머리맡까지 가져다주며 시중을 들어도 괜찮답니다.

이렇게 해서는 안 되겠어

부모도 변해야 한다

자기 자신을 변화시키는 것만큼 어려운 일은 없을 거예요.

제 생각도 그렇습니다. 변화란 전 생애에 걸쳐 이루어지는 길고도 험난한 과정이며 이는 한 개인에게만 국한되어 있습니다. 사람은 다른 누구도 아닌 자기 자신만을 변화시킬 수 있지요.

타인을 내 뜻대로 바꿀 수 없다는 사실이 아쉬울 때도 있습니다.

그런 현실을 직시하는 것도 중요합니다. 세상에는 헛된 고민을 하며 오랜 세월을 허비하는 부부도 많답니다. 예컨대 남편이 담배를 끊으면 지금보다 그를 훨씬 더 사랑할 거라고 생각하기도 해요! 이는 어리석은 사고방식이에요.

예스퍼 율은 아이들이 부모 말에 순순히 따르지 않을 때, 예를 들어 아이가 슈퍼마켓 바닥에 드러누워 떼를 쓰는 순간이 부모에게는 보물과도 같은 순간이라고 말했지요. 이때야말로 아이에게 변화를 유도할 기회니까요.

그런 순간에 부모는 지금까지의 내 양육방식이 목표했던 성과를 불러오지 못했음을 깨닫습니다. 뭔가를 변화시켜야 할 때라는 뜻이에요! 슈퍼마켓에서 그런 일이 벌어지면 부모는 반사적으로 아이를 변화시켜야겠다고 여긴답니다! 좀 더 엄격해져야겠다고 생각하는 거예요.

처음에는 본능적으로 그런 생각을 합니다. 사람은 살면서 뭔가 잘 풀리지 않는다고 느끼면 먼저 남을 변화시키려 하거든요. 타인을 나 자신의 소망과 습관에 맞추려고 하는 겁니다. 부모들은 아이가 최대한 얌전하게 굴기를 바랍니다. 그래야 자신이 변할 필요가 없어지니까요. 그러나 내 아이가 타인과 어떻게 상호작용을 하는가는 순전히 양육하는 부모의 책임입니다. 따라서 상황이 걷잡을 수 없게 되었을 때도 해결책은 오직 부모가 변하는 것뿐입니다.

말하자면 예스퍼 율이 말한 보물 같은 순간이란…….

……기존의 그릇된 양육방식 때문에 초콜릿을 사달라고 떼쓰는 아이에게 '안 돼!'라고 말하는 것만으로는 충분치 않게 되었음을 깨닫는 일입니다. 그러니 이때는 양육방식을 바꾸어야 합니다. 아이에게도 즉각 그렇게 일러주는 것이 좋습니다. '보아하니 더 이상 이런 식으로는 안 될 것 같구나. 뭔가 다른 방법을 찾아봐야겠어!'라고요.

항상 최선을 다했다고 생각했는데 이런 일이 벌어지면 씁쓸하기 이루 말할 수 없지요. 내가 해온 방식이 최선이 아니었다는 증거니까요.

맞습니다. 비유하자면 여러 가지 방식 중에서 하필 가장 나쁜 방법을 고른 셈이 되거든요.

그러면 앞으로 어떻게 하면 될까요?

가장 좋은 방식을 아직 모르는 것일 수 있으니 자녀 양육서를 읽어보거나 배우자와 이야기해보거나, 아니면 아이에게 직접 묻는 방법도 있습니다.

항상 똑같은 덫에 걸린다는 게 문제입니다. 다양한 상황에서 늘 똑같은 실수를 저지르는 거지요. 습관을 버린다는 게 이렇게 어려운 이유는 무엇일까요?

'왜?'라는 질문으로는 해결책을 찾을 수 없다고 생각합니다. 문제점을 야기한 머리에서 해답을 찾아봤자 헛수고지요. 부모의 확고부동한 의지만이 문제 해결에 도움이 됩니다. 정말 변하고자 하는 의지가 있어야 하고, 개선할 여지가 있는 위기상황이 이에 동력원이 되어야 합니다. 부모 자녀 관계를 양쪽 모두에게 유익한 양상으로 변화시키고자 하는 강한 염원도 있어야 하고요.

지나간 실수를 반복하지 않는 비법, 다시 말해 습관적인 행동양식을 타파하는 방법은 무엇입니까?

뭔가를 변화시키는 일이 가능하다는 믿음이 가장 먼저 필요합니다. 그다음에는 자기 자신을 면밀히 관찰하고 자신의 감정을 의식할 수 있어야 하고요. 감정이 나를 지배하는 게 아니라 내가 감정을 통제할 수 있어야 하지요. 세상이 잿빛으로만 보이는 날은 향후 어떤 일에 영향을 미칠 만한 결정은 내리지 않는 편이 낫습니다.

자기 자신을 잘 관찰하려면 지나친 활동은 자제해야겠지요.

지나친 활동을 자제하는 것은 평소에도 유익합니다. 이따금씩 바쁜 일상에서 벗어나 산책을 가거나 명상을 하거나 혼자만의 시간을 가져보세요. 이는 구태의연한 일상을 타파하는 행위랍니다.

그 밖에도 행동을 개선하는 데 도움이 될 만한 일이 있을까요?

혼자서만 품고 있던 문제를 공개하는 것도 좋은 전략입니다. 예컨대 가족들과 대화하는 자리에서 '이제부터 나는 스트레스를 많이 받더라도 절대 언성을 높이지 않을 거야!'라고 공언하는 겁니다. 동시에 감정을 해소할 출구를 마련하는 일도 물론 중요합니다. 스트레스 해소용 샌드백을 장만하든지, 조깅을 하는 것도 한 방법이에요.

아이에게 도움을 청하는 것은 어떨까요? 나쁜 습관이 또다시 튀어나오면 곧장 주의를 환기해달라고 하는 거지요.

아주 좋은 방법입니다. 다만 아이가 내 나쁜 습관에 관해 언질을 줄 때 그걸 받아들일 준비가 되어 있어야 합니다. 감정을 통제할 수도 있어야 하고요. 뭔가를 변화시키려는 사람은 자기 자신과 타인에게 아주 너그러워져야 합니다.

이미 나이가 들어 특정한 생활습관에 익숙해진 뒤에도 스스로를 변화시키는 일이 가능한가요?

물론입니다. 나이는 걸림돌이 되지 않아요. 기껏해야 자신에 대한 애정보다 완고함이 좀 더 강해져 있을 뿐이지요. 변화는 자기애의 표현이랍니다.

배움의 가능성이 어느 지점에서 이미 끝나 있는 것은 아닌가요?

지혜로운 사람은 스스로를 성장시킬 수 있는 기회를 최대한 활용합니다. 인간은 타인과 마주하는 즉시 내적인 갈등에 봉착하지요. 자신의 본질에 충실하고자 하는 마음과 상대에게 협조하고자 하는 열망 사이에서 균형을 잡는 게 우리의 과제입니다. 이때는 필연적으로 갈등이 유발되기 마련이에요. 물론 그로부터 배우는 것도 있습니다.

이론은 늘 쉬워 보입니다. 그러나 현실적으로는 경험에서 뭔가를 배운다는 게 고난도의 기술이거든요. 배우는 것은 무척 많지만, 그로부터 어떤 행동방식을 이끌어내기까지는 한참 멀었다는 이야기지요.

스스로를 변화시킨다는 게 오랜 시간과 노고가 필요한 과정인 건 사실입니다. 간혹 10년, 20년 전에 읽었던 책을 들춰보면, 당시 내게 큰 의미가 있다고 생각해 밑줄을 그어놓은 문장들이 여전히 마음에 와 닿는 것을 느낄 수 있지요. 이처럼 평생토록 나를 따라다니는 화두들이 있다는 건 놀랍기 그지없는 일입니다. 배움이란 일직선상에서 이루어지는 과정이 아니라 얽히고설킨 그물처럼 복잡한 과정이에요. 이는 또한 나라는 존재 전체와 맺어져 있지요.

배움이 나선형으로 이루어지는 과정이라고 할 수도 있을까요?

그건 저도 확신할 수 없습니다. 나선형이라 함은 한 사람의 삶이 필연적으로 한 가지 화두로만 귀착된다는 의미일 텐데, 저는 언젠가 잘라버릴 수 있는 화두도 존재한다고 생각하거든요.

특정한 행동을 영구적으로 변화시키려면 그것의 근본 원인을 파헤쳐보아야 하나요?

행동에 변화를 주려고 심층심리학적으로 접근할 것까지는 없다고 봅니다. 일상적인 인간관계의 틀을 새로 짜고자 할 때는 사실 관계에만 주목하면 길이 보입니다.

예를 들어주시겠습니까?

가령 아이가 내 말을 듣지 않는다면 스스로에게 다음과 같은 질문을 던져보세요. 아이가 놀이에 몰두한 나머지 못 들은 건 아닐까? 내 말에 귀를 기울이고 있기는 한 것일까? 그리고 나는 존중하는 말투로 내 용건을 전달했는가? 전하려는 메시지와 말의 음색이 잘 조화되었는가? 아니면 강요와 분노, 짜증의 감정이 먼저 전달된 것은 아닐까? 이 모든 사항을 혼자서 냉철하게 분석해볼 수 있습니다. 심리상담 같은 건 필요 없어요.

아이가 10대 청소년으로 성장한 뒤에도 부모가 행동방식을 바꾸는 게 가능한가요?

당연하지요. 사람은 무엇이든 변화시킬 수 있습니다. 어느 날 문득 가족들 앞에서 '15년 동안 내가 무엇 무엇을 잘못해왔다는 것을 이제야 깨달았어.'라고 공표할 수도 있고요. 그 뒤에는 행동이 뒤따라야 합니다. 행동방식을 변화시키고자 할 때는 말이 아니라 실천이 필요하니까요.

우리
아이는
사춘기

내 인생에 참견하지 마세요

사춘기 자녀들과 대화하기

많은 부모들이 아이의 사춘기를 끔찍한 시기로 여깁니다. 사춘기가 깊어질수록 아이를 다루는 일은 더 까다로워지지요.

자녀들에게는 물론이고 부모에게도 이때는 커다란 변화의 시기입니다. 아이에게 부모는 덜 중요해지고 또래 아이들에 대한 관심이 점점 커집니다. 사회에서 자신의 자리를 찾아가는 시기이기도 하고요. 이는 아이 앞에 놓인 과제이기도 합니다. 어른이 되는 연습을 하는 거예요.

부모도 그런 것을 모르지는 않지만, 그래도 감당하기 힘든 경우가 많습니다. 속내를 잘 털어놓지 않으니 자녀들과 꾸준히 대화하는 일도 쉽지 않고요.

끊임없이 아이의 대화 상대가 되어주는 일은 이루 말할 수 없이 중요합니다. 사춘기 아이들이 부모에게 다가갈 수 있도록 문을 열어줌으로써, 필요할 경우 부모가 언제나 곁에 있음을 알려주는 거지요. 부모가 뭘 궁금해할 때 딸아이가 상냥하게 대답을 해주느냐 마느냐에 부모의 행복이 좌지우지되어서도 안 됩니다.

그 나이쯤이면 자녀교육 시기는 이미 끝난 것으로 봐야 한다고들 하지요.

그렇다고 사춘기 자녀들이 뭘 하든 말든 아무 말 없이 방치해서는 안 됩니다. 이처럼 예민한 성장 단계야말로 부모의 애정 어린 지원이 필요한 때입니다. 그 나이쯤 되면 스스로 할 수 있는 것도 많아지지만 혼자 할 수 없는 것도 아직 많으니까요.

정확히 어떻게 해주어야 한다는 말씀인가요?

아이들이 하거나 하지 않는 일에 대해 부모의 의견을 말해야 합니다. 다만 아이들이 내가 이야기한 바에 따라 행동할 거라고 기대하는 것은 금물입니다.

딸아이에게 '옷차림이 조금 단정치 못한 것 같구나!'라는 말 정도는 해도 되나요?

물론입니다. 하지만 옷을 갈아입을지 말지는 아이가 결정하도록 내버려두어야 해요.

그냥 두고 본다는 게 말처럼 쉽지만은 않습니다.

그 말도 맞습니다. 그때는 배우자나 친구와 상의하는 것이 좋습니다.

사춘기야말로 엄격한 훈육이 필요한 시기라고 생각하는 부모들도 많습니다. 이전에 놓친 것을 이때 회복할 수도 있다고 생각하거든요.

어차피 그렇게는 안 됩니다. 부모들은 사춘기 자녀가 삶 속으로 뛰어들 수 있도록 놓아주어야 해요. 그러지 않고서야 어떻게 어른이 되는 법을 배우겠습니까? 어느 때를 막론하고 부모가 할 수 있는 일은 단 하나, 자녀교육 과정에서 제대로 수행하지 못한 부분을 책임지는 일뿐입니다.

어떤 식으로 책임을 져야 하나요?

가령 딸아이에게 이렇게 말하는 겁니다. '어떤 일에 선을 긋고 분명히 싫다고 말하는 방법을 네가 엄마 아빠에게서 충분히 배웠는지 모르겠구나. 우리가 좋은 본보기를 보여주지 못했다는 사실을 지난 몇 주 사이에야 깨달았어.'

그처럼 자신의 약점을 인정하는 일이 어떤 점에서 유익한가요?

그로써 부모는 지금껏 은폐해온 것을 드러내게 되는데, 이는 가족 모두를 무척 홀가분하게 만들어줍니다. 그리고 딸아이에게 몇 가지 모자란 점이 있어도 그 책임을 아이에게 덮어씌우지 않게 됩니다. 부모가 책임을 지는 거지요.

사춘기 자녀에게 예전처럼 어떤 일을 금지시키는 게 가능할까요?

그건 개별적인 상황에 따라 다릅니다. 아이가 만 열두 살 정도밖에 안 되었다면 남녀 아이들이 함께 어울리는 모임에 가는 것을 금지할 수도 있습니다. 하지만 2년쯤 뒤에는 그러기가 쉽지 않을 겁니다. 다만 부모가 걱정하고 있다는 것은 언제든 표현할 수 있습니다. '우리는 네가 거기 가는 게 내키지 않는데, 밤 열 시쯤에 별일이 없는지 문자 메시지라도 보내줄래?' 또는 '정 가겠다면 어쩔 수 없지만, 대신 내가 데리러 가마. 열한 시에 가면 되겠니?'라는 식으로 말입니다.

'휴대폰을 켜둔다고 약속해야만 허락하마. 아니면 친구와 함께 가든가.'라고 조건을 다는 건 어떨까요?

한번 시도해볼 수는 있지만, 딸아이가 그 조건을 받아들일 것인가는 또 별개의 문제입니다. 부모가 지금껏 딸과 어떤 관계를 유지했느냐에 따라 달라지겠지요.

사춘기 아이들도 부모의 의견이나 의도를 여전히 진지하게 받아들일까요?

저는 그렇다고 확신합니다. 열다섯 살쯤 된 딸아이는 남녀 학생들이 어울려 노는 자리를 부모가 마뜩찮아 한다는 사실을 알면 거기 가더라도 다르게 행동하지요. 반면에 자기 생각을 잘 내보이지 않는 부모를 둔 청소년들은 더 많은 자유를 누릴지는 몰라도 무척 고립되어 있는 셈입니다.

귀가시간을 정하는 문제가 갈등의 발화점이 되는 경우가 많은데, 이 문제는 어떻게 하는 게 현명할까요?

아주 유연하게 대처해야 합니다. 일단 몇 시에 귀가할 것인지는 정해주되, 아이가 시간을 안 지킨다고 안절부절못할 필요는 없습니다. 우리의 진짜 목적은 사춘기 아이가 자신의 자유에 책임지는 법을 배우도록 하는 것이니까요.

그러면 애초에 시간을 정해줄 필요도 없지 않나요?

약속은 반드시 필요합니다. 부모가 자신의 견해를 밝히는 일은 아무리 강조해도 지나치지 않을 만큼 중요해요! 다만 아이들이 어떤 말에도 고분고분 따를 거라고는 더 이상 기대하지 말아야 합니다. 이제부터는 아이 스스로 경험을 쌓아야 해요.

어른이 되어가는 아이들에게 부모는 어떤 역할을 해야 합니까?

부모는 아이 뒤에서 애정 어린 눈으로 지켜보는 동반자입니다. 아직까지는 아이에게 길잡이 역할을 하되 이래라저래라 지시하는 일은 삼가야 합니다.

예스퍼 율에 따르면 사춘기 자녀들에게 부모는 권투의 스파링 파트너와도 같아야 한다고 합니다. 아이에게 최대치로 맞서되 상처를 입히는 일은 최소한으로 줄여야 한다는 것이지요.

그 비유는 사춘기 자녀를 대하는 일이 부모에게 얼마나 큰 도전인지 잘 보여줍니다.

사춘기 자녀에게 인생에 대해 이러쿵저러쿵 설교를 늘어놓는 일이 의미 있을까요?

의미 없는 일입니다. 어차피 대부분은 이미 수없이 해온 이야기일 테니까요. '이런저런 일에 대해 내가 어떻게 생각하는지 너도 이미 알고 있지?'라고 재확인할 수는 있습니다. 그 뒤에 어떻게 될지는 두고 볼 일이고요. 가장 친한 친구에게 이야기할 만한 것 이상은 이제 자녀에게 말하지 않는 편이 좋습니다. 이혼한 뒤에 만난 새 파트너를 소개할 때 아이들이 말을 얼마나 할 거라고 생각하시나요? 딱 그때 아이가 듣고 싶은 만큼의 말만 하세요.

그래도 아이들을 나쁜 경험으로부터 지켜주고 싶은 게 부모 마음이지요. 부모의 인생 경험도 전해주고요.

우리가 전해줄 수 있는 것은 기술적인 경험뿐입니다. 칼을 안전하게 잡는 법, 세탁기 사용법 같은 것 말입니다. 심오한 정신적 체험은 스스로 하는 길밖에 없습니다. 살면서 겪는 고통도 인생의 일부이며, 우리 아이들이라고 이것을 피해갈 수는 없습니다.

쓰라린 진실이군요.

그렇습니다. 생각하고 싶지도 않지만 사실이니까요. 부모는 숫기 없는 아들을 쾌활한 사람으로 만들어줄 수도 없고, 지나치게 마른 딸을 대신해 음식을 먹어줄 수도 없습니다. 부모는 전지전능하지도, 그렇다고 아주 무력하지도 않습니다. 이 사실을 직시해야 합니다. 내가 상상하는 모습대로 아이를 빚을 수는 없습니다.

그런데 청소년들의 학습 능력은 어느 정도나 되나요? 사춘기에는 뇌 속에 한창 공사판이 벌어진다고 해도 과언이 아닌데, 이런 아이들에게 이성적인 판단을 기대할 수 있을까요?

뇌 연구가들에 따르면 전두엽은 인간의 뇌에서 가장 늦게 발달하는 영역입니다. 그런데 도덕적 판단이 이루어지는 부분도 바로 여기거든요. 이곳에서 가치관이 형성된다는 얘깁니다. 짧게 말해 청소년들에게서 이성적 사고는 기대하지 않는 게 좋아요.

자신이 아이를 지나치게 오냐오냐 키웠음을 쓰라리게 깨닫는 때도 흔히 이 무렵이 아닐까요.

그럴지도 모르지요. 하지만 열여섯 살 딸아이가 들이대는 남자친구를 거부할 수 있으려면 부모로부터 일찌감치 자기 삶에 책임지는 법을 배웠어야 합니다. 그런데 싫다고 말하는 법을 배우는 나이는 서너 살 무렵이거든요. 이미 사춘기에 들어선 딸아이에게 이를 속성으로 가르칠 수는 없어요.

아이의 책상 위에 무슨 종이쪽지가 쌓여 있는 걸 보면 아무리 걱정이 돼도 호기심 어린 눈으로 기웃거려서는 안 되겠지요?

그렇습니다. 차라리 '너한테 뭔가 문제가 있는 것 같은데, 걱정거리라도 생긴 거니?'라고 솔직히 물어보는 편이 낫습니다. 아무 대답 안 돌아올지도 모르지만, 적어도 아이는 부모가 자신을 지켜보고 있다는 사실을 의식할 겁니다.

사춘기 아이와 중요한 이야기를 나누고자 할 때는 약속을 잡는 편이 좋은가요?

예. '언제가 좋을지 엄마에게 이야기해주렴.' 하고 청하세요.

아이가 대답을 안 하면 어떻게 할까요?

그러면 지금은 엄마나 아빠와 이야기하고 싶지 않다는 뜻입니다. 그 뒤에도 계속해서 가장 친한 친구를 대할 때와 똑같이 아이를 대하세요. 존중하는 태도로 말입니다.

컴퓨터 좀 써도 돼요

현명한 미디어 교육

오늘날 부모에게는 미디어 교육이 큰 숙제입니다. 우리 세대의 성장 과정에서는 미디어가 큰 비중을 차지하지 않았기 때문에 우리는 요즘 아이들에 비하면 아는 게 별로 없지요. 그럼에도 자녀의 미디어 사용에 적절한 규칙을 정해줘야 하거든요.

이 문제라면 부모가 먼저 스스로에게 물어야 할 것 같습니다. 어른들이 저녁에 텔레비전 앞에서 얼마나 많은 시간을 보내나요?

요즘에는 텔레비전을 전혀 보지 않는 부모도 꽤 많습니다. 그런데도 아이들은 이 바보상자에 달라붙어 떨어질 줄 모른다니까요.

달리 할 일이 없어서 그러는 거지요.

예전에는 마약이 문제였다면 오늘날에는 미디어 기기가 문제입니다. 온갖 나쁜 것이 여기서 비롯되니까요. 아이들이 미디어 기기에 빠지면 좀비처럼 창백하고 마르고 무감각해지지요. 컴퓨터에 중독되는 건 물론이고요.

자기 통제력 상실과 의존증에 대한 두려움은 이전에도 늘 있었습니다.

그러나 마냥 걱정하는 것은 좋은 해결책이 아닙니다. 그런 상황이 벌어지기 훨씬 이전에 아이들과 가까운 관계를 만들어놓아야 하지요. 심각한 상황이 생겼을 때 아이들이 여전히 우리를 믿을 수 있도록 말입니다. 그러면 부모가 미디어 기기 사용시간을 제한하는 목적이 단순히 재밋거리를 빼앗으려는 게 아님을 아이들도 이해하게 됩니다.

적절한 미디어 교육은 어떻게 이루어져야 하나요?

아이들이 가능한 한 일찍 미디어 사용시간을 스스로 조절할 수 있도록 만드는 게 우리의 목적입니다. 명령이나 엄격한 통제만으로는 충분치 못합니다. 사용시간을 지나치게 제한하면 아이는 도리어 디지털 세계에 더욱 강하게 집착합니다. 부모 스스로도 어차피 한 번쯤은 이 세계에 발을 들여놓아야 해요.

그게 무슨 뜻인가요?

아들이 어떤 컴퓨터 게임을 갖고 싶어 한다고 가정해보지요. 부모에게 사달라고 하든 스스로 구입하든 말입니다. 이때 무작정 사라고 허락하거나 부모가 선물로 사주는 것은 좋지 않습니다. 무턱대고 금지하는 것도 마찬가지예요. 중요한 것은 아들이 그걸 갖고 싶어 하는 이유를 알아보는 일인데, 그러려면 부모 스스로 관심을 가져야 해요. 가장 좋은 방법은 물론 아이와 함께 그 게임을 해보는 거지요.

그걸 내켜할 부모는 많지 않을 텐데요.

부모가 되면 별로 구미가 당기지 않는 일을 해봐야 할 때도 있습니다. 아이에게 성숙한 미디어 사용법을 가르치려면 부모에게 어떤 자질이 필요한지 고민해봐야 합니다. 우리 부모 세대는 자녀들과 함께 블루마블Blue Marble 같은 보드게임을 즐겼습니다. 요즘 부모라면 아이와 두들

점프^{Doodle Jump}를 하는 게 자연스럽지요. 물론 아이들에게는 상대도 안 되는 실력이지만, 그게 오히려 아이들을 즐겁게 만듭니다. 미디어 사용을 무조건 쓸데없는 것으로 치부해서는 안 됩니다.

그래도 아이들이 두들점프에 빠지면 걱정하는 부모가 더 많지 않나요? 온라인 게임 중에는 중독성이 굉장히 강한 역할 게임이나 죽고 죽이는 게임이 많습니다.

걱정하는 것도 물론 무리는 아닙니다. 그러나 다시 한 번 강조하건대 아이와 유대관계를 지속하느냐 여부가 관건이에요. 부모에게는 사춘기 자녀가 이 시기를 얼마나 잘 극복하는가가 최대 관심사인데, 아이들 스스로도 나락에 빠지거나 중독자가 되고 싶어 하지는 않습니다. 아이에게 그런 사실을 직접 일깨워주어야 해요. 호들갑을 떠는 부모는 신용만 잃을 뿐이고, 그럼 모든 게 한층 어려워집니다.

가끔은 우리가 사춘기 자녀들에게 지나치게 너그럽지 않나 싶은데요. 이 상황에서 아이들이 하는 것까지 굳이 해볼 필요는 없지 않을까요? 그냥 '그런 컴퓨터 게임은 용납할 수 없다.'라고 딱 잘라 말하면 끝 아닌가요?

부모에게나 끝이지요. 그런다고 사교적 네트워크나 게임이 주는 매력까지 사라지는 것은 아니거든요. 그게 우리 아이들 세대가 사는 세계이기 때문에, 그들을 무작정 그로부터 차단시킨다는 것은 불가능합니다. 정 걱정되면 그냥 솔직하게 터놓고 말하세요. '네가 요즘 너무 컴퓨터 앞에만 앉아 있는 것 같은데, 그러다 큰일 날까 걱정이다! 네가 은둔형 외톨이가 되도록 놔둘 수는 없어! 이제 게임하는 시간을 좀 줄이도록 해!'라고요.

'엄마 아빠는 컴퓨터를 안 사줄 거야. 갖고 싶으면 네가 알아서 사거라.'라고 말하는 건 어떨까요?

그렇게 말하는 것도 아주 바람직합니다. 아이가 아르바이트 거리를 찾을 때 도와주는 것도 좋고요. 돈을 거의 모아갈 때쯤이면 100유로 정도 지원해주는 것도 좋습니다. 처음부터 끝까지 혼자 알아서 하도록 내버려두면 아이의 반감이 커질 테니까요.

그런데 워낙 좋지 않은 이야기가 많습니다. 월드 오브 워크래프트World of Warcraft라는 게임에 중독된 어떤 아이는 화장실 갈 시간도 아까운 나머지 기저귀를 차고 앉아 있더랍니다. 가족들과 식사하는 자리에서 1초라도 빨리 가상세계로 되돌아가려고 음식을 허겁지겁 먹어치우는 아이들도 있고요.

저는 여기서 그렇게 극단적인 경우까지 다루고 싶지는 않습니다. 부모로서 그렇게 걱정할 정도면 아이에게 진작 이야기했겠지요. '그렇게 게임만 하는 일이 네게 얼마나 악영향을 미치는 줄 알기나 하니? 계속 그러다 보면 뇌도 그쪽으로만 적응하게 돼. 알아서 조심해라!'라고요. 때로는 아이의 미래를 위해 전쟁을 벌여야 할 때도 있습니다. 아이에게 '네가 이 시기를 꼭 무사히 넘기기를 바란다!'라고 당부해서 나쁠 것은 없겠지요.

하지만 열다섯 살 아이에게는 이성적인 설득이 딱히 먹혀들지 않을 거라고 말씀하셨잖아요.

그래도 듣고는 있습니다. 부모와 동질감을 느끼도록 해주는 게 중요합니다. 아이가 사춘기를 최대한 무사히 넘기도록 부모가 함께 노력해주세요.

그게 안 되면 컴퓨터 사용시간을 정해두는 수밖에 없나요?

물론 그렇게 해야지요. 다만 시간을 정하면서 '이제 네가 알아서 스스로를 통제하는 법을 배웠으면 해.'라고 일러주세요. 언제 사용하느냐보다는 아이와 합의하에 주당 몇 시간을 사용할지 정하는 편이 나을 수도 있습니다. 그러면 아이도 좀 더 자유롭게 시간을 활용할 수 있거든요. 다섯 시간 동안 컴퓨터 게임을 한 날이면 그게 자신에게 어떤 영향을 미치는지 아이도 느낄 겁니다. 어떤 목적을 달성하기 위해 금지라는 수단을 쓰는 건 장기적으로 효과가 없다는 사실을 명심해야 합니다.

필요할 경우 코드를 그냥 뽑아버려도 될까요?

물론입니다. 제한 시간이 지나고 부모가 당부를 주었는데도 게임을 멈추지 않으면 그냥 꺼버려도 됩니다.

또래 친구들에게 비웃음의 대상이 되거나 소심한 아이들은 온라인 게임에 빠져들 위험이 특히 큽니다. 남의 눈에 띄지 않으면서 자신의 잠재력을 마음껏 펼칠 수 있는 데가 바로 온라인 세계거든요. 이런 경우 상황을 바로잡을 방법이 있요?

우리 아이들에게는 늘 대안이 필요합니다. 가상이 아닌 실제 도전에 맞닥뜨려봐야 해요. 요즘 아이들은 도전이라는 걸 모릅니다. 부모가 아무런 과제도 부여해주지 않기 때문이에요. 기껏해야 책상을 정리하라거나 숙제를 하라는 말이 전부입니다. 안타까운 일이에요!

도전할 기회는 아이들 스스로 찾아야 하지 않을까요? 아이가 청소년 체험활동에 참여하겠다고 나서면 부모도 물론 기쁘겠지만, 생존체험 같은 데 참여하라고 등 떠밀 필요까지는 없지 않을까요?

그렇습니다. 하지만 청소년들이 뭔가 의미 있는 일을 해볼 기회는 반드시 마련해줘야 합니다. 부모의 지원도 어느 정도 필요하고요. 예를 들면 아르바이트를 구하는 일이 그렇습니다. 나아가 아이가 뭔가에 열정적으로 몰입하기를 원한다면 부모 스스로 자신의 관심사에 열정을 쏟아 부어야 합니다.

요즘에는 아이들도 다 인터넷이 되는 휴대폰을 가지고 있어서 문제입니다. 컴퓨터를 꺼도 휴대폰으로 게임을 계속하면 되니까요. 그럴 땐 휴대폰도 압수해야 하나요?

엄마가 나서서 '휴대폰이 아예 손에 달라붙었니? 더는 못 봐주겠으니 이제 정기적으로 압수한다.'라고 말하는 것도 괜찮다고 봅니다. 그 뒤에 아이가 어떻게 하는지 지켜보는 거지요. 다만 저는 사춘기 자녀들을 반드시 잘 자란 어른처럼 대해야 한다고 생각합니다. 너무 최악의 경우만 상상하다 보면 부모는 물론이고 아이들까지 불안해집니다. 부모로서 우리는 모든 일이 잘될 거라고 믿고, 실제로도 그렇게 되도록 온갖 노력을 기울여야 합니다. 최악의 경우를 두려워하는 대신에 말이지요!

아이와 페이스북 친구 맺기를 하는 건 어떻게 생각하시나요?

저라면 안 할 것 같습니다. 청소년들에게는 어른이 끼어들지 않는 공간이 필요합니다. 아이들에게는 페이스북이 그런 공간이에요. 가끔 '한 번 구경해도 괜찮겠니? 페이스북에서 뭘 하는지 이야기해줄래? 뭘 하든지 간에 몇 년 뒤에 생길 일들에 스스로 책임질 수 있기를 바란다.'라고 당부만 해두세요. 이런 말을 하면 처음에는 아이들도 그다지 달가워하지 않겠지만, 자신이 뭘 하는지 부모가 관심을 가져준다는 데 내심 고마움을 느낄 것입니다.

엄마, 내 남자친구 정말 멋지죠

아이가 사랑에 빠졌어요

자녀들이 학교에서, 또 인터넷을 통해 충분히 성교육을 받고 있다고 믿어도 될까요?

제 생각에는 일찌감치 부모가 따로 성교육을 해주는 게 좋을 것 같습니다. 적어도 피임에 관해 중요한 점을 빠짐없이 설명해주어야 하지요. 물론 부모에게는 쉽지 않은 일이지만요. 이때 명심할 것은 최대한 훈계조를 쓰지 말아야 한다는 점입니다.

만 열세 살 정도의 아이들이 반드시 알아야 할 것은 무엇인가요?

이때부터 피임에 관한 모든 것을 가르쳐야 합니다. 또한 포르노나 잡지의 모델들이 보여주는 모습, 예를 들어 흠 잡을 데 없이 매끈한 몸이나 거대한 성기 등에 관해서도 반드시 대화를 나누어야 한다고 생각합니다. 이런 것이 편집된 이미지에 불과하며 그중 어떤 것도 현실을 반영하지 않는다는 사실을 알려주어야 합니다.

아이가 한 번도 포르노를 본 적이 없을 수도 있지 않나요?

아마 그런 경우는 드물 겁니다. ZDF(Zweites Deutsches Fernsehen, 독일 제2방송)의 통계에 따르면 청소년들은 만 열여섯 살이 되기 전에 온라인으로 이미 수천 편의 성행위 장면을 접한다고 합니다. 기술적 정보는 다 알고 있는 셈이지요. 그러나 그렇게 접하는 장면들은 돈벌이를 위한 것일 뿐 사랑과는 거리가 멀다는 것을 반드시 부모가 설명해주어야 합니다. 더불어 그런 모습과는 다른 것, 다시 말해 허점투성이처럼 보이는 면모가 인간을 정겹고도 귀한 존재로 만든다고 이야기해주세요. 우리 같은 보통 사람들이 서로 사랑에 빠지는 이유도 바로 그런 점 때문이라고요.

워낙 허울뿐인 완벽주의가 판을 치는 시대인지라, 자신을 있는 그대로 당당하게 보여주는 데는 커다란 용기가 필요합니다. 강점은 물론 약점까지 말이지요.

그렇습니다. 오늘날 청소년들은 우리 세대가 그랬던 것보다 광고와 미디어에 훨씬 더 노출되어 있습니다. 그러나 요즘 아이들이 아무것에나 쉽게 영향을 받는다고도 할 수 없어요. 성적인 유혹이 도처에 널려 있음에도 30년 전 세대보다 성 경험을 일찍 하는 건 아니거든요.

성에 관해 이야기를 꺼내는 일은 부모에게도 난감한 문제입니다.

약간 어색하더라도 상관없습니다. 그 편이 부모에게 어울리기도 하고요. 성과 관련된 화제는 워낙 사적인 문제라서 아무렇거나 꺼낼 수 있는 게 아니에요. 긴장되더라도 반드시 차분한 태도를 취해야 합니다.

딸아이의 애정 문제에 부모가 얼마나 관여할 수 있을까요? 예를 들어 열네 살 딸이 첫 남자친구를 사귄다면 조심하라고 주의를 주어도 되나요?

걱정이 된다면 말하세요. 가령 두 사람이 함께 있을 때 마주칠 기회를 노리는 것도 괜찮습니다. 그 틈을 타서 '천천히 시간을 두고 다정한 사이로 지내려무나. 너희에게는 시간이 아주 많아!'라고 말해주는 겁니다. 그 정도면 충분합니다.

딸이 사귀는 남자아이가 애초부터 여자친구를 행복하게 해줄 타입이 아니라는 것을 알아차렸을 때는 어떻게 해야 할까요?

아이가 행복한지 아닌지는 남이 판단해줄 문제가 아닙니다. 그리고 당사자는 원래 당면한 상황을 제대로 못 봅니다. 제삼자의 눈으로 볼 때, 아니면 지나고 나서 생각할 때 비로소 상황판단이 잘되는 법이거든요. 우리도 항상 시행착오를 거치지 않았습니까? 아이도 스스로 경험해봐야 합니다. 물론 아이의 남자친구에 관해 부모의 의견을 말해서도 안 된다는 이야기는 아닙니다.

얼마나 솔직하게 이야기할 수 있을까요?

아이에게 상처 주지 않는 한에서 최대한 솔직하게 이야기하세요. 한마디 한마디에 신중을 기해야 합니다. 친한 친구와 대화를 나눌 때처럼 말입니다.

예를 들어주시겠어요? 가령 딸아이가 '엄마, 내 남자친구 정말 멋진 아이라고 생각하지 않으세요?'라고 묻는다면 뭐라고 대답할까요?

'솔직히 별로 대답하고 싶지 않구나. 나는 좀 불성실해 보인다는 인상을 받았거든. 내 생각이 틀렸니?'정도로 대답하면 될 것 같습니다. 아이가 질문을 더 할지 말지는 두고 보면 알겠지요.

아이에게 나쁜 일이나 슬퍼할 일이 생기지 않게 부모가 도와줄 수 있을까요? 예를 들어 자신이 이성 관계에서 실패한 경험을 이야기해주는 건 어떨까요?

안타깝지만 소용없습니다. 지켜보기 힘들더라도 자녀들 스스로 경험하도록 놔두어야 합니다. 이론만 가지고는 이성 관계에서 스스로를 지키는 방법을 터득할 수 없어요. 딸아이에게 '네가 남자친구와 벌써 잠자리를 갖지는 않았으면 좋겠다.'라고 말할 수는 있겠지요. 그러나 실제로 그렇게 할지 말지는 아이의 결정에 맡길 수밖에 없습니다.

열다섯 살밖에 안 된 딸아이의 남자친구가 우리 집에서 하룻밤 묵는 것을 허락해도 괜찮은가요?

두 아이가 다른 곳에서 만나게 놔두느니 우리 집으로 부르는 편이 낫다고 봅니다. 물론 딸이 어떤 아이인가에 따라서도 달라집니다. 딸아이가 상대적으로 어른스럽고 내면적으로도 성숙하다면 허락해도 될 것 같군요.

이성 친구 사귀는 일을 아예 금지하는 게 좋지 않을까요?

그게 지켜질 거라고 기대하시나요? 사춘기 아이들의 눈에는 부모의 금지보다 사랑이 훨씬 강해 보인답니다. 그런 방법으로는 고작해야 딸아이가 집에서 거짓말을 하는 결과만 낳지요.

열여섯 살 딸아이가 남학생들도 있는 친목 모임에 나가겠다고 할 때 부모는 어떻게 해야 하나요?

만일의 경우에 대비해 콘돔을 가져가느냐고 물어야지요.

반대로 자기 아이가 지나치게 소심하다고 생각하면 이성 친구들과 어울리도록 권유하는 게 좋은가요?

부모라고 사사건건 간섭하거나 자기가 인생을 다 아는 것처럼 행동해서는 안 됩니다. 아이가 소심하면 소심한 대로 받아들이세요. 그런 아이에게 필요한 것은 이러쿵저러쿵 설교하는 사람이 아니라 안정감과 애정 어린 관심을 주는 부모입니다.

저는 술 같은 건 입에도 안 댄다고요

청소년을 유혹하는 것들

사춘기는 수많은 위험이 도사리고 있는 시기입니다.

그렇다고 모든 것을 경계의 눈초리로 바라볼 필요는 없습니다. 시대를 막론하고 위험요소는 존재했으니까요.

그래도 걱정되는 건 어쩔 수 없지요!

걱정해서 되는 건 아무것도 없습니다. 지나친 걱정은 아이의 자아가치감을 갉아먹을 뿐입니다. 위험요소들에 관해 주의를 주고 '네가 조만간 혼자서 이런 것을 잘 극복해 나갈 수 있기를 바라.'라고 덧붙이면 됩니다.

하지만 우리 때는 모든 게 지금처럼 극단적이지는 않았던 것 같습니다. 30년 전에는 폭탄주나 화학성 마약, 과대광고 등이 지금처럼 넘쳐나지는 않았으니까요.

저도 청소년기에 폭음을 하고 병원에 실려 갔던 경험이 있는걸요. 눈을 떠보니 부모님이 침대 머리맡에 서 계셨습니다. 부모님은 그저 '깨어나서 다행이다.'라고만 말씀하셨는데, 저는 이 일에서 깊은 감동을 받았답니다.

사춘기 아이들이 어디까지 경험해보는 게 정상인가요?

부모들도 사춘기에 폭음해본 경험이 한 번쯤은 있지 않습니까? 그럼에도 대부분의 청소년들이 알코올중독에 빠지지 않는 이유가 무엇인지 생각해보아야 합니다. 별탈 없이 사춘기를 보내는 사람의 비율은 90퍼센트를 훨씬 웃돈답니다.

자녀들이 이 모든 현상에 대처할 수 있도록 강하게 키우려면 어떻게 해야 하나요?

아이를 믿어주어야 합니다. 부모에게 아이가 얼마나 소중한 존재인지 끊임없이 말해주어야 하고요. 사춘기 아이들에게는 아무리 좋은 조언도 이것만 못합니다. 부모 스스로 사춘기에 무엇을 했는지 상기해보는 것도 좋은 일이지요.

청소년 마약중독도 점점 심각한 문제가 되고 있습니다. 엑스터시 같은 마약은 장기적인 기억력 손상을 일으킬 수도 있다고 하지요.

그렇습니다. 무척이나 위험한 일이에요. 부모들이 불안해하는 것도 무리는 아닙니다. 하지만 마약을 만들고 유통시키는 당사자는 청소년이 아니라 성인들임을 잊어서는 안 됩니다. 이 문제에 부딪혔을 때는 자녀들이 부모에게 품고 있던 신뢰를 잃어버렸는지 여부가 관건입니다.

무모함도 사춘기 아이들의 두드러진 특징인데, 이것도 부모가 감수해야 할 일인가요?

인간에게 무모함이 없었다면 수많은 역사적 발명과 발견은 일어나지 않았을 겁니다. 무모함은 젊은이들에게 새로운 세계를 찾아 나설 힘과 용기를 줍니다.

그러면 아이들이 위험한 행동을 하지 못하도록 끊임없이 막을 게 아니라 이를 현실로 받아들여야 할까요?

위험을 현실적으로 어림하는 법을 배우도록 무모함에 관해 아이들과 대화를 나누어야겠지요. 청소년기의 모험심을 성인들이 악용한 역사적 사례가 많다는 사실도 인지해야 합니다. 예를 들어 베트남전쟁에 참전한 미군들의 평균 연령은 겨우 열아홉 살이었습니다.

아이들을 위험으로부터 보호할 수는 없을까요?

불가능합니다. 부모에게는 잔인하게 들리겠지만 이게 진실입니다. 언젠가는 부모도 운명에 모든 것을 맡길 수밖에 없는 순간이 옵니다. 어떤 결과가 발생하든지 말입니다.

아이들이 하는 말을 모두 믿어도 될까요?

믿는 수밖에 없습니다. 그래도 찜찜한 기분을 떨쳐버릴 수 없다면 그냥 물어보면 됩니다.

아이가 담배에 손을 대지 않도록 사전에 예방할 수 있을까요?

그것도 불가능합니다. 부모가 담배를 피운다면 더더욱 불가능하고요. 물론 아이가 담배를 피운다면 '어서 끊어라. 그러지 않으면 금세 중독돼!'라고 경고할 수는 있지요. 금연에 성공하기까지 오랜 시간이 걸린 경험이 있다면 아이에게 이야기해줘도 괜찮고요. 그 이상 할 수 있는 일은 없습니다.

담배를 끊을 때까지 용돈을 줄이는 건 어떨까요?

그러면 아이는 어디서 돈을 빌리거나 아르바이트를 하고, 담배를 피우기 위해 밖으로 나돌 겁니다. 그런 방법은 아이로 하여금 있던 신뢰도 잃게 만들어요.

아이의 친구들이 미덥지 못하다면 아이에게 솔직히 이야기해도 될까요?

자기 의견을 말하는 일은 어떤 경우에든 필요합니다. 아이들도 어차피 부모가 어떻게 생각하는지 다 느끼고 있어요. 다만 '누구와 어울릴지는 네가 결정할 일이야. 어떤 결과가 생기든 감수해야 할 사람도 너 자신이고.'라고 확실히 못을 박아두세요.

가끔은 아이들을 집에 가두어놓고 싶은 마음이 굴뚝같습니다. 물론 그렇게 하기란 거의 불가능하지만요.

부모라면 순간적으로 그런 생각을 하기 마련입니다. 통로를 차단해버리면 문제가 해결될 거라고 생각하는데, 이는 오산이에요. 아이가 잘못된 행동을 하는 것을 부모가 막을 수는 없습니다. 중요한 건 자기 행동에 책임지는 법을 확실히 가르치는 일입니다.

우리 어릴 때는 결정적인 순간에 부모님에게 거짓말로 둘러댄 적이 많습니다. 반면에 요즘 부모들은 모든 것을 어떻게든 알아내는 것 같아요.

그렇습니다. 청소년들은 바로 여기에 맞서야 해요! 아이들에게는 어른들로부터 자유로운 시간이 필요하거든요.

아이들이 가끔 폭음을 하는 이유가, 그런 것 말고는 사춘기의 열정을 분출할 데가 없기 때문이 아닐까요? 하루 종일 책상 앞에 묶여 자유를 누릴 여지가 없으니까요.

아마 그럴 겁니다. 무엇보다도 저는 아이들 일에 사사건건 간섭해야 한다고 여기는 어른들의 사고방식이 걱정입니다. 그러지 않으면 제대로 되는 게 없다고 생각하는 건데, 그런 통제는 해결책이 될 수 없습니다.

아이가 곤드레만드레 취한 채 귀가하면 어떻게 반응해야 할까요?

잠자리 옆에 양동이와 수건을 갖다 두세요.

주의도 주지 말아야 하나요?

그럴 필요 없습니다. 아이 스스로도 도를 넘었다는 사실을 알게 될 겁니다. 다음 날 머리가 깨질 듯이 아플 테니까요. 그럼 느끼는 게 있겠지요.

알코올에 적응하는 속도가 빠른 아이들도 있습니다.

저는 아이들의 행동거지가 부모와 매우 깊은 관련이 있다고 절대적으로 확신합니다. 아들이 술을 자주 마신다면 저는 이렇게 이야기하겠습니다. '요즘 술을 자주 마시는 것 같구나. 내가 어떻게 하면 네가 술을 덜 마시게 될지 고민이야.'

그런데 아빠가 아들을 알코올중독에서 구해주려 무진 애를 쓰는 동안 아들은 느긋하게 다리를 뻗고 앉아 맥주나 마시고 있으면 어떻게 할까요?

그런 일은 없을 겁니다. 아빠가 자신이 할 수 있는 것 이상으로 노력하는 것을 보면 아이도 마음이 움직일 테니까요. 아빠가 아들에게 훈계를 하거나 아이의 머리 위에 군림하려 들지 않는다면 말입니다. 한 부분만 움직여도 전체가 함께 움직인다는 점에서 가족이 기능하는 방식은 모빌과 비슷합니다.

아들이 술에 손을 대는 것도 전적으로 부모의 책임이라는 말처럼 들리는데요.

엄마가 임신 중에 술을 마시지 않는 한 아이가 알코올중독을 가지고 태어나는 건 아니잖습니까. 아이가 마약처럼 해로운 약물에 손을 대는 이유는 아마도 어떤 상처를 완화하기 위해서일 겁니다. 그리고 그 상처에 어떻게든 책임이 있는 사람이 바로 엄마 아빠지요.

부모로서 외부의 도움을 구해야 하는 때는 언제입니까?

스스로 감당할 수 없다고 느끼면 더 기다리지 말고 도움을 청할 곳을 찾아봐야 합니다. 부모로서 죄책감을 극복하기 위해 자조 집단이

나 치료요법의 도움을 받는 것도 좋습니다. 그리고 아이의 문제에 일부분이나마 책임을 져야 합니다. 그렇지 않으면 아이가 모든 잘못을 덮어쓰게 되니까요.

아들이 대마초에 손을 대기 시작할 경우 뭐라고 말해야 할까요?

그 문제는 부모의 개인적 한계가 어디까지냐, 그리고 상황이 정확히 어떤가에 달려 있습니다. 이런 식으로 가다가는 더 이상 아들과 함께 살 수 없겠다는 생각이 들면 '대마초에 손을 대는 건 절대 용납하지 않겠다! 이 문제를 어떻게 해결하면 좋을지 네 생각을 말해봐.'라고 이야기해야 합니다. 계속해서 아이에게 영향력을 발휘할 수 있으려면 아이와 지속적인 유대관계를 갖는 일이 중요합니다.

아이를 내쫓거나 해서는 안 되나요?

절대 그래서는 안 됩니다. 부모 자식 관계에서 그건 모독이자 권력을 과시하는 행위일 뿐입니다.

그렇게라도 하지 않으면 상황이 심각하니 대마초를 끊어야 한다는 사실을 아이가 자각하지 못할 텐데요!

저는 그런 상황에서 부모가 가진 영향력의 불씨를 꺼뜨리지 않는 일이 훨씬 중요하다고 봅니다. 자녀에게 영향력을 발휘하려면 부모도 아이들 세계에 접근할 수 있어야 합니다. 부정적인 선입견을 버리지 않으면 문제를 해결할 기회도 없어요! 아이는 모든 잘못을 덮어쓰다 못해 고립되고 맙니다. 어떤 부모들은 자녀가 자기 생각과는 다르게 성장했다는 이유로 아이를 더 이상 상대하지도 않으려 합니다. 아이들에게 이는 그야말로 최악이에요!

약물 복용을 예방하려면 아이들에게 어느 정도의 사전 설명을 해주어야 하나요?

청소년들은 환각 약물이 순간적인 즐거움을 줄 뿐이라는 사실을 알아야 합니다. 약물이 인간을 지배하기 시작하면 그의 삶은 점점 더 파국으로 치닫습니다.

나는 안 갈래요

둥지를 벗어나는 아이들

아이가 사춘기쯤 되면 가족 외출에 동참하라고 강요하는 건 거의 불가능하겠지요?

　어려운 일이기는 하지요. 물론 열다섯 살 된 아들에게 '너도 같이 갔으면 좋겠구나.'라고 말해볼 수는 있습니다. 그 한마디면 충분해요. 그리고 열다섯이면 사고 칠 염려 없이 충분히 혼자서 하루를 보낼 수도 있는 나이입니다.

그래도 같이 가면 더 좋을 텐데, 어떻게든 꾀어볼 방법이 없을까요?

　어른이 나들이를 갈 때는 그게 즐거움을 주기 때문에 가는 것 아닙니까? 청소년들에게도 그런 즐거움이 가장 큰 동기가 됩니다. 저녁에 한껏 들뜬 채 귀가해서 아이에게 무엇을 했는지 들려줘보세요. 그러면 다음번에는 따라나설지도 모릅니다.

부모 입장에서는 아이들이 좋은 경험을 하기를 바라는 마음뿐이지요.

　중요한 건 아이 자신이 그 경험을 좋아하느냐는 겁니다! 높은 산에 올라가 계곡을 내려다보는 것이 부모에게는 특별한지 몰라도, 열다섯 살 아들에게는 전혀 관심 밖의 일일 수도 있어요. 아이들은 가끔 집에 혼자 남아 시간을 보내는 일을 좋아한답니다. 게다가 아이에게 멋진 경험을 제공하는 게 부모의 존재 이유는 아니에요!

하지만 집에 혼자 있으면 하루 종일 빈둥거리거나 컴퓨터에 달라붙어 시간을 보낼 게 뻔하거든요.

사춘기 아이들이 중요하게 여기는 것은 부모가 생각하는 것과는 다릅니다. 그걸 평가한다는 건 어려운 일이에요. 어른들이 하는 것만 가치 있고 청소년들의 머릿속에는 쓸데없는 생각만 들어 있다고 여기는 사고방식을 저는 좋아하지 않습니다.

적어도 최소한의 가족 행사에는 참여하도록 강요하는 건 괜찮겠지요?

가장 친한 친구에게 등산을 가자고 했는데 친구가 가고 싶지 않다고 하면 '따라 와.'라고 명령하나요? 자녀의 경우도 이와 같습니다. 사춘기 딸과 함께 나들이를 가려는데 딸이 거절하면 부모가 선택할 수 있는 건 두 가지뿐입니다. 나들이 계획을 아예 취소하든지 아니면 혼자 가야지요.

하지만 가족들이 가끔이나마 뭔가를 함께하는 것도 중요하지 않을까요?

그건 부모의 바람일 뿐입니다. 물론 바람을 표현할 수는 있어요. 그러나 자녀가 열두 살이 넘으면 부모에게서 조금씩 멀어진다는 것도 알고 있어야 합니다. 가끔은 문을 닫아걸고 방에 혼자 틀어박혀 있기도 하고요. 그 나이 때는 이런 행동이 지극히 자연스러운 것이니 감정적으로 받아들여서는 안 됩니다.

그러면 사춘기 자녀를 친구처럼 대해야 하나요?

비록 아직은 어른이 아니라도 어른처럼 대해줘야 합니다. 아이들은 어른이 되는 연습을 하는 중이에요. 그 과정에서 실수도 할 테고 실망하는 일도 생기겠지요. 그럴 때를 대비해 가족이라는 안전한 항구가 필요한 겁니다.

아이가 그저 부모의 비위를 맞춰주려고 따라와서 하루 종일 시무룩해 있다면 부모도 기분이 좋지는 않지요.

그렇습니다. 강요는 아이를 노예로 만들어요. 오로지 남을 위해 뭔가를 하는 의존적인 사람으로 키우는 거지요. 오로지 자기 자신을 위해 뭔가를 하거나 하지 않는 자주적인 아이를 길러내는 것이 자녀교육의 목표입니다. 그렇게 할 수 있는 아이는 부모를 위해 뭔가를 할 내적인 자유도 갖추게 됩니다.

그런데 어떤 아이들은 또 친구의 부모와 등산 가는 것은 좋아하더군요.

청소년들은 어울리고 싶은 사람을 스스로 선택할 권리가 있습니다. 저는 자녀를 배우자의 대체물로 여기는 태도에 극구 반대합니다. 그저 같이 등산 갈 사람이 없어서 아이에게 함께 갈 의무를 지우는 건 말도 안 됩니다. 아이에게는 선택할 권리가 주어져야 합니다.

아이들은 영화관에조차 부모와 함께 가지 않으려 합니다. 아무리 재미있는 영화가 상영 중이라도 말이지요.

그것도 감수해야지요. 다 큰 아이들에게 부모는 더 이상 세상의 중심이 아니에요.

가끔은 이해하기 힘든 때도 있습니다. 그냥 따라나서면 될 것을, 굳이 반항해가면서까지 재미있는 경험을 할 기회를 놓치거든요.

몇 가지 희생을 감수하더라도 부모와의 공생 관계를 타파하고 싶은 겁니다. 우리도 그 나이 때는 다를 것 없었어요.

그거야 우리 부모 세대가 워낙 편협했으니 어쩔 수 없이 어른들에게서 거리를 둔 것뿐이지요. 그에 비하면 우리는 훨씬 편한 부모 아닌가요?

그래도 부모 자녀 사이를 지배하는 원리는 거기서 거기입니다. 아이들은 둥지를 떠나기 마련이에요. 부모는 떠나보내는 쪽이고요.

그래도 영화관에서 엄마와 나란히 앉아 있는 것조차 거부하는 건 너무하지 않나요? 난 아이에게 영화를 보여주고 싶은 것뿐인데요.

요즘 아이들은 영화 같은 건 얼마든 다운받아서 봅니다. 항아리에 물을 채우듯 아이에게 그저 사랑을 채울 수는 없습니다. 좋은 뜻으로 해주는 거라도 아이가 원치 않으면 그만이에요. 부모와의 관계와 자신의 사생활을 구별 짓고 싶어 하는 거랍니다. 이는 지극히 정상적이고 건강한 성장 과정입니다.

부모들은 자녀가 사춘기에 접어든 뒤에도 여전히 무언가를 함께하려 애씁니다. 아이의 마음을 끌려고 점점 더 거창한 일을 궁리하기도 하는데, 그게 다 무용지물이라는 말씀인가요?

그렇습니다. 부모가 세계여행을 시켜주겠다고 꼬드겨도 아이는 친구가 사탕 하나를 들고 놀러오는 것을 더 반가워합니다.

아이가 부모와 함께 외출하는 일을 거절할 즈음이면 뉴욕 여행 같은 조커를 꺼내들어도 소용없겠군요.

그렇습니다. 아이의 삶에 끊임없이 끼어드는 일은 피해야 해요. 그러다가는 사춘기 아이에게 진정 필요한 것, 즉 자기만의 시간과 시행착오를 경험할 시간을 빼앗게 되거든요.

이상하게도 아이들은 제가 '아무개 집에 식사 초대를 받았는데 너희도 같이 갈래?'라고 물으면 안 가겠다고 하면서, '나는 아무개 집에서 식사하고 있을 테니 오고 싶으면 나중에 오렴.'이라고 말하면 곧장 따라나서더군요.

행동의 자유를 부여받기 때문이지요! 아이들은 자기가 조종당하고 있는지 아닌지를 비언어적 차원에서 정확히 파악합니다. 청소년 자녀들과의 관계에서는 아이의 정체성을 지켜주는 일이 기본입니다. 어떤 일의 결정을 전적으로 아이 손에 맡기면 아이는 이를 굉장히 여유롭게 받아들입니다. 엄마의 융통성 있는 태도를 느끼기 때문이에요. 이는 모두에게 유익합니다.

그래도 뭔가를 함께하자고 제안하는 것은 괜찮겠지요?

물론입니다. 지난 10여 년 동안 내가 알고 지낸 아이가 갑자기 사라지는 것은 아니에요. 다만 전혀 다른 사람으로 변모하는 것뿐입니다. 어른이 되고 싶어 하고, 외부의 영향력으로부터 벗어나고자 하는 독립적인 존재로 말입니다.

당신과 나, 그리고 우리 아이들

현명한 부부가 현명한 부모가 된다

부모가 된 뒤에도 부부 간의 관계를 잘 가꾸려면 어떤 노력을 기울여야 할까요?

간단합니다. 우리가 이제 어른 둘과 아기 하나, 이렇게 셋이 되었다고 생각하면 됩니다. 가족이라는 행성에 이제 세 사람이 있다는 뜻이지요. 부모는 아이가 오기 전에 먼저 와 있던 사람들이고요.

그런데 아기는 항상 보살핌이 필요하기 때문에 금세 아기에게 집중하게 되는 일이 다반사입니다.

첫 한 해 동안은 아기가 중심이 될 수밖에 없습니다. 울면 달래주어야 하고, 부모도 부모 되는 법을 먼저 배워야 하거든요. 하지만 그 후에는 이전의 가족 질서를 되찾아야 합니다. 아이는 집 안에서 적절한 위치를 부여받지만, 더 이상 집중적인 관심의 대상이지는 않습니다.

예전에는 아이를 낳는 게 그냥 당연한 일이었지요. 노후를 대비하기 위해 아이를 낳기도 했고요. 반면 오늘날에는 인생계획을 먼저 세우고 거기에 맞추어 자녀계획을 세우는 부모들이 대다수입니다. 한편으로는 이게 아이들에게 유익할 수도 있지만, 다른 한편으로는 아이가 부모 삶의 한 구성물로 전락하는 경우도 많습니다.

지나치게 계획된 인생은 아이에게 해롭습니다. 부모의 모든 염원과 욕구를 아이에게 투영시킬 경우 이는 부모 자녀 관계에 부담으로 작용하지요. 아이에게 가장 좋은 것은 그저 부모와 나란히 인생길을 걸어가는 일입니다.

부부관계는 어떤 마음가짐에 기반을 두어야 하나요?

'당신과 내가 함께라면 모든 것을 해낼 수 있다. 우리라는 존재는 단순히 두 사람이 결합된 것 이상의 의미를 갖는다. 우리는 제3의 것을 만들어낼 수 있으며, 그것은 아이를 낳아 기르는 일일 수도 있고 다른 어떤 공통 관심사일 수도 있다. 혼자서는 불가능한 일도 두 사람이 함께라면 해낼 수 있다.' 이런 마음가짐이 필요합니다.

안타깝게도 부부관계는 금세 식상해지기 마련입니다. 자녀가 있을 경우 더 그렇고요.

맞습니다. 사실 우리는 그처럼 정적인 상태에서 안정감을 느낍니다. 그러나 현실은 결코 정적이지 않아요. 괴테가 말했듯이 인간은 꼭두각시 같은 완제품이 아니라 끊임없이 만들어지고 있는 존재입니다. 인간의 세포 구조도 몇 달에 한 번씩 재생되며, 몇 년이 지나면 원래의 것은 하나도 남지 않게 되지요.

인간관계는 노동이라고 말하는 사람도 있는데, 특히 어떤 점에서 그런가요?

인간관계에서는 무엇보다도 자기 자신을 알아가는 일이 중요합니다. 자아를 세심히 관찰하고 내면의 목소리에 귀를 기울이며, 다른 이들이 나를 어떻게 인지하는지 귀를 기울이는 거지요. 또 살아가면서 겪는 매 순간으로부터 무언가를 배우며, 상황에 유연하게 대처하면서 현명하게 그것을 극복하도록 노력해야 합니다. 이 모든 것이 결코 쉽지 않은 노동이지요.

자신이 상상하는 가족의 모습에 대해 지나치게 대화를 적게 나누는 것 같습니다. 모두들 가족이 어떻게 기능하는지 이미 잘 안다고 생각하기 때문이에요. 가족 없는 사람은 없으니까요.

하지만 가족의 모습이 어느 집이나 같지는 않습니다. 우리는 배우자가 성장한 환경에 익숙하지도 못하고, 배우자의 가족에게는 어떤 일이 일상적이었는지도 모릅니다. 그러니 이를 주제로 임신 기간에 미리 대화를 나누는 것이 좋습니다. 이때 절대적으로 옳고 그른 것은 없음을 항상 염두에 두어야 하고요. 다만 어떤 점이 내게 타협의 여지가 있으며, 어떤 점이 그렇지 못한지 판단하는 겁니다.

은연중에 남편을 아버지나 남자 형제와 비교하고 아내를 어머니나 누이와 비교하는 일도 흔합니다. 이것을 자각하고 중단하려면 어떻게 해야 할까요?

배우자가 상냥하게 지적해주어야 합니다. '당신 지금 나에게 반응하는 게 아니군요. 평소보다 과도하게 반응하는 것 같아요.'라고 말입니다.

상대방이 변하기를 바라는 경우도 많습니다. 제발 담배를 끊으라든가, 좀 더 관대해질 수 없냐고 불평하기도 하지요.

'당신이 줄담배를 피우는 것은 이제 도저히 못 참겠어요!'라고 말하면 쉽습니다. 그런데 이때 흡연 문제는 그간 부부관계가 어떻게 변화되었는가를 상징하기도 합니다. 처음처럼 사랑에 눈 먼 상태는 아니라는 거지요. 다시금 현실에 눈을 뜬 거라고나 할까요.

부부관계가 삶의 중심에서 멀어지면 두 사람은 자녀들에게 지나치게 집중하게 됩니다. 아이들이라도 행복해야 한다고 생각하는 거죠.

아이들에게는 그게 커다란 부담입니다. 물론 아이들이 잘되기를 바라는 것은 잘못된 일이 아니에요. 그걸 표현하는 방식이 문제인데, '나한테는 네 행복이 무척 중요하단다. 하지만 무엇이 네게 행복인지는 너 스스로 잘 알 테지.'라고 말하는 것도 좋습니다.

부모가 원활한 부부관계를 유지하려면 어떻게 해야 할까요?

가끔 깜짝 이벤트를 하는 방법이 있습니다. 뜻밖의 여행 계획을 세운다든가, 일주일에 한 번씩 아니면 정기적으로 단둘이 외출하는 것도 좋지요. 아이는 베이비시터에게 맡기고요. 부모도 자기 인생을 가꾸어야 합니다. 어른들끼리 서로 교류하고 함께 무언가를 하는 것은 바람직한 가족문화입니다. 화기애애한 분위기는 아이들에게도 굉장히 포근하게 다가오거든요.

그 말씀은 곧······.

······부모가 행복한 만큼 아이들도 행복하다는 뜻이지요. 어떤 부모가 아이의 학교 문제에 매달리게 되는 것도 대개는 자기 자신과 부부관계를 돌보는 일을 잊어버렸기 때문입니다. 그러면 별안간 아이들 문제가 굉장히 중요하게 느껴지거든요.

자녀 양육 문제에서 부부의 의견이 언제나 같아야 하는 것은 아닙니다만, 의견이 일치한다면 모든 게 좀 더 수월하지 않을까요?

의견 일치를 보는 일은 대단한 기술이 아닙니다. 의견이 불일치하는 상황에서 출구를 모색하는 게 진짜 고난이도 기술이지요.

아이들 앞에서 의견이 엇갈릴 경우에는 어떻게 대처해야 합니까?

'너희 엄마가 어째서 저렇게 하는지 도무지 이해가 안 가지만, 이 문제는 엄마의 결정에 맡기겠다.' '이 문제라면 너희 아빠와 입씨름을 좀 해야 할 것 같아. 나는 네 아빠 생각대로는 절대 하고 싶지 않거든.' 이런 식으로 말하면 됩니다. 상대방의 생각이 틀렸다고 몰아세우는 일 없이 사실관계를 논하는 데서만 그치면 크게 문제될 것은 없습니다.

그런 대화를 나누는 목적이 합의점을 찾는 데 있나요?

전혀 그렇지 않습니다. 각자의 입장을 나누고, 상대방의 언어를 이해함으로써 그의 생각을 조금 더 알게 되는 것이 대화의 목적이에요.

부부가 가족의 중심이 될 경우 자녀도 그들의 삶의 방식을 받아들여야 하겠군요.

그렇습니다. 부부는 부부의 삶에 충실한 동시에 자신들이 낳은 아이가 어떤 존재인지 파악하려는 노력도 게을리해서는 안 됩니다.

그런데 부모 중 한쪽만이 자녀 양육을 도맡는 경우가 많습니다. 그때는 부부가 가족의 중심이 되는 게 쉽지 않을 것 같은데요.

아이가 태어나면 부부는 무의식의 시기로 접어드는데, 이 시기를 둘이 함께 극복해야 합니다. 부모는 자기 삶의 주권을 되찾아야 해요. 아이 때문에 삶의 흐름이 좌지우지되어서는 안 됩니다. 아이가 앙 소리만 내도 허둥지둥 달려가는 일은 없어야 한다는 뜻입니다.

자기 인생이 딱히 멋지다고 생각지 않는 사람들도 많지요. 자녀를 갖는다는 건 이들에게 무의미한 삶에 가치를 부여하기 위한 수단입니다. 결혼도 마찬가지고요.

삶에 의미를 부여하고자 아이를 낳을 경우 인생은 내리막길로 접어듭니다. 이때 아이는 정상적인 경우와는 전혀 다른 차원의 의미를 부여받습니다. 그러나 내 인생의 의미는 나 스스로 찾아야 해요. 배우자나 아이에게 이를 투영시키는 일은 절대 금물입니다.

그러면 자녀를 내 인생과는 전혀 별개의 존재로 간주해도 무방한가요?

부모가 자기 자신을 챙기는 데 집중하면 아이들은 부모로부터 자유로워지고 부담도 덜게 되며, 무엇이 되어야 한다는 의무감도 사라집니다. 이는 아이가 행복을 찾아가는 데 가장 중요한 조건이기도 하지요. 스스로 가족의 중심이 되고 자기 자신을 아끼는 부모는 때로 아이들을 기다리게 놔두기도 하지요.

예, 꼭 그렇게 해야 합니다. 요람에서 울음소리가 난다고 자기 일이고 뭐고 다 내던지고 달려가서는 안 됩니다. 응급 상황이 아니라는 것을 알면 '지금 블라우스를 다림질하는 중이야. 얼른 마치고 갈게!'라고 일러주고 하던 일을 끝까지 하세요. 그러면 아이들은 부모가 자신을 지켜보고 있다는 것을 느끼고, 기다리는 법도 배우게 됩니다. 원하는 대로 부모를 조종할 수 있다는 생각도 갖지 않게 되고요.

사람은 타인을 과연 얼마나 깊이 이해할 수 있을까요?

상대방을 이해하는 일이 인간관계의 목표라고는 생각지 않습니다. 그런 의도 자체를 내려놓으세요. 남자와 여자가 서로를 이해한다는 것은 어차피 불가능하거든요. 이해하려고 하는 것은 쓸데없는 시도일 뿐입니다.

그러면 어디서 관계를 시작해야 하나요?

고대 그리스인들은 남자와 여자가 원래 하나였다가 반으로 갈라진 공의 양 부분과 같다고 생각했습니다. 저는 이 묘사가 마음에 듭니다. 다른 한쪽의 본질을 이해한다는 것은 불가능하지요. 자기 자신을 그쪽에 맞추려는 일은 더더욱 불필요하고요. 그렇게 하면 도리어 완벽한 전체를 이룰 수 없게 되니까요. 우리가 할 수 있는 건 그저 다른 한쪽을 있는 그대로 받아들이는 것뿐이랍니다.

엄마 아빠가 이혼한 건 너희들 탓이 아니야

우리 갈라서요

45

상처를 남기지 않는 이혼

부부 두 쌍 중에 한 쌍은 이혼하는 게 요즘 세태인데요, 부모로서 너무 일찍 갈라서는 게 아닌가요?

아닙니다. 부모라도 함께 성장할 가능성이 더 이상 보이지 않으면 헤어지는 수밖에요. 검은 머리 파뿌리 되도록 함께 산다는 말은 평균 수명이 마흔 살밖에 안 되던 시절에 생겨난 것입니다. 요즘은 결혼해서 육칠십 년은 함께 살 정도로 수명이 길어졌잖습니까. 그 세월을 단 한 명의 배우자와 보내야 한다는 것 자체가 상상하기 어려운 일이지요. 결혼생활에 '실패'했다는 말도 저는 시대에 뒤떨어진 표현이라고 봅니다.

그래도 자녀가 있으면 다 같이 살도록 온갖 노력을 기울여야 하지 않을까요?

애정이 완전히 식어버렸거나 두 사람 중 한쪽이라도 이 관계를 통해 더 이상 성장할 수 없다고 느끼면 원하는 길을 가는 거지요. 제가 위낙 만사에 독특한 관점을 지닌 것일 수도 있습니다만, 저는 부모가 이혼하든 별거하든 한 번 가족은 영원히 가족이라고 생각합니다.

글쎄요. 제 생각은 다른데요.

아닙니다! 아이들과 따로 산다고 해도 내 아이를 내가 낳았다는 사실에는 변함이 없으니까요. 원래의 가족은 보존되는 겁니다. 딸아이 팔이 부러졌다든지, 그런 나쁜 일이 벌어질 경우 이 가족 간의 애착을 문득 실감하게 될 것입니다.

하지만 누구 하나가 이사를 나가면 그 가족은 더 이상 온전하다고 볼 수 없지 않나요?

그냥 좋게 포장하는 것뿐이지요. 아이들은 부재의 주인공을 그리워하기 마련입니다.

아이들이 부모의 이혼을 원치 않는 이유는 아이에게 양친이 모두 필요하기 때문입니다. 자신이 양쪽 모두로부터 태어난 존재니까요. 이게 바로 가족의 본질이에요. 갈라선 후에도 원래의 가족이 보존되도록 하는 게 이혼하는 부모에게 주어진 숙제입니다.

부부관계가 의도와는 달리 장미의 전쟁[8]으로 치닫는 경우도 허다합니다.

애정을 간직한 채 헤어지는 것도 하나의 기술입니다. 헤어지는 순간까지 부부로서 행복했던 기억을 간직하는 것이지요. 헤어진다고 해서 티끌만큼의 사랑도 남아 있지 않은 것은 아니거든요. 남아 있는 사랑이 단 1퍼센트뿐일 수도 있고 60퍼센트일 수도 있습니다. 그 남은 사랑을 간직하는 일이 중요합니다.

하지만 아빠나 엄마 중 한쪽이 이사를 나가면 그 빈자리가 워낙 크게 느껴지는 게 사실입니다. 집안 구석구석에서 말이지요.

-----

8) 부부의 불화를 주제로 1989년에 제작된 영화.

진정한 가족은 마음속에 살아 있습니다. 자녀들은 부모가 자신을 낳았다는 사실을 알고 있고, 이런 자각은 믿을 수 없을 만큼 강한 연결고리가 됩니다. 함께 살지 않는다고 해서 이 연결고리가 끊어지지는 않습니다. 첫 가족은 그 구성원들 모두의 마음속에 항상 1순위로 남으니까요. 다른 모든 사람은 고작해야 제4, 제5순위일 뿐입니다. 이전 결혼생활에서 낳은 자녀가 있는 배우자를 새로 만날 경우 이 사실을 금세 실감하게 될 겁니다.

부부가 이혼하는 가장 흔한 이유는 무엇인가요?

이혼을 생각하고 제게 상담을 받으러 오는 부부들은 하나같이, 부부 관계에 너무 충실한 나머지 자신의 본모습에는 미처 충실하지 못했다고 말하더군요.

부부 사이가 멀어지면 아이들이 고통받습니다. 새로운 배우자를 만나더라도 4~5년 이후에 또다시 갈라설지도 모르지요. 이처럼 관계 맺기에 어려움을 겪는 사람이 많은가요? 사랑하는 법도 배울 수 있지 않을까요?

완벽하고 이상적인 모습을 만들어내는 것이 가족을 형성하고 인간관계를 맺는 목적인가요? 인간관계는 화합의 장이 아니라 성장의 장입니다. 성장이 불가능할 때 관계는 끝나고 맙니다. 사랑이란 나와 상대방이 다름에도 불구하고 서로에 대한 호의를 잃지 않는 일을 말합니다. 이것을 배워 나가는 사람도 물론 있습니다.

더 이상 성장할 수 없다는 사실을 깨닫는 순간은 언제입니까?

똑같은 일이 반복될 때입니다. 뭔가 변화할 수 있으리라는 희망을 잃는 거지요. 그러다 주위의 다른 누군가에게 호감을 갖게 되고, 새로운 상대에게 마음을 여는 겁니다.

평화롭게 이별하는 방법은 무엇인가요?

한마디 말이면 사실 충분합니다. 배우자에게 '당신과 헤어지겠어요. 하지만 당신과 나 그리고 아이들을 다치게 하는 행동은 절대 하지 않을 거예요.'라고 말하는 거지요.

'당신이 나를 떠난다는 것 자체가 내게는 상처라고요!'라는 대답이 돌아올 텐데요.

이제 상대방이 무슨 말을 하든 변하는 것은 없습니다. 남편과 아내가 부부관계에서 담당하는 부분은 각각 50퍼센트이고, 이 관계를 현재 모습으로 만든 것도 이들 자신입니다. 문제는 이혼을 원하는 쪽이 지난 수년 동안 혼자서 이 문제로 많은 생각을 해왔다는 점입니다. 아마 골백번도 더 고민했겠지요. 그러나 상대방에게는 준비되지 않은 이별일 뿐입니다. 그러니 이를 받아들일 시간을 주어야 합니다.

이별 통보를 받은 입장에서는 고통스럽기 이루 말할 수 없지요.

그렇지만 이건 현실입니다. 상대 배우자도 이미 짐작하고 있었을 거예요. 부부관계가 순조로운지 아닌지 느끼지 못하는 사람은 없으니까요. '이랬어야 했는데' '그럴 수도 있었는데' '저랬을지도 모르는데'라고 생각해봤자 이미 늦었지요.

헤어지자는 말을 꺼냈을 때 상대방이 적대적으로 나오면 평화롭게 헤어지려던 것도 헛일이 될 것 같은데요.

어차피 우리는 자기 자신에 관해서만 확신할 수 있을 뿐입니다. 배우자가 어떻게 반응할 것인가는 내 영향력 밖에 있는 문제예요. 부부관계에서 내 영향력은 50퍼센트에 지나지 않으니까요. 그러나 뿌린 대로 거둔다는 원칙은 부부관계에도 적용됩니다. 지금껏 내가 그다지 다정하지 못했다면 돌아오는 것도 엄청난 증오와 분노뿐이겠지요.

그처럼 극단적인 상황에서는 지금껏 몰랐던 상대방의 모습이 드러나기도 합니다.

그렇습니다. 무척 힘든 시기가 되겠지요. 다만 지금껏 두 사람이 미처 함께하지 못한 일들 때문에 분노하고 슬퍼하는 시간을 잠깐씩 가지는 것도 양쪽 모두에게 도움이 됩니다. 이 순간만큼은 다시 한 번 차분히 운명을 받아들이는 겁니다.

한 사람이 다른 사람의 삶을 망가뜨린다는 게 과연 있을 수 있는 일인가요? 그런 말로 배우자를 비난하는 일이 흔하거든요.

말도 안 되는 주장입니다. 그건 핑계에 지나지 않아요. 어째서 다른 사람이 내 삶을 망가뜨리도록 놔둔단 말입니까? 나는 독립적인 인간인걸요.

이혼하려는 배우자에게 '당신은 영원히 사랑하겠다는 말로 나를 현혹했어요! 나는 당신에게 속아 넘어간 거예요.'라고 비난하는 경우도 있지요.

영원히 사랑해야 한다고 누가 그러던가요? 그러면 결혼식에서 영원히 사랑하겠노라고 서약하는 사람은 다 사기꾼이 되겠군요. 배우자가 5년 뒤에 어떻게 변할지는 모르는 일이에요! 마찬가지로 내가 5년 뒤에 어떻게 되어 있을지도 모르는 일이고요. 우리가 할 수 있는 가장 솔직한 약속은 '할 수 있는 한 오랫동안 당신과 함께이고 싶다.'입니다.

부부치료사 등의 도움 없이 이혼 과정을 마무리할 수 있을까요?

이혼은 병이 아닙니다. 저는 이런 문제를 전문가에게 맡기다 보면 자아가 다소간 희생된다는 느낌을 간혹 받습니다. 자신의 행동에 대한 주권을 내맡기는 셈이니 말입니다.

엄마와 아빠는 헤어지기로 했단다

아이에게 이혼 사실 알리기

엄마 아빠가 이혼할 것이라는 이야기를 아이에게 어떻게 꺼내야 할까요?

대개는 아이들도 이미 짐작하고 있습니다. 부부싸움이라든지, 부모 중 최소한 한쪽이 품는 불만을 통해서 말입니다. 아이들에게 '너희에게 상처주지 않도록 할게.'라고 말해주는 일이 중요합니다. 그리고 '너희들 때문이 아니야. 우리가 제대로 못 한 탓이지.'라는 말로 아이들은 이 일에 책임이 없음을 일깨워주어야 합니다.

하지만 아이들은 이혼에 관해 듣고 싶어 하지 않을 거예요. 그냥 귀를 막고 울기만 할 겁니다.

아이들에게는 부모가 너무나 필요하기 때문입니다. 그러니 이 점 하나는 분명히 말해줘야 해요. '나는 아빠로서 언제나 너희 곁을 지키고 보살펴줄 거야. 이 일 때문에 너희가 희생되는 일은 결코 없을 게다. 너희는 영원히 내 아이들이니까.'라고요. 엄마도 물론 똑같이 말해주어야 하고요.

하지만 그 말은 진실이라고 할 수 없지요. 이혼에는 결국 아이의 희생이 따르는 법이니까요.

제 생각에 이혼에는 부모의 희생이 따라야 합니다. 저는 이혼 후 부모가 번갈아가며 아이가 사는 집에 머무는 이른바 둥지모델을 선호합니다. 그러면 아이가 안식처를 잃을 일이 없고 주말마다 왔다 갔다 할 필요도 없으니까요.

둥지모델은 현실적으로 불가능합니다. 그러려면 거주지가 세 군데나 필요한데, 이혼하고 나면 두 가구를 유지하는 일만도 경제적으로 빠듯하거든요.

잘 알려지지는 않았지만 실제로 그렇게 하는 가족들도 있습니다. 물론 돈은 많이 들겠지요. 그러나 아이들이 이혼의 희생양으로 전락하는 경우는 너무나 잦습니다. 이는 부당한 일이에요.

부모는 이혼함으로써 자유로워질지 몰라도, 아이에게는 악몽일 뿐이지요.

맞습니다. 부모가 이혼하면 아이의 세상은 무너져 내립니다. 그리고 부모가 가족과 관련된 일에 계속 협력하지 않으면 그 세상은 부서진 채로 남습니다. 이혼하는 부모들은 이 점을 꼭 명심했으면 합니다. 이것 말고 무슨 대안이 있겠습니까? 가족을 힘들게 하면 안 된다는 명분 때문에 이미 틀어진 부부관계를 이를 악물고 참아내야 하나요? 저는 이것이 훨씬 더 끔찍한 선택이라고 봅니다. 제가 경험한 바에 따르면 이는 사람을 병들게 만들 뿐입니다.

이혼은 순식간에 가족 모두를 혼란에 빠뜨립니다. 이혼을 요구한 당사자는 죄책감에 시달리고, 이혼당한 배우자는 절망에 빠지고, 자녀들은 두려움에 떨지요. 성자가 아닌 이상 이 문제를 담담히 받아들일 수 있는 사람은 없을 듯합니다.

아이들은 긴장된 분위기를 틀림없이 감지합니다. 이혼은 모두에게 어마어마한 사건이지요. 하지만 저의 개인적 경험에 비추어 말씀드리면 이혼을 대체로 순조롭게 극복할 수도 있답니다.

이혼 때문에 엄마나 아빠가 홀가분해한다는 것을 아이들이 눈치 채도 괜찮을까요? 아니면 아이들 앞에서는 슬퍼하는 척이라도 해야 할까요?

절대 그럴 필요 없습니다. 그냥 이렇게 마무리돼서 기쁘다고 솔직히 말해도 됩니다. 어째서냐고 아이들이 물으면 '그간 참 힘들었거든.'이라고 대답해주세요.

그러면 무엇이 힘들었냐고 아이들이 되물을 텐데요.

그러면 진실을 말해주되 오로지 '나'를 위주로만 이야기하세요. 전후 사정이 무엇인가에 따라 '내게는 엄마와의 관계가 너무 갑갑했단다.'라든지 '나는 대화가 많이 필요한데, 너희 아빠는 대화하는 법을 모른다는 것을 깨달았어. 그러다 보니 항상 혼자였고, 그게 무척 견디기 힘들었지.'라고 말해주면 됩니다.

아이들이 묻기 전에 말해주어야 하나요, 아니면 물어볼 때까지 기다려야 할까요?

아이가 물을 때까지 기다리세요. 이혼한 이유가 무엇인지는 아이들에게 중요한 문제가 아닙니다. 지금 아이에게는 존재하는 일 자체가 두려움이기 때문에 먼저 자신이 안전한 위치에 있다는 것을 확인하고 싶어 합니다.

아이들 앞에서 이혼한 배우자를 비판적으로 이야기해도 괜찮은가요?

이혼까지 해놓고 좋은 말만 한다면 가식이겠지요. '나는 너희 아빠의 피아노 연주를 정말 좋아했단다. 하지만 폭음하는 버릇은 참을 수 없었어!' 이런 식으로 말해서 안 될 건 없습니다. 이유가 있으니 이혼한 것 아니겠어요? 물론 배우자를 마구잡이로 헐뜯는 일은 삼가야 합니다.

헐뜯기 시작하면 아이들이 나서서 아빠를 변호하겠지요.

아이의 결속본능이 즉각 깨어나는 거예요. 아이들 앞에서 전 배우자의 험담을 늘어놓는 것은 아이에게도 모욕을 주는 셈입니다. 어리석기 짝이 없는 행동이니 반드시 바로잡도록 하세요. 나쁜 감정이 스스로에게 독이 되게 해서는 안 됩니다.

부부관계를 회복하기 위해 좀 더 노력했어야 했다고 뒤늦게 후회하는 사람도 많습니다. 너무 성급하게 갈라섰다고 생각하면서요.

그런 생각에 빠져 있다 보면 그 당시, 그러니까 이혼하기 전에 느꼈던 감정을 쉽게 잊어버립니다. 지난 뒤에는 늘 다른 길을 아쉬워하기 마련이에요. 하지만 대부분의 경우는 이혼이 최선의 선택이었을 겁니다. 이혼을 감행할 만한 동기가 있었던 거예요. 개인의 자유는 우리가 가진 최고의 자산입니다.

혼자일 때 비로소 둘도 될 수 있는 법이지요.

저는 늘 서로에게서 자유로워짐으로써 함께할 자유 또한 누릴 수 있다고 입버릇처럼 말합니다.

아이들은 부모의 이혼에 금세 적응하고 이후에도 매우 얌전하게 행동합니다.

아이들은 부모가 자기 때문에 이혼했다고 생각하는 경우가 많습니다. 내가 없었더라면 엄마와 아빠가 헤어지지 않았을 거라고요. 이상적이고 온전한 가족의 모습을 지킬 수만 있다면 기꺼이 자신을 희생시키려 할 거예요. 어떤 여자아이는 저녁마다 곧은 자세로 조용히 잠자리에 누워 있더랍니다. 그렇게 얌전히 있으면 엄마와 아빠가 재결

합할 거라고 생각한 거예요. 놀랍게도 이 아이는 원래 굉장히 말괄량이었답니다!

아이가 그렇게 행동할 때는 어떻게 도와주어야 하나요?

'엄마 아빠가 이혼한 건 너희 탓이 아니야!'라고 일러주세요.

그것만 가지고 될까요?

그렇다는 것을 몸소 보여줘야지요. 부모의 이혼 후 아이들은 당연히 신경을 곤두세운 채 가정에 어떤 변화가 있는지 유심히 관찰합니다. 아빠가 더 엄해졌는지 느슨해졌는지, 앞으로 어떻게 될지 알아내려 애쓰는 겁니다.

발달심리학자 쿠르트 크레프너Kurt Kreppner는 평범한 47개 가정과 20개의 한부모 가정을 상대로 장기 연구를 실시한 결과, 이혼한 부모를 둔 자녀들이 사춘기에 접어들었을 때 훨씬 성숙한 행동거지를 보인다는 결론을 내렸습니다. 남은 한 부모마저 잃는 일이 없도록 위험한 행동을 피하기 때문이지요.

저도 사춘기 자녀를 걱정하는 부모들에게 아이가 마음 놓고 말썽을 부릴 수 있는 것도 특권이라고 말해준답니다. 정도만 지나치지 않다면 말이에요. 가족이 해체될지도 모른다는 두려움이 없기 때문에 그렇게 행동할 수 있는 거거든요. 반면에 부모가 일상을 힘들어하면 아이들은 대체로 부모에게 협조하는 경향이 있습니다. 혼란을 야기할 만한 행동도 덜 하고요.

그다지 건전한 성장 양상 같지는 않네요.

이상적인 가족의 모습을 기준으로 삼을 때 상황은 더욱 악화됩니다. 이상적인 가족이란 사실 존재하지 않아요. 각자 할 수 있는 한 최선을 다하는 것뿐이지요.

그것만으로도 충분한가가 문제인데요.

물론입니다! 더 이상 어떻게 할 수는 없어요. '좀 더 잘했어야 했는데.'라는 후회 따위는 당장 버리십시오. 인간은 완벽하지 못합니다. 앨리스 밀러, 장 자크 루소, 브루노 베텔하임, 마리아 몬테소리는 여러 측면에서 이상화된 인격체였고 저마다 훌륭한 이론도 내놓았지만, 이들조차 자신의 이상대로 사는 일에는 실패했습니다.

어째서 그런 걸까요? 아는 것을 실천하는 일이 그렇게 어려운 이유는 무엇일까요? 심지어 아이들의 위대한 변호인으로 추앙받는 에리히 캐스트너도 자신의 아들과는 불화를 겪었거든요.

그런 의문에 답을 찾으려는 건 거의 불손한 시도라 할 수 있습니다. 우리가 할 일은 각자 최선을 다하며 매 상황에서 배우려는 자세를 갖추는 것입니다.

가족이 해체되는 슬픔을 아이가 극복하게 하려면 어떤 도움을 주어야 하나요?

기존의 가족이 사라지는 것을 슬퍼하도록 내버려두는 일만으로도 도움이 됩니다. 슬픔과 눈물은 고통을 씻어주거든요. 한바탕 울어서 나쁠 건 없습니다. 오히려 그 반대랍니다. 부모들도 홀가분해하고 모두들 예전보다 잘 지낸다는 것을 느끼면 아이도 이혼이 의미 있는 선택이었다고 여기게 될 겁니다.

그렇기는 합니다. 끝없는 부부싸움은 아이에게도 커다란 부담이 되니까요.

그보다 더 나쁜 상황은 부모가 이혼한 뒤에도 계속해서 다툼을 벌이는 것이지요.

아이에게 '엄마 아빠의 이혼이 너희에게도 큰 고통이라는 걸 알아. 안타깝지만 어쩔 수 없구나.'라고 말해주는 게 도움이 될까요?

제 생각에는 그렇습니다. 애초에 생각했던 것과는 다른 결과가 나왔음을 아이가 받아들이게 해야지요. 단, 아이에게 이혼에 따른 대가를 치르도록 해서는 안 됩니다.

이번 주말은 아빠 집에서 보내야 해

이혼 뒤의 일상 꾸려 나가기

이혼으로 모자가정이 되었을 때 엄마가 지나치게 아이와 융화되고, 부재한 아빠와는 거리감이 커질 위험이 있습니다.

이런 경우 엄마가 아이를 배우자의 대체물로 여기게 될 가능성이 매우 큽니다. 한부모 가정의 부모는 이 점을 반드시 명심해야 합니다. 이 문제를 해결하려면 결국 새로운 배우자를 찾는 방법밖에 없는데, 그러려면 먼저 이전 배우자로부터 자유로워져야 해요. 그러기까지는 어느 정도 시간이 걸립니다.

얼마나 오래 걸리나요?

제 경험으로는 최소한 10년 이상이 걸립니다. 배우자를 아무 때고 쉽게 교체할 수 있는 건 아니니까요. 함께 자녀까지 낳은 배우자와의 관계가 파국을 맞았다는 슬픔을 딛고 일어서는 게 가장 먼저 할 일입니다. 이를 극복해야만 새로운 사랑을 할 수도 있게 된답니다.

이혼을 결정한 쪽은 양심의 가책을 느끼는 경우가 많습니다. 그러면 자기 자신과 아이들에게 지나치게 잘하려고 들고요.

아까 말씀하신 융화라는 표현은 바로 이런 경우에 적용됩니다. 한쪽 부모와 아이들 사이에 지나치게 끈끈한 관계가 형성되는 거지요. 서로에게 잘하는 게 위기를 잘 극복해냈다는 증거라고 생각하는 건데, 그건 눈가림일 뿐입니다. 그렇게 해서는 누구도 행복해질 수 없어요. 평화란 단순히 전쟁이 없는 상태를 뜻하지 않습니다. 부단히 노력해서 일궈 나가는 것이 평화지요.

부재한 어른의 자리를 자녀가 채우게 되는 일을 피하려면 어떻게 해야 할까요? 다시 말해 아이를 아이로 남게 하려면 어른이 해줄 수 있는 일은 무엇인가요?

제 생각에는 자의식이 가장 좋은 약입니다. 덫에 걸리기 쉬운 상황임을 명확히 인식하는 겁니다. 아이들에게 자신이 전부는 아니라는 마음가짐을 갖는 것도 중요합니다. 아이들 아빠는 이제 따로 사는 것일 뿐, 아이들이 아빠를 영영 잃어버린 건 아니거든요. 아이를 키우면서 어려운 점은 무엇이고 좋은 점은 무엇인지, 어떤 것을 잘해 나가고 있는지 부모가 늘 서로에게 이야기해주어야 합니다.

그런데 처음부터 그렇게 할 수 있는 사람은 거의 없을 듯합니다. 처음에는 아이들과 함께 완전히 내팽개쳐진 기분이 들기 마련이고, 혼자서 그걸 극복해야 한다는 생각뿐이지요.

그렇습니다. 하지만 누구나 그런 상황에서 탈피하고 싶은 법이니까요. 그래서 저는 이혼한 부부들에게 전 배우자의 사진을 집 안에 걸어 놓으라고 권합니다. 그가 아이들 아빠 또는 엄마로서 여전히 그 자리에 있다는 의미로요. 이로써 원래의 가족도 보존됩니다.

아이들에게 '너희는 내 자식일 뿐이야. 어른은 나니까, 어른들 문제는 어른끼리 이야기하마. 내 일은 내가 알아서 할 수 있어.'라고 말해주는 것도 도움이 될까요?

그렇다는 것을 아이들이 알면 좋지요. 아이를 안심시켜주고, 계속해서 아이로 남을 수 있게 해주니까요. 그 외의 모든 일은 아이에게 부담이 됩니다. 집에서 어른의 역할을 떠안는 아이들은 거기에 지나치게 적응한 나머지 어떤 장소에 가도 늘 모범적으로 행동합니다. 얼핏 보기에는 굉장히 가정교육을 잘 받은 것 같고 어른이 생각하는 이상적인 아이상과도 일치하지요. 그런데 사실 이 아이들은 달리 어떻게 행동해야 할지 모르는 것뿐이에요.

그러면 한부모 가정의 엄마는 아이들에게 근심거리도 털어놓지 말아야 하나요? 아이가 배우자의 대체물로 전락하지 않도록 말입니다.

너무 힘이 들면 그것을 굳이 아이에게 감출 필요는 없습니다. 걱정도 많고 우울하다는 말 정도는 아이들도 다 들어줍니다. 그리고 다음 날 아침에 이렇게 말해주는 것도 괜찮습니다. '어제는 내 기분을 털어놓고 말았네. 지금 내 상태가 그래. 하지만 잘 해결될 거라고 믿어. 정 안 되면 어떻게든 도움을 구해보마. 그러니 너희는 걱정하지 않아도 돼.'

'나는 지금 한계에 다다랐으니 날 좀 내버려둬.'라는 기색은 보이지 말라는 말씀이군요.

그렇습니다. 반대로 '너희가 나를 돌봐줘야 할 필요는 없단다. 당장은 힘들지만 누구에게나 시련은 있는 거니까. 언제까지나 이렇지는 않을 거야.'라고 말해주는 편이 낫습니다. 이렇게 말할 수 있는 사람은 가장 큰 삶의 지혜를 이미 터득한 거나 다름없습니다. 자신의 약점을 인정하는 일은 사람을 강하게 만들어줍니다.

어떤 말이나 행동을 하느냐보다는 어떤 생각을 하느냐가 중요할 때도 종종 있지요. 아이들도 이 사실을 느낄 테고요.

아이들은 엄마 아빠의 마음가짐을 감지하고 그에 맞게 반응합니다. 어른들에게 주어진 숙제는 궁상스러운 태도에서 벗어나 안정된 행동을 취하는 일입니다. 혼자서 해낼 수 없으면 주위에 도움을 청하세요.

아이들은 부모가 재혼하는 것을 싫어합니다. 그러면 새로운 배우자를 찾고 있더라도 아이들 앞에서는 그런 티를 내지 말아야 할까요?

숨기지 말고 사실대로 말하세요. '옆자리가 너무 허전하구나. 나도 어서 새 짝을 찾고 싶다.'라고 말한 뒤 '그래도 내게는 언제까지나 너희가 1순위야!'라고 덧붙이는 게 좋습니다. 아이들에게는 이게 무척 중요한 문제예요.

새로운 배우자가 집에 들어와 함께 살게 되는 것은 피해야겠지요?

그건 제가 늘 경고하는 바이기도 합니다. 저라면 자녀가 있는 여성의 집에서 절대로 함께 살지 않겠습니다. 그래봤자 잃는 것밖에 없거든요. 사람은 쉽게 교체할 수 있는 물건이 아니에요.

아무리 좋게 포장하려 해도 자녀와 홀로 남겨지는 사람은 궁상스러워질 수밖에 없습니다. 그러다 보면 자신에게 협조해주는 아이에게 의존하게 되고요.

절대로 그래서는 안 됩니다! 이런 사고방식 역시 평범한 부부관계를 이상화하는 태도의 일종입니다. 대부분의 부부들은 평등한 파트너 관계를 구축하지는 않아요. 사람들은 대개 첫 만남에서 이성 부모와 닮은 상대를 사귀게 됩니다. 가령 남성은 자신의 어머니를 연상시키는 여성을 선호하고, 상대 여성을 그에 맞게 대하기도 하지요. 구조적 가족치료 전문가들은 부부 침대 한가운데에는 항상 부부의 부모가 함께 누워 있는 셈이라고 말합니다.

생각만 해도 끔찍하네요.

독립된 부부관계를 누리는 부부는 극소수에 불과합니다. 자녀가 생기면 말할 것도 없고요. 이때는 아이들이 중심이 되기 때문에 부모는 변두리에서 빙빙 돌다가 결국은 자신들이 부부라는 사실을 잊고 맙니다.

사실은 부부가 중심이 되어야 한다는 말씀이군요.

물론입니다. 자녀는 부수적인 위치에 있어야 하고요. 한부모 가정의 부모들도 그렇게 할 수 있습니다. 예술가들은 이를 잘 해내는 경우가 많은데, 일에 대한 열정이 넘치는 자신을 중심에 세우기 때문이지요. 이는 부모와 자녀 모두에게 유익합니다.

한부모 가정의 자녀들은 부모에게 지나치게 협조하는 경우도 많습니다. 이를 피하려면 어떻게 해야 할까요?

최대한 빨리 새로운 배우자를 찾는 것이 좋습니다. 스스로를 잘 챙겨야 한다는 뜻이지요! 아이들은 엄마나 아빠가 갓 수술을 마치고 나온 것과 같은 상태라고 생각하기 때문에 그처럼 온순하게 행동하는 겁니다.

한부모 가정 부모의 문제점은 이겁니다. 가령 부부가 이혼하기 전에는 누군가를 저녁식사에 초대하고 싶으면 아이들이 참석하건 말건 부부끼리 결정하고 실행에 옮깁니다. 그런데 이혼한 뒤에는 자녀에게 '누구누구를 또 초대하는 게 어떨까?'라고 묻고 싶은 충동을 느끼지요. 달리 물어볼 사람이 없기 때문인데, 이런 결정은 반드시 혼자서 내려야 하지 않을까요? 안 그러면 아이들에게도 부담을 주고, 자신도 아이들의 기분에 좌지우지되고 마니까요. 그러다 보면 일이 틀어지는 것도 시간문제일 테고요.

제 생각도 바로 그렇습니다. 이런 경과를 스스로 인지하는 것이 핵심이에요. 기껏 손님 초대 이야기를 입 밖에 냈는데 아이들이 시간이 없다고 할 수도 있어요. 그러면 무척 외로운 기분만 들 겁니다.

그런데 아이와의 융화는 바로 그런 상황에서도 장점이 되거든요. 고독을 혼자 견딜 필요가 없어지니까요. 아이를 배우자처럼 대한다는 건 이처럼 아이를 두 배로 힘들게 만드는 일 같습니다.

그런데 그렇게 되기 쉽다는 점이 함정입니다. 아이들은 이를 거부하는 게 아니라 부모를 사랑하는 마음에서 그 역할을 받아들여요. 너무 큰 신발을 신는 거나 다름없는데, 그러다 보면 발을 헛딛는 게 당연합니다.

한편으로는 '엄마가 나한테 고민을 털어놓는 걸 보니 내가 정말 중요한 사람인가보다!'라고 생각하고 우쭐해질 수도 있습니다.

맞습니다. 이때도 아이의 역할을 원래대로 바로잡는 게 좋습니다. 아이에게 '너희는 아직 어려! 그러니 어른스럽게 행동하지 않아도 돼!'라고 말해주세요.

그런데 혼자 아이를 키우다 보면 자녀에게 매달리지 않고 아이다울 자유를 부여해주는 일이 무척 어렵습니다.

제가 찾은 최고의 해결책은 좀 더 자신에게 맞는 공동체를 찾는 일입니다. 오늘날 대가족은 찾아보기 힘들지요. 대신에 새로운 관심 집단이나 함께 행동하며 공동의 삶을 꾸려갈 사람들이 필요하게 되었고요. 이는 개개인의 삶의 질을 높여줄 뿐 아니라, 삶과의 나 홀로 투쟁에 대안이 될 수도 있습니다. 한 아이를 키워내는 데는 마을 전체가 필요하다는 아프리카의 속담도 바로 이런 의미입니다.

이혼 가정에서는 친부가 격주 주말과 방학의 절반을 자녀들과 보내는 일이 많습니다.

아이들과 안정된 관계를 유지하는 데 이것만으로도 충분한가요?

제가 보기에는 너무 적은 것 같습니다. 저는 아이들이 원할 때마다 아빠를 방문하는 편이 이상적이라고 생각합니다.

그러면 아이가 언제든 오갈 수 있는 거리에 거주지를 정해야겠군요.

가능하면 그렇게 해야지요. 어떤 문제에서든 부모는 자신이 규칙을 정하는 어른임을 염두에 두어야 합니다. 아이들은 그 규칙에 따를 뿐이에요. 아이들은 온 힘을 다해 부모에게 협조하고, 가족을 지키기 위해서라면 무슨 일이든 합니다. 어른들이 이런 아이에게 얼마나 많은 짐을 지우는지 생각하면 잔인하기 짝이 없습니다.

부모 중 따로 살게 된 쪽을 자녀가 얼마나 자주 만날 것인지 결정할 때 아이의 의견도 물어봐야 하나요?

물어보는 것이 좋습니다. 이때 아이가 '다시 아빠와 함께 살면 안 돼요?'라고 조르는 것도 감내해야 합니다. 부모는 아이가 최대한 상처를 받지 않는 방향으로 해결책을 모색해야 해요.

아이들과 함께 있는 시간을 똑같이 나누는 부모들이 점점 많아지고 있습니다. 가령 아이들이 일주일씩 번갈아가며 엄마 아빠 집을 오가는 식으로요.

그건 아이에게 너무 큰 부담입니다. 부모에게도 마찬가지고요. 아이들은 전 배우자의 흔적을 묻힌 채 귀가할 테고, 아이들은 서로 다른 양쪽의 양육 스타일에 끝없이 번갈아가며 맞추어야 하거든요. 엄마는 아빠 집에서 초콜릿을 너무 많이 먹고 온다며 아이를 야단치기도 합니다. 이렇게 형편없는 규칙을 정하는 부모는 아이를 똑같이 나눠 가져야 할 소유물쯤으로 여기는 겁니다. 하지만 아이의 주인은 오로지 아이 자신이에요.

주말에만 아이들과 함께 지내는 아빠는 아이에게 오냐오냐하고 뭐든 허락한다며 엄마 쪽의 비난을 받는 경우가 많습니다. 아이가 어떻게 자라든 더 이상 신경 쓰지 않는다는 거지요.

어차피 이혼한 이유도 서로 맞지 않기 때문이 아닌가요? 그런데 이제 와서 서로 다른 양육방식을 가지고 서로 증오하는 건 현명하지 못한 처사입니다. 증오는 초강력 접착제와도 같아요. 그러다 보면 전 배우자와 좋게 헤어지는 대신 불행하게 엮어버리거든요. 그러니 아무 말도 하지 마세요.

아이가 좀 더 크면 누구와 함께 살지 스스로 결정하도록 해야 하나요? 예컨대 아들이 갑자기 아빠 집에서 살겠다고 하면 어떻게 할까요?

그러면 절대 마음에 담아두지 말고 보내주어야 합니다. 당연히 마음은 아프겠지만 고통을 얼굴에 내보이지는 마세요. 그리고 문은 활짝 열려 있으니 언제든 돌아와도 된다고 아들에게 알려주세요. 지금 아이에게는 아버지의 존재를 있는 그대로 느껴보는 일이 중요할 따름입니다. 아들이 그곳에서 더할 나위 없이 잘 지낸다면 가슴이 쓰라리겠지만, 이 역시 받아들일 수 있어야 합니다.

얘들아, 이분은 내가 사랑하는 사람이야

아이들에게 새 파트너 소개하기

새로운 파트너가 생기면 언제쯤 아이들에게 소개하는 게 좋은가요?

상대방에게 굳은 확신이 생긴 뒤가 좋습니다.

어떤 방식으로 접근해야 할까요?

제3의 장소에서 만날 것을 권합니다. 가령 조용한 식당에서 함께 식사하는 것도 좋고요.

아이들이 부모의 새 배우자에게 관심을 보이지 않을 경우에는 어떻게 하나요?

그러면 일단은 얼굴을 익히는 정도로만 소개하세요. 다른 부모 쪽에 대한 의리 때문에 거부하는 건지도 모르니까요. 아이는 그렇게 할 권리가 있습니다. 가족 내의 무언가에 협조하는 것일 수도 있고, 양심의 가책이라든지 도덕적 사고방식에 얽매여 있는 건지도 모르지요. 어떤 동기가 작용하느냐는 중요치 않습니다. 그보다는 어른으로서 아이에게 솔직한 태도를 취하는 게 중요해요.

좀더 구체적으로 설명해주시겠습니까?

상황을 이야기해주는 겁니다. '나는 그 사람을 사랑해. 그렇다고 너희까지 그 사람을 좋아해야 하는 건 아니라는 것도 알고 있단다. 내게는 이게 참 어려운 문제구나. 그분은 내 삶에 새로운 길을 열어준 사람이고, 나도 그걸 매우 기쁘게 생각하거든.'이라고요.

새로운 배우자의 입장에서는 아이의 존중과 신뢰를 얻기 위해 어떻게 해야 할까요?

자신이 더 좋은 엄마 또는 아빠가 되어줄 것처럼 굴어서는 안 됩니다. 있는 그대로의 자기 모습을 진솔하게 보여주고 손님답게 행동하세요. 그 가족에 가장 마지막으로 합류했으니 서열의 맨 끝자리를 차지하는 게 당연하지요. 진정으로 아이들의 존중을 사기까지는 시간이 걸립니다.

새로운 배우자가 아이들 친모나 친부의 양육방식에 참견하는 것은 어떤가요?

어떤 태도로 참견하느냐에 달렸지요. 가령 아이의 친부나 친모에게 '아들이 컴퓨터 앞에 너무 오래 앉아 있을 때는 이러이러하게 하는 게 좋을 것 같아요. 이 문제를 해결하려면 우리가 어떻게 해야 할지 당신 의견을 말해줘요.'라고 말하는 정도는 문제될 것 없다고 봅니다.

친부모를 거치지 않고 아이를 직접 나무라는 것도 괜찮을까요?

그것 역시 어떤 말투를 쓰는가에 달렸습니다. 의붓아들을 성급하게 길들이려 들다가는 '아빠도 아니면서 나한테 이래라저래라 하지 마세요!'라는 말만 듣게 됩니다. 그것도 맞는 말이지요. 그러니 참된 신뢰관계가 형성될 때까지 기다려야 합니다. 그렇게 된 뒤에도 '네가 이러이러하게 했으면 좋겠구나.'라고 말하는 정도에 그쳐야 하고요. 아이를 야단쳐달라고 친부모가 부탁해도 응하지 않는 게 좋습니다.

아이들이 부모의 새 배우자를 시험하기 위해 일부러 자꾸만 자극하는 경우도 있지 않나요?

있습니다. 상대방이 어떻게 반응하는지 보려는 거예요. 함정에 빠지지 않도록 주의하고, 그래도 깜빡 속아 넘어갈 경우 솔직히 인정하고 이렇게 말하세요. '내가 너희들이 친 덫에 걸렸구나. 하지만 나도 이번 일에서 교훈을 얻었다는 점은 알아두렴.' 그리고 다음번에는 좀 더 능란하게 대처하도록 노력하는 겁니다. 아이러니하게도 이 상황이 되면 자녀교육을 하는 게 불가능하다는 진실이 다시 한 번 드러납니다. 부모가 할 수 있는 일은 교육이 아니라 모범을 보이는 것뿐입니다.

예스퍼 율은 이런 상황이 순조롭게 풀릴 경우 아이들이 보너스 부모를 얻게 된다고 했습니다. 의붓어머니나 의붓아버지가 가족에게 보너스 자원을 제공한다는 뜻이지요.

잘 해결되면 보너스 부모를 얻음으로써 가족이 확대될 수도 있습니다. 새 배우자의 에티켓이나 행동방식을 통해, 지금까지 우리 가족은 이러이러하게 해왔지만 저렇게 하는 것도 좋다는 사실을 배우게 되거든요.

새 배우자에게 최소한의 친절을 베풀라고 아이들에게 요구해도 괜찮은가요?

'오늘 내 여자친구가 저녁식사를 하러 오기로 했단다. 너희가 그분에게 좀 친절하게 대해주면 좋을 것 같구나.' 이 정도는 말해도 괜찮습니다.

아이들이 나와보지도 않고 방에 틀어박혀 있으면 어떻게 할까요?

그냥 내버려두세요. 언젠가는 호기심을 참지 못하고 물이라도 마시는 척 주방에 나와볼 겁니다. 아빠의 여자친구가 누군지 무척 궁금한 거지요. 그때 가볍게 인사를 건네면 됩니다.

새 파트너가 아이들을 보고 싶어 하는데 아이들이 끝까지 안 나온다면 어떻게 하나요?

아이들을 존중해주어야 합니다. 파트너에게는 '아이들은 그냥 놔둡시다. 때가 되면 알아서 나올 거예요.'라고 양해를 구하고요. 아이들에게는 하고 싶은 대로 할 권리가 있습니다.

'안녕하세요.' 정도의 인사도 강요하지 말아야겠군요.

나와서 손님에게 인사하라고 요구할 경우, 아이들은 방에서 나오지 않는 것만으로도 분위기를 망치는 셈이 됩니다. 그러니 강요는 애초부터 하지 않는 게 좋습니다. 그럴 이유도 없고요.

하지만 아이들이 꺼린다고 해서 새 파트너를 집에 초대하지 말아야 하는 건 아니겠죠?

아닙니다. '나는 요즘 그분과 잘 지내고 있어. 오늘도 식사하러 오실 거야.'라고 예고만 해주면 돼요. 엄마나 아빠가 행복해한다는 것을 느끼면 아이들도 기뻐합니다. 부모의 새 파트너가 누군지 알고 싶은 마음도 커지고요. 아이들은 경계심 많은 말과 비슷합니다. 이런 말을 가까이서 보려면 목장 울타리 곁에서 참을성 있게 기다려야 하지요.

새 파트너의 입장에서 아이의 그런 태도에 짜증이 날 수도 있겠지요?

마음이 상하는 건 어쩔 수 없습니다. 사람이 모든 걸 다 참아줄 수 있는 건 아니에요. 그럴 때는 '네가 안 나오겠다니 아쉽구나. 함께 맛있는 거 먹으러 가고 싶었는데.'라고 말하고 넘어가세요.

패치워크 가족[9]의 아이들을 이해하기 위해서는 어떻게 해야 하나요?

아이들에게 서로 싫어할 자유를 부여해야 합니다. 이들이 서로를 좋아하느냐 마느냐는 순전히 복불복입니다. 최대한 서로 잘 지내기를

---
9) 서로 다른 가족의 구성원들이 모여 하나의 가족을 이루는 형태.

바라는 건 당연하지만, 마음처럼 되지 않아도 받아들여야 합니다. 그리고 자녀들이 새 가족을 달갑게 받아들이지 않는다고 해서 재혼한 엄마가 나쁜 엄마가 되는 것은 결코 아닙니다.

아이 앞에서 새 파트너의 좋은 점만 부각시키는 것도 안 좋겠지요? '그렇게 자상한 남자는 본 적이 없어.'라는 식으로 말입니다.

그렇습니다. 아이들을 그냥 내버려두세요. 아이들이 처음부터 적대적이지는 않습니다. 그런데 뭔가에 반응해야 할 상황이 되면 적대적인 태도가 나와요. 그것을 치료해줄 약은 시간과 신뢰, 상냥한 태도뿐입니다.

새 파트너와 자녀들이 모두 함께 사는 것이 과연 좋은 생각일까요?

그렇게 결정하기까지는 여러 가지 요소를 고려해야 합니다. 저는 개인적으로 두 가족이 합치는 것을 별로 선호하지 않지만, 꼭 안 된다는 법도 없지요. 중요한 점은 모두가 자기만의 공간을 가질 수 있을 정도로 집이 넓어야 한다는 점입니다.

패치워크 가족의 경우 정기적으로 전문적인 가족 상담을 받는 것도 매우 유익할 듯합니다.

어떤 점이 자신에게 맞고 어떤 점이 그렇지 못한지 각자 이야기할 수 있는 자리는 반드시 있어야 합니다. 어른들끼리라도 정기적으로 그런 기회를 가지면 이것이 자녀들에게 안정감을 줄 수 있습니다. 아이들이 항상 꼭 참석해야 하는 것은 아니에요.

완전히 합치기 전에 시범적으로 함께 살아보는 건 어떨까요? '안 되면 나중에 다시 바꾸는 거야.'라고 약속해두고요.

그것도 괜찮습니다. 아이들에게는 '잘되었으면 좋겠지만, 그렇지 못할 경우 다른 해결책을 찾아보자꾸나.'라고 이야기하세요.

아이들이 부모의 새 배우자를 지속적으로 거부하면 어떻게 할까요?

그걸 반드시 거부로 받아들일 필요는 없습니다. 자신의 정체성을 지키려는 시도일 수도 있어요. 새 파트너 입장에서는 상대방의 자녀가 인사조차 하지 않으면 '자기 일은 자기가 잘 챙기겠구나.'라고 생각하세요.

내키지 않더라도 명절은 계속해서 전 배우자와 보내는 편이 좋을까요?

저는 원래의 가족이 언제나 살아 있다고 봅니다. 최초로 결성한 팀이라고나 할까요. 그 가족 구성원들이 좋은 관계를 유지하는 편이 모두에게 유익합니다. 그러나 이게 뜻대로 되지 않으면 명절을 함께 보내는 일은 일단 보류하세요. 현실적으로 안 되는 것을 억지로 할 필요는 없습니다. 득보다는 실이 더 많을 테니까요.

엄마 아빠, 안녕히 계세요

아이들이 떠나고 난 자리 지키기

아이들이 독립하는 시기는 음악에 비유하면 악장과 악장 사이의 휴지기와도 같습니다.

그렇습니다. 아이들이 올 때도, 또 떠나갈 때도 마찬가지지요. 이때는 지금껏 아이들과의 삶에 적응하며 쌓아온 정체성의 큰 부분이 상실됩니다. 부모들은 이제 배우자와의 삶에서 아직 남아 있는 것이 무엇인지 재조명해야 합니다.

부부 간의 유대를 재차 다지려면 무엇을 해야 합니까?

그 작업은 자녀들이 독립하기 훨씬 전에 시작해야 합니다. 사실 아이들이 유치원에 들어가는 만 세 살 무렵에 시작하는 것이 좋아요. 이때쯤 되면 자녀에게 드는 시간이 생각보다 훨씬 줄어들거든요. 자녀 양육에도 여유가 생기고요.

자녀가 성인이 되어도 곧바로 독립하지 않는 경우도 있습니다. 소위 '엄마 호텔'에서 편안하게 지내는 거지요.

아이가 성년이 되면 날개를 펴고 날아오를 수 있게 해주는 것이 부모의 목표입니다. 이게 실패할 경우 반드시 본질적인 문제를 봐야 합니다.

어떤 문제 말씀인가요?

아이가 부모에 대한 애정 때문에 집을 떠나지 않는 것일지도 모릅니다. 한부모 가정의 경우 혼자서 자기를 키워준 엄마를 남겨둔 채 떠나고 싶지 않은 것일 수도 있고요. 부모가 자신을 필요로 한다는 느낌이 강해서 섣불리 독립할 수 없는 겁니다. 혹은 자신이 홀로서기를 할 만큼 성숙하지 못하다고 생각해서 집에 머무는 경우도 있습니다.

그냥 부모의 보살핌을 받는 게 편해서 그럴 수도 있지 않나요?

저는 젊은이들을 그렇게 폄훼하고 싶지는 않습니다. 청년들이 자의로 부모 곁에 머문다는 것을 상상할 수 없거든요. 부모와 함께 살다 보면 신경 쓸 일이 많으니까요.

하지만 엄마가 빨래 좀 해주는 게 남부끄러운 일까지는 아니지 않나요?

저는 젊은 사람이 언제까지고 부모에게 의지한다는 게 부끄러운 일이라고 봅니다. 그 이유가 돈 때문이건 편의 때문이건 간에요.

물가가 비싼 도시에서는 대학생들이 따로 집을 구한다는 게 사실 쉽지는 않습니다.

자녀가 경제적으로 완전히 독립해야 하는 것은 아닙니다. 집은 부모가 구해줄 수도 있고요. 그러나 대학생이든 직장인이든 이제부터 생활비는 스스로 벌 줄 알아야 합니다. 지나치게 많은 것을 해주는 부모는 자녀의 삶에 대한 의지를 꺾는 셈입니다. 성인이 된 뒤에도 부모에게 의지하는 것은 수치스러운 일이라고 생각합니다.

부모에게 얹혀사는 자녀에게 독립하도록 자극을 주어야 할까요?

물론 늦도록 부모 집에 머무는 젊은이들을 긍정적으로 볼 수도 있습니다. 부모와 강한 유대관계를 맺고 있는지도 모르지요. 그러나 어린 새도 언젠가는 둥지를 떠나는 법입니다. 그러니 자극을 주세요. 단, 부드럽게 타일러야 합니다.

자녀가 집을 구할 때는 도와주는 게 좋을까요?

물론이지요. 젊은이들에게는 어차피 부모가 보증인이 되어주어야 하는 경우가 많으니까요.

직장을 구할 때는 어떤가요? 조건에 맞는 직업을 찾기란 쉽지 않거든요.

이때도 같은 원칙이 적용됩니다. 젊은이들은 경험이 풍부한 부모의 지원을 필요로 합니다. 갓 고등학교를 졸업한 젊은이들 중에 직업 경험을 해본 아이는 거의 없습니다. 저는 이게 커다란 약점이라고 생각합니다. 안타깝게도 학교에서는 생활력을 길러주는 수업이 없어요. 학교라는 폐쇄된 시스템은 학생들에게 성적만 좋으면 윤택한 삶을 누릴 것이라고 가르칩니다. 그야말로 궤변이지요.

자녀가 여럿일 때는 아이들이 정규교육을 마친 뒤에 재정 지원을 어떻게 해주어야 할까요?

대학 교육이나 직업교육을 받는 동안은 각 자녀들에게 방 한 칸이라도 구할 수 있는 자금을 마련해주는 것이 좋다고 봅니다. 물론 여기에도 제한을 두어야 합니다. 가령 공부를 좀 더 오래 하고 싶어 하는 자녀는 집세도 스스로 해결하게 하세요.

모든 자녀들에게 매달 정해진 지원금을 주는 편이 공평하지 않을까요?

이 문제에는 모든 사람에게 적용할 수 있는 원칙이 없습니다. 각자 상황에 맞게 규칙을 정하는 편이 낫다고 봅니다. 젊은이들 중에는 주는 대로 받아 쓰는 경우도 적지 않습니다. 월세보다 용돈을 더 많이 받으면 더 벌 필요가 없기 때문에 아르바이트를 할 생각도 않게 됩니다. 저라면 그렇게 놔두지는 않을 것 같군요.

자녀가 적성에 맞는 직장을 오랫동안 찾지 못할 경우는 어떤가요? 혹은 어떤 일을 해야 할지 전혀 모르겠다고 한다면요?

고등학교를 졸업한 지 5년이 지나도록 아이가 진로조차 찾지 못하고 있다면, 부모는 자신이 어떤 점에서 아이를 잘못 키운 것인지 반성해야 합니다. 그 뒤에는 아이와 대화하며 단호한 어조로 이렇게 말하세요. '네가 내년에도 여전히 집에서 빈둥거리고 있을 거라고는 생각하고 싶지 않다. 이제 뭐라도 시작해야 해!'

자녀가 무엇을 하느냐에 따라 지원금의 액수도 달라져야 하나요?

부모가 원하는 일을 하게 만들려는 목적으로 아이와 거래를 하는 것은 금물입니다. '법대에 가면 생활비를 지원해주마. 하지만 연극학과에 진학하면 네가 알아서 해야 해.'라는 식으로 말입니다. 그건 유치한 짓이에요.

부모는 자녀가 대학에 진학하기를 원하는데 당사자가 원하지 않으면 부모 입장에서는 안타깝지요.

안타까울 것 없습니다. 그러려니 하고 마세요. 정 아쉬우면 부모가 대학에 가면 됩니다. 다만 부모의 바람이 무엇인지 명확히 알려주기 위해 이렇게 이야기할 수는 있습니다. '나는 공부를 더 하고 싶었는데 그러지 못했어. 너라도 대학에 가면 참 좋을 것 같다. 이 점을 좀 더 생각해주렴.' 이렇게 말하면 자녀도 깔끔하게 반응할 수 있습니다.

개인 사업을 하는 부모들은 흔히 자녀가 기업을 물려받기를 바랍니다.

자녀를 강제로 사업에 끌어들이지 않는 게 현명한 처사입니다. 먼저 외국에라도 보내 인생 경험을 쌓게 한 다음 아이가 알아서 결정하게 하세요. 정 안 하겠다고 하면 회사를 매각하고 느긋하게 노년을 즐기면 됩니다.

아이가 해외 경험을 해보도록 독려해야 하나요?

예, 적극 권장합니다. 반년쯤 아르바이트를 한 뒤에 가게 하면 됩니다. 떠나기 전에 경비를 보태주는 것도 좋고요. 아이들은 그런 경험을 통해 수년 동안 학교에서 배우는 것보다 훨씬 많은 것을 배웁니다.

자녀들이 독립할 때 부모는 얼마나 많은 조언을 해줘야 할까요?

전혀 필요 없습니다. 그냥 내보내세요. 그때쯤이면 아이들은 부모가 살아가는 방식을 아주 잘 알고 있을 테니까요. 그래도 전해주고 싶은 삶의 지혜가 있다면 말보다는 다른 방법을 통해서 하세요. 편지도 좋고, 인상적인 영상을 CD에 담아주는 것도 좋습니다. 그러나 이사할 때는 조언보다 용달차 비용을 누가 내느냐가 차라리 더 중요한 문제예요.

이사 나간 뒤에 전화를 자주 해야 하나요?

아이고, 제발 그러지 마십시오. 이제는 아이를 놓아줄 때입니다. 지루하거나 허전하거나 아이가 걱정되면 친구나 남편에게 전화를 거는 편이 낫습니다.

그래도 전화 정도는 괜찮지 않나요?

전화는 하되 걱정을 주절주절 늘어놓는 일은 삼가야 합니다.

사랑하는 내 아들딸

가족과 시간 즐기기

자녀들과 함께하는 삶에서 가장 중요한 것은 무엇입니까?

인생을 즐기는 일입니다. 인생은 단 한 번뿐입니다. 이 귀한 시간을 무의미하게 허비해서야 되겠습니까? 우리에게 진정 중요한 것이 무엇인지 찾아내야 합니다.

부모라면 근심이 없을 수 없지요. 아이가 학교를 잘 다니는지, 친구를 잘 사귀고 있는지 걱정이 끊이지 않습니다. 아이가 어릴 때는 근심거리도 자잘하다가 아이가 클수록 큰 걱정거리가 늘어나지요.

그런 사고방식은 부모가 자녀의 맹목적인 순종을 강요하던 시절에서 비롯되었습니다. 자녀와 깊은 유대를 맺으면 걱정은 저절로 줄어듭니다. 요즘 부모들 중에는 그렇게 하는 경우가 많지요. 다른 한편으로는 끊임없이 아이 걱정에 사로잡혀 있는 부모도 많은데, 이는 풍요로운 현대사회의 한 단면이기도 합니다. 매 끼니나 따뜻한 잠자리를 걱정해

야 하는 가족은 오늘날 거의 없거든요. 이때 사람은 삶의 조건을 최적
화하려 애쓰게 되고, 그러다 보면 배부른 고민이 생겨나는 겁니다.

내 아이가 힘든 유년기를 보낼 경우 부모에게는 그걸 지켜보는 일만도 쉽지 않습니다.

요즘에는 자녀가 고작 한두 명인 가정이 대부분입니다. 그리고 부모
는 그 한두 명이 성공하기만을 학수고대하지요! 네 자녀를 둔 엄마에
게 물어보십시오. 그런 엄마는 세세한 것까지 신경 쓸 겨를조차 없을
겁니다. 아이가 여덟 살이 되도록 글을 잘못 읽는다면 다른 뭔가를
배우느라 그런 거라고 생각하세요. 그 아이에게는 그냥 다른 뭔가가
더 중요한 거예요.

남의 집을 보면 늘 모든 게 순조로워 보이지요.

남과 나를 비교하는 것은 금물입니다. 그래서 득이 되는 게 뭐겠습니
까? 아이들에게는 신뢰가 필요할 뿐입니다. 부모들은 흔히 아이들이
뭐든지 쉽게 해내기를 기대합니다. 어른인 우리에게도 어려운 일을
말이지요. 자신감이 떨어지는 아이들을 보면 부모의 자아가치감에
문제가 있는 경우가 대부분입니다. 이 문제부터 해결해야 해요.

아이가 삶을 잘 개척해 나가기를 바라는 마음에서 그러는 것뿐인걸요.

하지만 약점에만 주목하다 보면 도리어 폐해를 키우는 꼴이 됩니다!
거실에 멋진 장식장이 있다고 생각해보세요. 거실과도 잘 어울리지
만, 오른쪽 아래에 작게 긁힌 자국이 있다고 해서 거기에만 신경을 쓰
다 보면 얼마 안 가 세상 사람들이 그것만 보고 있는 것처럼 느껴집
니다. 정작 신경 쓰는 사람은 아무도 없는데 말이에요.

하지만 아이가 뭔가를 아주 잘한다고 해도 다른 부분에서 학습 능력이 떨어진다면 마
냥 기뻐하고 있을 수만은 없거든요.

그런 마음가짐으로는 발전할 수가 없어요! 부모는 아이가 이미 뭔가를 성취했다는 태도로 아이를 대해야 합니다. 학교생활을 아주 잘 해 냈다는 듯이, 좋은 친구들을 사귀었다는 듯이 말입니다. 그런 태도가 아이를 강하게 만듭니다.

어떤 가족에게는 특정한 문제가 한 세대에서 다음 세대로까지 이어집니다. 예컨대 천성이 수줍다든지, 자신감이 너무 적다든지, 권위주의적이라든지 하는 문제가 그건데요.

그럴 수도 있지요. 하지만 이 문제에도 지나치게 초점을 맞추면 안 됩니다. 나는 이러이러한 점에 강하지만 다른 점은 더 배울 필요가 있다, 이건 아마도 가족력의 문제인 듯하다, 이런 마음가짐이면 충분합니다.

자녀에 대해 고정된 상을 지니고 있는 경우도 큰 문제입니다. 그러면 오히려 아이들이 제대로 발전할 수 없거든요.

맞습니다! 아이가 지금 '되'와 '돼'를 혼동한다고 해서 평생 맞춤법을 틀릴 것은 아니잖아요! 제가 보기에 그런 고정관념은 미숙한 성찰이자 경험 부족의 증거입니다. 광대한 인생에서 앞으로 어떤 일이 벌어질지는 아무도 모르는 거예요! 제가 아는 어떤 소년은 학창시절에 쓰기가 엉망이었지만 지금은 당당히 경영학을 전공하는 대학생이 되었답니다. 또 다른 소년은 굉장히 수줍음을 많이 타던 아이였는데, 교환학생으로 영국에 가서 1년간 머문 뒤에 달변이 되어 돌아왔어요. 거의 만담가 수준이었지요. 인생이란 그런 거예요.

흔히 부모들은 아이들이 한 가지를 잘하는 데서 만족하지 못합니다. 아이가 기타를 잘 치면 '저 애가 피아노는 대체 언제 연습하려는 거지?' 하며 전전긍긍하고요.

평생 결점에만 집중하며 살아봐야 득 될 것은 없습니다. 한 번 더 강조하건대 부모로서 우리는 아이가 잘하는 것은 물론, '아직 못하는 것'과도 타협해야 합니다. 그리고 아이의 인생을 결정하는 이는 결국 아이 자신이라는 사실을 받아들여야 해요.

아이를 있는 그대로 받아들이려면 아이에게서 한 걸음 물러나야 할 것 같습니다. '너는 그런 사람이고 나는 이런 사람이다.'라는 생각으로 아이와 자기 자신을 분리하는 거지요.

바로 그겁니다. 부모는 테니스를 칠 때처럼 자신의 필드에만 머물며 경기를 이어 나가야 합니다. 제가 부모들에게 조언하는 바도 바로 이거예요. 분리한다는 것은 물론 권력 포기를 의미하기도 합니다. 아이를 원하는 모습으로 '만드는' 일을 그만두고 원래의 동반자 역할로 돌아가는 것입니다. 부모가 할 일은 자녀가 잘 성장하도록 '물을 주는' 일뿐이에요.

부모의 가장 큰 근심거리는 뭐니 뭐니 해도 자녀가 좋은 인생을 살지 못하면 어쩌나 하는 것입니다. 이 부분은 어떻게 생각하십니까?

그런 걱정은 하루빨리 잊는 편이 낫습니다. 그런 걱정이야말로 아이의 인생에 걸림돌이 될 수 있어요! 아이들도 그걸 다 느낍니다. 근심이 아이를 따라다니며 행동을 마비시키고, 그러다 보면 결국 성장 자체가 좌절되고 맙니다.

마지막으로 몇 가지 짧은 질문을 던지겠습니다. 아이들은 부모에게서 무엇을 필요로 합니까?

높은 명예심을 갖추고 내가 가진 신념에 책임지는 일, 그리고 어떤 것에도 매수되지 않는 태도가 그것입니다.

자녀를 양육하며 부모가 저지를 수 있는 가장 큰 실수는 무엇입니까?

내가 누구이며 어떤 사람인지 있는 그대로 보여주지 않는 일입니다.

부모가 자녀에게 죄를 짓는 경우도 있나요?

신체적으로나 정서적으로 아이를 학대하는 경우, 부모의 이득을 위해 아이를 악용하는 경우, 부모가 중요하다고 여기는 것을 아이에게 강요할 경우가 그렇습니다. 이런 것을 극복하는 데는 불필요한 노고가 듭니다. 부모가 아이에게 짐을 지우는 거예요.

자녀에게 줄 수 있는 최고의 선물은 무엇입니까?

아이가 내게 얼마나 소중한 존재인지, 세상에 얼마나 필요한 존재인지 알려주는 일, 삶이 의미 있는 것이며 아이 자신도 그 삶에 하나의 의미가 된다는 것을 알려주는 일입니다.

마지막으로 한 번 더 여쭙겠습니다. 부모는 좀 더 자주 한 걸음 물러선 채 그저 아이의 존재에 기뻐하는 마음을 가져야 합니다. 많은 부모들이 그렇게 하지 못하는 이유는 무엇일까요?

그런 기쁨을 유발시키는 버튼은 우리 손 안에 있습니다. 누르기만 하면 되는 거지요. 이는 훈련을 통해 얼마든 가능합니다.

일상이 너무 정신없이 흘러간다는 점이 문제인 것 같습니다.

그렇기 때문에 중간 중간 기쁨을 누릴 여유를 갖는 게 중요합니다. 휴식을 취하며 자신이 얼마나 행복한지 되새기는 겁니다. 내가 이렇게 살아 있고, 가족이 곁에 있지 않습니까? 그러면 피상적인 것에 대한 집착, 다시 말해 무엇 무엇을 더 할 수 있을 거라는 착각이나 무엇 무엇이 있으면 더 행복할 것이라는 생각도 사라집니다. 가진 것에 만족하게 되는 거예요. 중중 장애아동의 부모들이 이런 기쁨을 누리는 것을 흔히 볼 수 있습니다.

아이가 내 삶을 얼마나 풍요롭게 만들어주는지 아이에게 말로 표현하는 게 좋은가요?

은연중에 조건을 덧붙이는 일이 없도록 조심해야 합니다. '너는 나에게 너무나 소중하단다. 왜냐하면……'이라는 표현을 쓰다 보면 금세 아이들을 포장하는 데만 치중하게 되지요. '너희가 있어서 너무 행복하단다.'라는 말 한마디면 충분합니다.

내 아이 때문에 미칠 것 같은 50가지 순간

초판 1쇄 인쇄 · 2015년 11월 21일
초판 1쇄 발행 · 2015년 11월 26일

지은이 · **마티아스 핑혀르트** | 안드레아 캐스틀레
옮긴이 · 이지혜
펴낸이 · 이춘원
펴낸곳 · 책이있는마을
기　획 · 강영길
편　집 · 이경미
디자인 · 디자인오투
마케팅 · 강영길
관　리 · 정영석

주　　소 · 경기도 고양시 일산동구 장항2동 753 청원레이크빌 311호
전　　화 · (031) 911-8017
팩　　스 · (031) 911-8018
이메일 · bookvillagekr@hanmail.net
등록일 · 1997년 12월 26일
등록번호 · 제10-1532호

잘못된 책은 구입하신 서점에서 교환해 드립니다.
책값은 뒤표지에 있습니다.

ISBN　978-89-5639-237-0　(03370)

이 도서의 국립중앙도서관 출판예정도서목록(CIP)은 서지정보유통지
원시스템 홈페이지(http://seoji.nl.go.kr)와 국가자료공동목록시스템
(http://www.nl.go.kr/kolisnet)에서 이용하실 수 있습니다.(CIP제어
번호: CIP2015031015)